정의와 행복을 위한

키케로의 철학

김용민 지음

한울
아카데미

이 도서의 국립중앙도서관 출판예정도서목록(CIP)은 서지정보유통지원시스템 홈페이지(http://seoji.nl.
go.kr)와 국가자료공동목록시스템(http://www.nl.go.kr/kolisnet)에서 이용하실 수 있습니다.
CIP제어번호: CIP2018004373

차례

프롤로그

키케로를 연구하면서 나의 학문적 정체성을 표현하는 문구가 바뀌었다. 플라톤과 루소를 사랑했을 때는 "플라톤은 내 머리에, 루소는 내 가슴에(Plato in my head, Rousseau in my heart)"라는 문구로 내 자신을 표현하곤 했다. 그러나 이제는 한 구절이 더 늘어나서 "플라톤은 내 머리에, 루소는 내 가슴에, 키케로는 내 혀 위에(Plato in my head, Rousseau in my heart, and Cicero on my tongue)"라는 문구를 즐겨 사용한다. 이는 내가 세 철학자와 같은 철학적 경지에 도달했다는 의미가 아니라 세 철학자를 향한 나의 존경의 염을 담은 것이다. 나는 이제 키케로도 사랑한다.

키케로에 대한 관심은 플라톤에 대한 관심에서 출발했다. 시카고 대학 유학 시절에 플라톤 철학을 배울 때는 플라톤의 세계만이 내 머릿속을 가득 채웠고, 그의 철학을 배우고 이해하기에 급급했다. 플라톤 철학은 당시 내가 박사과정에서 배우고 이해한 정도의 수준으로 계속 전승해 내려온 것으로만 알았다. 그러나 10여 년 전, 플라톤 철학이 역사적으로 어떻게 이해되고 평가받았는지 의문이 생겼다. 플라톤이 죽은 후에 그의 철학이 겪은 여정이 궁금해진 것이다. 과연 그의 철학은 당대와 후대의 사람들에게 큰 영향을 미쳤을까? 그의 철학은 먼저 아카데미학파의 철학자들에게 계승되었지만, 내가 예상했던 바와 달리 이들의 철학적 영향력은 점차 쇠퇴 일로를 겪었다.

알렉산드로스(Alexandros) 대왕의 죽음과 더불어 시작된 헬레니즘 시대(323~31 B.C.)에 들어서서 아카데미학파는 물론 아리스토텔레스 철학을 계승한 소요학파도 점점 그 영향력을 잃어가며 비주류 학파로 자리매김했지만, 새롭게 탄생한 철학 학파인 에피쿠로스학파와 스토아학파는 사람들에게 인기를 끌며 지배적인 주류 학파로 자리매김했다. 근 300년간 지속된 헬레니즘 시대에 아카데미학파, 소요학파, 에피쿠로스학파, 스토아학파는 헬레니즘 철학 체계를 구성하는 세 분야인 논리학, 자연학, 윤리학에 관해 열띤 논쟁을 벌였다. 아쉽게도 헬레니즘 철학자들의 저술은 대부분 전해지지 않는다. 그러나 다행스럽게도 로마의 철학자 키케로의 수많은 작품은 헬레니즘 철학을 후대에 전하고 있는데, 그의 작품이 없었더라면 우리는 헬레니즘 철학에 관한 중요한 전거를 갖지 못하게 되었을 것이다.

키케로는 플라톤을 최고의 그리스 철학자로 생각했고, 그를 사랑하고 존경했다. 키케로가 플라톤을 얼마나 흠모했는지는 그가 플라톤의 대화편『국가』, 『법률』과 같은 이름을 붙인 두 대화편을 썼다는 데에서 잘 나타난다. 키케로의 두 대화편은 플라톤에 대한 사랑을 담고 있기도 하지만, 플라톤의 정치철학을 로마인의 관점에서 해석하고 부활시키려는 시도도 담고 있다. 이런 시도는 '로마인 플라톤(The Roman Plato)'으로서의 키케로의 면모를 잘 보여준다. 키케로의 로마적 관점은 헬레니즘 철학 체계에 따라 저술된 논리학, 자연학, 윤리학에 관한 그의 작품에도 잘 나타난다. 그는 단순히 헬레니즘 철학을 소개하는 것이 아니라, 도덕적으로 타락해가는 로마공화국의 시민들에게 경각심을 일으키고 이들을 합리적인 자유 시민으로 교육시킬 목적으로 작품을 저술했다.

나는 키케로 연구를 통해서 플라톤 철학의 영향력과 위상에 관해 스스로 제기했던 질문에 대한 답을 얻을 수 있었다. 키케로의 눈을 통해 그가 로마의 철학자로서 이해했던 플라톤 철학과 헬레니즘 철학을 볼 수 있었다. 처음에 키케로에 대한 관심은 플라톤에 대한 관심에서 출발했지만, 그것은 플라톤에 관한 책이 아니라, 키케로의 철학에 관한 책으로 귀결되었다. 키케로의 철학은 전통적인 그리스 철학을 모태로 삼기 때문에 독창성 면에서 어느 정도 한계가 있는 것은 사실이지만, 그가 그리스 철학의 영향을 벗어나 로마의 전통인 실천성을 가미한 독립적인 철학을 의식적으로 시도한다는 의미에서 그 독자성이 인정된다. 만일 키케로가 없었더라면 그리스 철학에 버금가는 로마 철학은 존재하지 않았을 것이다.

이 책은 내가 지난 10여 년 간 키케로를 연구하며 쓴 논문 아홉 편을 체계적으로 다듬어 엮은 결과물이다. 각 글은 독립적으로 쓰였지만, 이제 이 책에서 모여 '하나의 전체'를 이룬다. 나는 이 책이 키케로 철학에 대한 연구가 일천한 한국 학계에서 키케로에 대한 이해를 넓히고 학문적 관심을 촉발하는 데 기여하기를 바란다. 키케로 철학을 연구했던 기간은 "나는 여가 때에도 (여러 가지 일을 생각하느라고) 한가한 적이 한 번도 없었고, 혼자 있을 때에도 (내 자신과 대화하느라고) 결코 고독해본 적이 없었다"라는 스키피오(Publius Cornelius Scipio Africanus)의 말을 체험할 수 있었던 귀중한 시간이었다.

2018년 2월
초안산 자락 우거에서
김용민

이 책이 의존하는 논문 (출판 연대순)

김용민. 2007. 「키케로의 정치철학: 『국가에 관하여』와 『법률에 관하여』를 중심으로」. ≪한국정치연구≫, 16집 1호, 1~33쪽.

_____. 2008. 「키케로에 있어서 수사학과 정치」. ≪한국정치연구≫, 17집 1호, 217~239쪽.

_____. 2009. 「키케로와 헬레니즘 정치철학: 『아카데미의 회의주의에 관하여』에 나타난 인식론을 중심으로」. ≪한국정치연구≫, 18집 2호, 95~126쪽.

_____. 2010. 「『최고선과 최고악에 관하여』에 나타난 스토아학파의 윤리학과 구아카데미학 파의 윤리학」. ≪한국정치연구≫, 19집 3호, 169~192쪽.

_____. 2011. 「키케로의 에피쿠로스 윤리학 비판: 『최고선과 최고악에 관하여』를 중심으로」. ≪한국정치연구≫, 20집 3호, 239~262쪽.

_____. 2011. 「키케로: 고대정치철학과 근대정치철학의 가교」. 전경옥 엮음. 『서양 고대·중세 정치사상사』. 서울: 책세상.

_____. 2012. 「에피쿠로스신학과 스토아신학에 관한 비판적 검토: 키케로의 『신들의 본성에 관하여』를 중심으로」. ≪한국정치연구≫, 21집 3호, 271~295쪽.

_____. 2013. 「행복의 철학과 영혼치료학으로서의 철학의 위상정립을 위한 키케로의 시도: 『투스쿨룸에서의 대화』를 중심으로」. ≪정치사상연구≫, 19집 2호, 99~130쪽.

_____. 2016. 「키케로에 있어서 이상적 정치가와 정치교육: 『웅변가에 관하여』와 『의무에 관하여』를 중심으로」. ≪정치사상연구≫, 22집 2호, 99~122쪽.

인용 자료

이 책에서 키케로 작품을 인용할 때는 주로 로엡판(The Loeb Classical Library) 영역본을 사용하되 그 외에 다른 영역본도 사용했다. 키케로의 작품은 대괄호 안에 표시된 원작의 출판년도에 따라 배열한다.

로엡판 영역본

Cicero. [55 B.C.]1967. *De Oratore.* translated by E. W. Sutton. Cambridge, MA.: Harvard University Press.

_____. [54~51 B.C.]1970. *De Re Publica and De Legibus.* translated by Clinton W. Keyes. Cambridge, MA.: Harvard University Press.

_____. [46 B.C.]1971. *Brutus.* translated by G. L. Hendrickson. Cambridge, MA.: Harvard University Press.

_____. [46 B.C.]1971. *Orator.* translated by H. M. Hubbell. Cambridge, MA.: Harvard University Press.

_____. [45 B.C.]1972. *Academica.* translated by H. Rackham. Cambridge, MA.: Harvard University Press.

_____. [45 B.C.]1967. *De Finibus Bonorum Et Malorum.* translated by H. Rackham. Cambridge, MA.: Harvard University Press.

_____. [45 B.C.]1971. *Tusculanae Disputationes.* translated by J. E. King. Cambridge, MA.: Harvard University Press.

_____. [45 B.C.]1972. *De Natura Deorum.* translated by H. Rackham. Cambridge, MA.: Harvard University Press.

_____. [44 B.C.]1971. *De Devinatione.* translated by William Armistead Falconer. Cambridge, MA.: Harvard University Press.

_____. [44 B.C.]1971. *Cato Maior de Semectute.* translated by Wiliam Armistead Falconer. Cambridge, MA.: Harvard University Press.

_____. [44 B.C.]2004. *De Fato.* translated by H. Rackham. Cambridge, MA.: Harvard University Press.

_____. [44 B.C.]1971. *Laelius de Amicitia.* translated by Wiliam Armistead Falconer. Cambridge, MA.: Harvard University Press.

_____. [44 B.C.]2005. *De Officiis.* translated by Walter Miller. Cambridge, MA.: Harvard University Press.

기타 영역본

Cicero. [55 B.C.]2001. *On the Ideal Orator*. translated by James M. May and Jakob Wisse. Oxford: Oxford University Press.

_____. [54~51 B.C.]2006. *On the Commonwealth and On the Laws*. edited by James E. G. Zetzel. Cambridge: Cambridge University Press.

_____. [45 B.C.]2006. *Academica or On Academic Scepticism*. translated by Charles Brittain. Indianapolis/Cambridge: Hacket Publishing Company, Inc.

_____. [45 B.C.]2001. *On Moral Ends*. edited by Julia Annas and translated by Raphael Woolf. Cambridge: Cambridge University Press.

_____. [45 B.C.]1990. *Tusculan Disputations II & V*. translated by A. E. Douglas. Warminster, England: Aris & Philllips Ltd.

_____. [45 B.C.]2008. *The Nature of the Gods*. translated by P. G. Walsh. Oxford World's Classics. Oxford: Oxford University Press.

_____. [44 B.C.]2007. *On Duties*. edited by M. T. Griffin & E. M. Atkins. Cambridge: Cambridge University Press.

일러두기

1. 이 책에서 인용된 키케로의 주요 저작은 다음과 같이 한글로 표기한다.

De Oratore	『웅변가에 관하여』
De Re Publica	『국가에 관하여』
De Legibus	『법률에 관하여』
Brutus	『브루투스』
Orator	『웅변가』
Academica	『아카데미의 회의주의에 관하여』
De Finibus Bonorum Et Malorum	『최고선과 최고악에 관하여』
Tusculanae Disputationes	『투스쿨룸에서의 대화』
De Natura Deorum	『신들의 본성에 관하여』
De Divinatione	『예언에 관하여』
De Fato	『운명에 관하여』
De Officiis	『의무에 관하여』

2. 작품명을 전부 쓰는 것을 원칙으로 하나, 문장의 흐름을 원활하게 하고 인용 출처를 간결하게 표시하기 위해 상기 작품 중 다음 네 편은 필요에 따라 다음과 같이 축약해 표기한다.

『아카데미의 회의주의에 관하여』	『아카데미의 회의주의』
『최고선과 최고악에 관하여』	『최고선과 최고악』
『투스쿨룸에서의 대화』	『투스쿨룸』
『신들의 본성에 관하여』	『신들의 본성』

3. 본문에 실린 인용문 출처의 로마숫자와 아리비아숫자는 몇 권의 몇 문단인지를 의미한다. 예를 들어 II. 1은 2권의 1문단을 말한다.

4. 인용문에서 대괄호 안의 내용은 필자가 부연한 것이다.

5. 주요 용어에 대해서는 괄호 안에 외국어 표현을 병기했고, 라틴어 또는 그리스어 표현은 이탤릭체로 구분했다.

서론

/

키케로의 철학 세계

1. 키케로의 생애와 작품 세계

마르쿠스 툴리우스 키케로(Marcus Tullius Cicero, 106~43 B.C.)는 소크라
테스(Socrates, 469~399 B.C.), 플라톤(Platon, 427~347 B.C.), 크세노폰
(Xenophon, 약 430~약 354 B.C.), 아리스토텔레스(Aristoteles, 384~322
B.C.)와 더불어 서양 고대 정치철학의 형성과 발전에 기여한 것으로 평
가된다. 소크라테스는 작품을 남기지 않았기 때문에 논외로 치더라도,
플라톤과 아리스토텔레스가 정치철학의 형성과 발전에 끼친 심대한 영
향은 논란의 여지가 없이 확실하다. 소크라테스의 제자이자 플라톤과
거의 동시대를 살았던 크세노폰은 비록 플라톤과 대등한 철학적 위상
을 차지하고 있지는 못하지만 스승인 소크라테스의 가르침을 플라톤과
는 다른 방법으로 전달해 고대 정치철학의 형성과 발전에 기여하는 것

으로 평가받는다(김용민, 2000).

키케로는 네 명의 철학자, 즉 소크라테스, 플라톤, 크세노폰, 아리스토텔레스와 크게 두 가지 점에서 다르다. 첫째, 네 철학자의 활동 시기는 기원전 4~5세기인 데 비해 키케로의 활동 시기는 기원전 1세기로, 시기에 큰 차이가 있다. 네 명의 철학자 중 시기상 끝에 위치하는 아리스토텔레스가 기원전 322년에 죽었고, 키케로가 기원전 106년에 태어났으니, 네 철학자와 키케로 사이에는 적어도 3세기 이상의 시대적 차이가 있다. 둘째, 네 명의 철학자는 그리스인으로 주로 아테네를 중심으로 활동을 한 데 비해, 키케로는 로마인으로 당시 쇠락 일로에 있던 로마공화정을 주요 정치 무대로 삼아 활동했다는 점에서 차이가 있다. 기원전 1세기경 로마는 학문적·예술적·문화적으로 아테네에 비해 후진 지역이었으며, 아테네에서 고급문화를 수입하고 있었다. 앞의 네 철학자가 고전 그리스 철학 시대의 정점에 있었다면, 키케로는 헬레니즘 철학 시대가 저물어가는 시기에 있었다.

키케로는 기원전 106년에 로마에서 남쪽으로 110킬로미터 정도 떨어진 아르피눔(Arpinum)에서 태어났다.[1] 그의 가문은 부유한 지주계급(equites)으로 지방귀족으로 활동해왔다. 키케로 전에 그의 가문에서 중앙정치 무대에 진출한 사람은 없었다. 키케로의 아버지는 키케로와 키케로의 동생 퀸투스(Quintus)가 최상의 법률교육을 받도록 아르피눔

---

[1] 키케로에 관한 많은 평전이 있으며 대표적인 것은 다음과 같다. Bailey(1971), Stockton(1971), Rawson(1975), Lacey(1978), Everitt(2001). 에버릿의 책은 김복미가 번역한 『로마의 전설 키케로』(2003)로 출간되었다. 간략하게 키케로의 정치적 삶과 작품을 다룬 소개서로는 Wiedemann(1994), Williams(2004)가 있다. 국내에서 출간된 허승일 외(2006)는 키케로를 포함한 로마의 정치가들을 이해하는 데 필요한 지식을 담고 있다.

에서 중등교육을 끝낸 이 둘을 로마로 보냈다. 이후 키케로는 로마에서 복점관이었던 퀸투스 무키우스 스카이볼라(Quintus Mucius Scaevola, 기원전 117년 집정관이었음)와 그의 당질이자 같은 이름을 지닌 대제사장이었던 퀸투스 무키우스 스카이볼라(기원전 95년 집정관이었음)에게 가르침을 받았다. 이 당시 키케로는 그에게 스토아 철학을 가르쳐주었던 디오도투스(Diodotus)를 만났고, 플라톤이 세운 아카데미학원의 원장이었던 라리사(Larrisa) 출신의 필론(Philon, 159/8 ~ 84/3 B.C.)을 만났다. 기원전 79~77년에 키케로는 그리스로 가서 수사학과 철학에 관해 깊은 지식을 쌓았는데, 아테네에서는 아카데미학파에 속하는 아스칼론(Ascalon) 출신의 안티오코스(Antiochos, 약 130~약 68 B.C.)의 강의를 들었으며, 소아시아의 로도스(Rhodos)에서는 스토아 철학자 포세이도니오스(Poseidonios, 135~51 B.C.)의 강의를 들었고 저명한 수사학자 아폴로니우스 몰론(Apollonius Molon)에게 웅변술을 배우기도 했다.

기원전 75년 키케로는 재무관(*quaestor*)에 임명된 것을 시작으로 관직의 사다리를 한 계단씩 올라갔다. 기원전 69년에는 조영관(*aedile*)으로, 기원전 66년에는 법무관(*praetor*)으로 활동했으며, 기원전 63년에는 드디어 집정관(*consul*)이 되었다. 키케로는 중앙귀족 출신이 아닌 지방귀족 출신으로 집정관 지위에 오른 흔치 않은 사람 중의 하나가 되었다. 집정관 재직 시 키케로가 처리한 가장 중요한 정치적 사건은 카틸리나(Lucius Sergius Catilina)의 반란 음모를 사전에 적발해 그 일당을 분쇄함으로써 로마를 국가적 위기에서 건져낸 일이었다. 키케로는 이 반란 사건에 연관된 카틸리나 진영의 다섯 사람을 재판을 거치지 않고 '원로원 비상 결의(*senatus consultum ultimum*)'에 근거해서 사형에 처했는데, 후에 이것이 문제가 되어 기원전 58년, 클로디우스 법에 의해 로마에서 추방당하게 되었다. 클로디우스(Publius Clodius Pulcher)가 통과시킨 법의 골자는 적절하고 적법한 절차 없이 시민을 처형하거나 처벌했던 관리에게 공권을 박탈하는 처벌을 내리는 것이었다. 기원전 57년 키케로의 복귀를 허용하는 법안이 통과되었고, 이해 중순 키케로는 최고의 환대를 받으며 로마로 돌아왔다.

카이사르(Gaius Julius Caesar), 크라수스(Marcus Licinius Crassus), 폼페이우스(Gnaeus Pompeius Magnus)가 서로 손을 잡고 삼두정치를 시작한 기원전 60년 이후, 키케로의 정치적 입지는 상당히 좁아졌는데, 기원전 57년의 복귀도 그의 정치적 입지를 넓혀주지는 못했다. 키케로는 정치적 공백기를 이용해 정치적 작품을 쓰기 시작했고 기원전 55~51년에 『웅변가에 관하여』, 『국가에 관하여』, 『법률에 관하여』 등의 대화편을 집필했다. 기원전 51~50년에는 킬리키아(Cilicia)에서 총독직을 수행했다. 기원전 49년부터 카이사르와 폼페이우스 사이에 내전이 벌어졌는데, 이 내전은 기원전 45년에 카이사르의 승리로 끝났다. 내전 중에 폼페이우스 편에 가담했던 키케로는 카이사르가 승리를 거둠에 따라 로마에서 정치적 영향력을 거의 상실하게 되었다. 내전 중에 다시한번 정치적 공백기를 맞이한 키케로는 기원전 46년부터 저술에 몰두했다. 기원전 46~45년에 출간된 중요한 작품은 수사학에 관한 것으로 『브루투스』와 『웅변가』가 있고,[2] 철학의 주요 주제에 관한 연작으로는 『호르텐시우스(Hortensius)』, 『아카데미의 회의주의에 관하여』, 『최고선과 최고악에 관하여』, 『투스쿨룸에서의 대화』, 『신들의 본성에 관하여』, 『예언에 관하여』, 『운명에 관하여』 등이 있다. 키케로는 자신의

---

2 『웅변가에 관하여(De Oratore)』와 『웅변가(Orator)』는 서로 다른 저서이다.

철학적 작품들이 다루고 있는 주요 주제들에 대해서 『예언에 관하여』 2권의 서론에서 다음과 같이 밝히고 있다.

> 나는 『호르텐시우스』라는 책에서 최대한 열성을 기울여 철학 연구의 중요성을 옹호했다. 그리고 총 네 권의 『아카데미의 회의주의에 관하여』에서 내가 생각하기에 가장 오만하지 않은 동시에 가장 일관되며 세련된 철학적 체계를 제시했다. 철학의 기초는 선과 악의 구별에 의존하기 때문에, 나는 이 주제를 다섯 권으로 구성된 『최고선과 최고악에 관하여』에서 빠짐없이 다루었고, 또한 다양한 철학자들의 상반된 관점이 드러날 수 있도록 했다. 다음으로 역시 다섯 권으로 구성된 『투스쿨룸에서의 대화』가 있는데, 이 작품은 행복한 삶에 이르는 가장 핵심적인 수단이 무엇인지 분명히 보여주고 있다. 1권은 죽음에 대한 무관심을, 2권은 고통을 참는 방법을, 3권은 슬픔을 완화하는 방법을, 4권은 기타의 정신적 혼란을 완화하는 방법을 다루고 있다. 그리고 5권은 철학을 전 분야에 걸쳐서 가장 밝게 비춰주는 주제를 포함하는데, 이 주제가 빛을 발하는 이유는 그것이 덕은 그 자체로서 행복을 보장한다고 가르치기 때문이다. 위에 거론된 작품을 출간한 후, 나는 총 세 권으로 된 『신들의 본성에 관하여』의 집필을 마쳤는데, 이 작품은 이 제목과 관련된 모든 질문에 관한 논의를 담고 있다. 이 작품의 주제를 단순화하면서 확장시킬 목적으로 나는 현재의 작품 『예언에 관하여』를 저술하기 시작했는데, 여기에 운명에 관한 작품을 추가할 계획을 세우고 있다. 이러한 모든 계획이 수행되었을 때, 내가 다루는 특별한 철학이 지닌 모든 측면이 충분히 논의될 것이다(『예언에 관하여』, II. 1~3).

물론 키케로는 자신의 계획에 따라 『예언에 관하여』를 완성했을 뿐 아니라 『운명에 관하여』도 저술했다. 자기의 친구 아티쿠스(Titus Pomponius Atticus, 110~32 B.C.)[3]에게 헌정한 『노년에 관하여』는 카이사르가 살해되기 직전에 저술되었다.

기원전 44년 3월 15일 카이사르는 브루투스(Marcus Junius Brutus)와 카시우스(Gaius Cassius Longinus) 등 공화파 정치가들에 의해서 무참히 살해되었다. 키케로는 로마의 정치적 공황기를 이용해 정계에 복귀할 기회를 가졌으나, 당시 집정관인 안토니우스(Marcus Antonius)와 카이사르의 후계자인 옥타비아누스(Gaius Octavianus) 사이에 발생한 권력쟁탈전에 휘말려서 정치적 주도권을 획득하는 데 실패했다. 키케로는 불안감을 극복하고 마음의 평정을 찾기 위해서, 아테네에서 유학하던 아들 마르쿠스(Marcus)에게 보내는 서간문 형식의 『의무에 관하여』를 저술했고, 친구 아티쿠스에게 헌정하는 『우정에 관하여』를 저술했다. 또한 안토니우스에 대한 강한 정치적 적대감을 표현하고자 열네 차례에 걸쳐 연설을 했는데, 이 연설문은 『필리피카(*Philippica*)』라는 제목으로 출간되었다.[4] 기원전 43년 옥타비아누스, 안토니우스, 레피두스(Marcus Aemilius Lepidus) 사이에 제2차 삼두정치 합의가 이루어졌으며,

---

3 아티쿠스는 키케로의 절친한 친구였다. 키케로는 아티쿠스에게 400여 통이 넘는 편지를 보냈는데, 이 편지를 통해 우리는 키케로와 로마를 좀 더 직접적으로 알 수 있게 되었다. 아티쿠스는 에피쿠로스학파로서 정치에 간섭하지 않는 것을 원칙으로 했다. 키케로는 아카데미학파, 소요학파, 스토아학파의 사상을 수용했으나, 에피쿠로스학파의 사상은 배격했다.

4 키케로는 마케도니아의 필리포스 왕을 공격한 아테네의 웅변가인 데모스테네스(Demosthenes)의 연설에서 그 이름을 빌려 자신의 연설을 필리피카라고 이름 지었다.

이들은 키케로를 처벌 대상자로 지목했다. 키케로는 처벌을 피해 도피하다가 같은 해 12월 7일 안토니우스가 보낸 병사에게 살해되었다.

키케로의 전 작품은 크게 세 범주로 나누어볼 수 있다. 첫째는 수사학에 관련된 작품으로『웅변가에 관하여』,『브루투스』,『웅변가』가 포함된다. 둘째는 정치철학에 관련된 작품으로『국가에 관하여』,『법률에 관하여』가 포함된다.[5] 셋째는 철학에 관련된 작품으로『호르텐시우스』,『아카데미의 회의주의』,『최고선과 최고악』,『투스쿨룸』,『신들의 본성』,『예언에 관하여』,『운명에 관하여』,『노년에 관하여』,『우정에 관하여』,『의무에 관하여』가 포함된다. 세 번째 범주의 작품들 중 일반적인 철학 권장서인『호르텐시우스』를 제외한 나머지 작품들을 논리학(또는 인식론), 자연학, 윤리학으로 구성된 헬레니즘 철학 체계에 따라 분류하면『아카데미의 회의주의』는 논리학에,『신들의 본성』,『예언에 관하여』,『운명에 관하여』는 자연학에,『최고선과 최고악』,『투스쿨룸』,『노년에 관하여』,『우정에 관하여』,『의무에 관하여』는 윤리학에 포함된다.

키케로는 정치란 수사학을 활용할 줄 알아야 한다고 보기 때문에 수사학에 관련된 작품 모두가 정치철학과 연관되지만, 특히 초기작인『웅변가에 관하여』는 이상적 웅변가, 다시 말해 '이상적 정치가'가 구사해야 하는 수사학의 기술을 논의한 작품으로,『국가에 관하여』와『법률에 관하여』에서 확실하게 나타나는 정치철학을 준비하는 정치철

---

5   앞에 인용된『예언에 관하여』2권 서론을 보면 키케로가『법률에 관하여』를 거명하지 않았음을 알 수 있다. 키케로는 그 이유를 밝히지 않았으나, 학자들은 그가 기원전 52~51년경에 미완성 형태로 저술했던『법률에 관하여』가 서론을 쓸 당시인 기원전 44년에도 아직 완성되지 않았던 것으로 추정하고 있다.

학적 작품이라고도 할 수 있다. 이 세 작품 외에『의무에 관하여』를 정치철학적 작품으로 손꼽을 수 있는데, 이 작품은 정치가가 지녀야 할 실천윤리를 정치교육의 차원에서 다룬다.

그러므로 키케로의 정치철학을 구성하는 핵심 작품은 물론『국가에 관하여』와『법률에 관하여』이지만,『웅변가에 관하여』와『의무에 관하여』도 그의 정치철학을 이해하는 데 상당히 긴요하다.『국가에 관하여』의 주제는 최상의 국가와 최상의 시민에 관한 것이고,『법률에 관하여』의 주제는 최상의 국가가 지녀야 할 최상의 법률에 관한 것이다. 그러나『국가에 관하여』와『법률에 관하여』는 상당 부분 망실되어 완전한 형태로 후대에 전수되지 않았기 때문에, 우리는 키케로가 말한 최상의 국가에 존재하는 정치가의 모습이나 정치교육의 내용을 제대로 파악할 수 없다. 또한 이상적 정치가의 자질과 임무에 관한 논의가 예정되었던『국가에 관하여』5권은 상당히 불완전한 형태로 남아 있기 때문에 플라톤의 '철인왕(philosopher king)'과 대비되는 키케로의 '정치가(statesman)'의 모습을 확실하게 파악할 수 없다. 그러나 우리는『웅변가에 관하여』를 통해 정치가의 모습을 파악할 수 있으며,『의무에 관하여』를 통해 정치교육의 내용을 가늠해볼 수 있다.

기원전 55~54년에 쓰인『웅변가에 관하여』는 주로 수사학 기법에 관해 논의한다. 그러나 이 책의 좀 더 명백한 주제는 최상의 웅변가에 관한 것이다. 최상의 웅변가는 법정, 민회, 원로원에서 연설을 하는데, 이러한 일을 수행하는 웅변가는 실질적으로 정치가라고 할 수 있다(Atkins, 2000: 487).『웅변가에 관하여』에서 주요 화자로 등장하는 크라수스(Lucius Licinius Crassus, 140~91 B.C.)와 안토니우스(Marcus Antonius, 143~87 B.C.)는 최상의 웅변가는 정치철학, 윤리학, 심리학 등에 조예가 깊어야 하는지, 아니면 법적인 소송을 위해 필요한 수사학의 기술만 습득해도 좋은지에 관해 논쟁을 벌인다. 크라수스는 웅변가는 철학적 지혜가 필요하다는 입장이며, 안토니우스는 웅변가는 수사학적 기술만 갖추면 된다는 입장이다. 이 대화편에서 크라수스는 키케로의 관점을 대변하고 있다. 하지만 키케로는 웅변가가 단순히 철학자로 남아 있는 것을 원하지 않는다. 웅변가는 철학적 지혜를 갖추어야 하지만, 이 지혜를 사용해서 소수의 철학자와 대화를 하는 것이 아니라, 연설을 통해 원로원의 의원과 다수의 시민의 감정을 움직여 그들을 자기가 원하는 방향으로 인도해야 하는 것이다. 키케로에게 최상의 웅변가는 철학자이기보다는 정치가인 것으로 나타난다.

정치철학적 주저와 수사학에 관한 작품을 쓴 이후, 키케로는 당시 철학 연구의 규준이었던 헬레니즘 철학 체계에 따라 작품을 저술했는데, 그의 철학 체계의 출발점에는 『호르텐시우스』가 놓여 있다. 여기서 그는 철학을 공부할 것을 권장했다. 그가 본격적으로 철학 작품을 저술하기 시작한 때는 자신이 애지중지했던 딸 툴리아(Tullia)가 죽고 난 후 스스로를 달래기 위해서 『위안서(Consolatio)』를 쓴 이후부터였다. 물론 철학에 관한 작품 『호르텐시우스』를 딸 툴리아가 죽기 이전에 썼지만, 딸의 죽음이 그가 철학에서 위안을 찾게 되는 데 큰 영향을 주었다는 것은 부인할 수 없다. 『위안서』이후 쓴 작품이 『아카데미의 회의주의』인데, 이 책에서 키케로는 헬레니즘 철학 체계의 토대인 논리학 또는 인식론을 본격적으로 다룬다. 이 책은 실질적으로 키케로 철학 체계의 서두를 장식한다.

윤리학에 관한 키케로의 주요 작품은 『최고선과 최고악』과 『투스쿨룸』이다. 『최고선과 최고악』은 총 다섯 권으로 구성되는데, 1권과 2

권에서는 에피쿠로스(Epicouros)의 윤리학에 대한 소개와 비판이, 3권과 4권에서는 스토아학파의 윤리학에 대한 소개와 비판이, 5권에서는 구아카데미를 창건한 안티오코스의 윤리학에 대한 소개와 비판이 행해진다. 『투스쿨룸』역시 총 다섯 권으로 구성되는데, 익명의 스승으로 등장하는 키케로와 질문을 제기하는 익명의 젊은이들 간의 대화로 전개된다. 키케로는 여기서 죽음, 고통, 슬픔, 정신적 혼란, 덕이라는 실천적 주제를 다양한 각도에서 접근하는데, 궁극적으로 덕이 있는 철학자는 죽음, 고통, 슬픔, 기타 정신적 혼란을 극복하며 행복해진다는 것을 결론으로 제시한다.

　　자연학에 관한 키케로의 작품은 『신들의 본성』, 『예언에 관하여』, 『운명에 관하여』의 3부작이다. 『신들의 본성』은 총 세 권으로 구성되며, 에피쿠로스학파와 스토아학파의 신학이 소개되고 이에 대한 아카데미학파의 비판이 다루어진다. 1권에서 에피쿠로스학파인 벨레이우스(Gaius Velleius)가 에피쿠로스학파의 신학 이론을 개진하나, 신아카데미학파인 코타(Gaius Aurellius Cotta)가 이를 비판하면서 에피쿠로스 이론은 종교에 치명적이라는 결론을 내린다. 2권에서는 스토아학파인 발부스(Quintus Lucilius Balbus)가 스토아학파의 신학 이론을 개진하며, 3권에서는 코타가 역시 신아카데미학파의 관점에서 스토아학파의 신학을 비판한다. 『신들의 본성』에 뒤이어 『예언에 관하여』가 출간되었는데, 이 책은 총 두 권으로 구성된다. 예언이나 점은 스토아학파는 물론 로마인의 삶에서 상당한 비중을 차지하고 있었다. 1권에서는 예언에 대한 긍정적인 주장이 개진되고 2권에서는 비판적인 주장이 개진되는데, 키케로는 미신적인 예언은 믿지 말아야 한다는 결론을 내린다. 『운명에 관하여』는 숙명론(determinism)에 관한 찬반양론을 다루는데, 이 책은 상당 부분 망실된 상태이다.

키케로의 철학적 여정의 마지막을 장식하는 작품에는 친구 아티쿠스에게 헌정한 『노년에 관하여』와 『우정에 관하여』, 아들 마르쿠스를 위해 쓴 『의무에 관하여』, 안토니우스에 대한 강한 비난을 쏟아냈던 연설문들을 모은 『필리피카』가 있다. 이 중에 『필리피카』를 제외한 나머지 작품들은 윤리학 분야에 포함된다고 할 수 있다.

앞서 살펴본 바와 같이 키케로는 자신의 철학 체계를 '논리학 → 윤리학 → 자연학'의 순서로 전개해나갔다. 이러한 순서는 헬레니즘 철학 체계의 일반적인 상승 순서인 '논리학 → 자연학 → 윤리학'과는 일치하지 않는다. 하지만 말년의 작품들이 윤리적이며 도덕적인 성격을 띠고 있다는 사실을 고려할 때, 그가 자연학에서 다시 윤리학으로 상승을 꾀한다는 것을 우리는 알 수 있다.

키케로는 정치철학, 수사학, 철학 체계에 관한 작품 외에도 재판에 참가해 변론한 내용을 담은 변론집과 절친한 친구인 아티쿠스에게 보내는 편지 426통을 포함한 총 931통의 편지를 남겼다.[6] 아티쿠스는 키케로의 사후 총 열여섯 권으로 구성된 서간문집을 출간했다. 우리는 서간문집을 통해 키케로의 개인적 삶을 심층적으로 이해할 수 있을 뿐만 아니라 키케로 당대에 로마 정치가 어떻게 운영되었는지를 알 수 있다. 이 서간문집은 정치적 격변기를 맞아 키케로가 어떤 심리 상태로 어떻게 대응했는지를 잘 보여주며, 또한 당대 로마의 정치사회에서 어떤 일

---

6   로엡판 키케로 전집은 총 스물여덟 권으로 구성된다. 전집은 수사학 작품, 변론집, 철학 작품, 서간문의 네 범주로 나뉘는데 수사학 작품은 다섯 권, 변론집은 열 권, 철학 작품은 여섯 권, 서간문은 일곱 권으로 구성된다.

이 있어났는지를 잘 보여준다. 만약 이 서간문집이 없었더라면 로마공화국의 원로원 정치에 관한 중요한 역사가 어둠 속에 묻혔을 것이라고 학자들은 말한다.

2. 키케로와 플라톤

플라톤에 대한 키케로의 숭배는 열광적이었다. 키케로는 플라톤을 언급할 때 많은 경우 '내가 사랑하는 플라톤(my beloved Plato)'이라는 표현을 잊지 않았다. 그는 플라톤을 '모든 철학자 중에서 가장 위대한 사람(the greatest of all philosophers)'(『법률에 관하여』, II. 14), '철학자들의 신(a philosophers' god)'(『신들의 본성』, II. 32), '최고 위상의 철학자(the first of all philosophers in rank)'(『최고선과 최고악』, V. 7) 등으로 표현한다. 키케로는 자신의 작품 속에서 플라톤의 대화편을 광범위하게 인용하거나 발췌하는데, 이는 그가 플라톤의 대화편을 대부분 읽고 연구한 결과라고 볼 수 있다. 특히 키케로가 즐겨 인용하는 대화편은 『국가(Politeia)』와 『법률(Nomoi)』을 비롯하여, 『변명(Apologia Sokratous)』, 『파이돈(Phaidon)』, 『파이드로스(Phaidros)』, 『고르기아스(Gorgias)』로 나타난다. 하지만 플라톤의 주요 작품인 『파르메니데스(Parmenides)』와 『소피스테스(Sophistes)』, 『정치가(Politikos)』 등은 키케로가 알지 못했거나 읽지 않은 것으로 추정된다(Long, 1995a: 44).

　　플라톤이 키케로에게 미친 영향은 크게 네 분야에서 찾아볼 수 있다. 정치철학, 수사학, 논리학, 윤리학 분야가 바로 그것이다. 첫째, 정치철학 분야에서 키케로가 플라톤의 대화편 『국가』, 『법률』과 같은 제목의 작품을 썼다[7]는 사실은 그가 얼마나 플라톤을 사랑하고 존경했는지를 잘 보여준다. 하지만 키케로는 플라톤의 두 대화편의 관계를 처음부터 잘못 파악했다. 플라톤에게서 『국가』와 『법률』은 이상국가의 추구라는 동일한 주제에 대한 서로 다른 접근 방법인 것으로 나타나지만, 키케로는 『법률』을 『국가』에 종속된 대화편으로 파악하며, 『법률』을 『국가』에서 제시된 이상국가가 지녀야 되는 법에 관한 대화편으로 이해한다. 키케로는 두 대화편의 관계를 다음과 같이 말한다.

나는 플라톤과 같은 길을 따라야 한다고 생각한다. 플라톤은 매우 현명한 사람이었고 모든 철학자들 가운데 가장 위대한 사람이었다. 그는 국가에 관한 책을 먼저 썼으며, 후에 이 국가의 법을 기술하는 별개의 책을 썼다 (『법률에 관하여』, II. 14).[8]

키케로는 이러한 관점에 입각해서 『국가에 관하여』와 『법률에 관하여』를 저술했는데, 『국가에 관하여』에서 로마공화국을 이상국가로 제시하고, 이상국가에서 구체적으로 지녀야 할 종교법, 행정관의 의무와 제한에 관한 법, 원로원과 민회에 관한 법 등을 『법률에 관하여』에서 서술한다.

---

7   플라톤과 키케로의 제목이 같은 작품을 구별하기 위하여 플라톤의 작품은 『국가』와 『법률』로, 키케로의 작품은 『국가에 관하여』와 『법률에 관하여』로 부른다.

8   같은 내용이 『법률에 관하여』, I. 15에도 아티쿠스의 말을 통해 나온다. 『국가에 관하여』와 『법률에 관하여』에 나오는 대화는 자연스럽게 구어체로 번역되어야 하나, 이 글에서는 대화의 의미를 정확하게 전달하기 위해 한국식 존대법을 사용하지 않고 직설법 문어체로 번역한다.

둘째, 수사학 분야에서 키케로는 플라톤의 대화편인『고르기아스』
와『파이드로스』, 그리고 아리스토텔레스의『수사학(*Rhetoric*)』의 영향
을 받고 있음을 보여준다. 키케로는 소크라테스에 의해 수사학의 존립
근거가 궁지에 몰리는『고르기아스』보다는, 수사학에 대한 소크라테스
의 긍정적 태도가 엿보이는『파이드로스』에 더욱 우호적이었다.『웅변
가에 관하여』에서 설정된 대화 배경이『파이드로스』의 대화 배경을 모
방한다는 점, 그리고 크라수스가 호르텐시우스의 웅변술을 칭찬하고
그의 미래를 밝게 전망하는 마지막 부분이 소크라테스가 이소크라테스
의 재능을 칭찬하고 그의 장래를 촉망하는『파이드로스』의 마지막 부
분을 모방한다는 점은 키케로가『파이드로스』를 호의적으로 수용한다
는 것을 잘 보여준다. 철학과 수사학을 분리해 수사학을 '기술(art)'[9]도
못 되는 아첨술의 일종으로 단정해 무시하는 플라톤의 태도와는 달리,
아리스토텔레스는 수사학을 기술의 일종으로 정의하며 수사학에 독립
적인 학문적 지위를 부여한다. 아리스토텔레스에 따르면 수사학은 변
증법과 유사하다. "수사학은 변증법과 짝을 이룬다. 이 둘이 다루는 대
상에 대한 인식은 어느 특별한 학문에만 고유한 것이 아니라 일정한 방
식으로 모든 학문에 공통적인 것이다"(Aristotle, 1984: 1354a1~6). 키케로
는 수사학에 대한 아리스토텔레스의 관점을 기본적으로 받아들인다.
키케로는 자신의 수사학 이론을 만들며『고르기아스』에 나타나는 수사
학에 대한 소크라테스의 비판과 폄하를 극복하고,『파이드로스』에 나

---

9   기술은 넓게는 다소 체계적인 훈련이나 솜씨를 의미하며 좁게는 원하는 실천적인 결
과를 얻을 수 있도록 안내하는 신뢰할 만한 지식 체계나 이 지식 체계에 근거한 실천적 솜
씨를 의미한다.

타나는 소크라테스의 친수사학적 관점을 확장해서, 아리스토텔레스의 권위를 빌려 철학과 수사학의 결합을 꾀한다.

셋째, 논리학 분야에서 키케로는 플라톤 철학의 전통을 계승하는 신아카데미학파의 회의주의적 입장을 취한다. 그는 회의주의적 입장을 다음과 같이 정리한다.

> 아카데미의 특징은 자신의 결론을 제시하지 않은 채 진리에 가장 접근한 것처럼 보이는 결론을 인정하고, 논쟁들을 비교하고, 어떤 의견을 위해서 말해질 수 있는 모든 것을 드러내고, 또한 자신의 권위를 주장하지 않으면서 탐구자의 판단에 완전히 자유롭게 맡겨놓는 것이다(『예언에 관하여』, II. 150).

키케로는 철학 작품을 저술할 때, '찬성과 반대라는 양쪽 측면에서' 논의를 전개함으로써 작품의 주제를 뚜렷하게 드러내려고 하나, 자신의 확고한 결론을 제시하기보다는 독자가 스스로 판단하게끔 이끌고자 한다.

넷째, 윤리학 분야에서 키케로는 신아카데미주의자로서 특정한 도그마를 믿지는 않지만, 플라톤과 아리스토텔레스로 대변되는 전통적인 윤리학을 수용하면서도 스토아학파의 윤리학으로 경도되는 모습을 보인다. 전통적인 윤리학이 지닌 가장 큰 특징 중의 하나는 덕이 행복을 보장한다고 강조하는 것이다. 키케로는 철학이 다루는 근본 문제는 '선과 악'을 구별하는 것이라고 보면서, 『최고선과 최고악』에서 세 철학 학파(에피쿠로스학파, 스토아학파, 구아카데미학파)의 선과 악에 관한 이론적 체계를 각각 비판적으로 검토한다. 또한 『투스쿨룸』에서는 최고선인 행복에 이르는 과정에서 발생하는 '영혼의 병'에 대한 구체적이고 경험적이며 실천적인 치료 방법을 알려준다. 그는 이 대화편 1권과 2권에서는 주로 플라톤과 아리스토텔레스로 대변되는 전통 철학에 의거해서 죽음과 고통을 극복하는 방법을 제시하며, 3권과 4권에서는 주로 스토아학파의 이론에 의거해서 영혼의 병에 대한 치료책을 제시한다. 비록 그는 스토아학파의 치료책에 많이 경도되긴 했지만, 어떤 특정한 학파의 치료책에 집착하지 않고 환자가 지닌 개별적인 영혼의 병, 그의 성격, 그가 처한 환경에 따라 필요하면 어떤 학파의 치료책도 복합적으로 갖다 써도 좋다는 절충주의적 입장을 채택한다.

키케로는 자신이 플라톤주의자라고 말한다. "나의 철학은 소요학파와 크게 다르지 않은데, 왜냐하면 아카데미학파와 소요학파는 모두 소크라테스주의자이고 플라톤주의자이기 때문이다"(『의무에 관하여』, I. 2). 키케로가 초기 작품인 『웅변가에 관하여』, 『국가에 관하여』, 『법률에 관하여』를 저술할 때 플라톤 철학의 영향을 직접적으로 받았음은 분명하다. 그러나 기원전 46년 이후 키케로가 자신의 헬레니즘 철학 체계를 완성해갈 때, 그는 플라톤의 추종자라기보다는 아카데미학파의 추종자로서 회의주의자의 모습을 더 많이 보여준다. 키케로는 플라톤주의자이지만, 그가 플라톤을 단순히 모방하는 것은 아니다. 그는 '로마인의 관점'이라는 주체적 관점에서 플라톤을 모방하는데, 이 '로마인의 관점'은 키케로 작품의 독창성을 담보해준다. 이런 맥락에서 학자들은 키케로를 '로마인 플라톤(The Roman Plato)'이라고 부르기도 한다.

키케로의 작품들은 그보다 앞서 살았던 플라톤과 아리스토텔레스의 철학 및 그 후계자들의 철학에 대한 당대 로마인의 이해를 좀 더 생생하게 전달해준다. 만약에 그의 작품들이 없었더라면 우리는 특히 플라톤 철학의 이해를 돕는 중대한 디딤돌을 얻지 못했을 것이다. 키케로의 작품들은 플라톤 철학을 이해할 수 있는 중요한 지적 기반을 마련해 준다.

3. 키케로와 헬레니즘 철학 시대

서양에서 고대 철학의 시대는 고전 그리스 철학 시대, 헬레니즘 철학 시대, 로마제국 철학 시대의 세 시대로 나뉜다. 고전 그리스 철학 시대는 소크라테스 이전의 철학자들(pre-Socratics)을 포함해, 소크라테스, 플라톤, 아리스토텔레스에 이르기까지의 기간을 말한다. 역사적으로 볼 때 흔히 헬레니즘 시대는 알렉산드로스 대왕이 죽은 기원전 323년부터 시작해 이집트의 프톨레마이오스 왕조가 멸망한 기원전 31년까지의 기간을 말한다. 그러나 철학사적으로 볼 때는 헬레니즘 철학 시대가 기원전 30여 년경보다는 기원전 1세기경에 종말을 고했다고 보는 견해가 설득력을 얻고 있다(Frede, 2005b: 772). 로마제국 시대는 옥타비아누스가 황제직에 오른 기원전 27년부터 서로마제국이 멸망한 476년까지를 말하나, 로마제국이 영구적으로 분열된 해인 395년까지로 보는 견해도 있다. 기독교가 공인(313년)되고 국교로 인정(380년)됨에 따라 로마제국의 전통적 사고가 붕괴되었다는 점을 고려한다면, 로마제국 철학 시대는 헬레니즘 철학 시대가 종말을 고한 기원전 1세기부터 시작해 기원후 4세기 말까지 계속되었다고 할 수 있다. 이 글에서 필자는 '역사적 헬레니즘' 시대를 기원전 323년부터 기원전 31년까지로, 이와 구별해서 '철학적 헬레니즘' 시대를 기원전 323년부터 기원전 1세기경까지로 보고자 한다.

　역사적 헬레니즘 시대는 알렉산드로스 대왕이 죽은 기원전 323년부터 시작된다. 아리스토텔레스는 알렉산드로스가 죽은 후 1년이 지난 기원전 322년에 죽는데, 실질적으로 헬레니즘 철학 시대는 그의 죽음과 함께 시작되었다고 할 수 있다. 알렉산드로스 대왕은 대제국을 이루어 그리스의 문명과 문화를 그리스 밖의 광대한 지역에 전파시켰다. 알렉산드로스의 계승자들은 왕정 형태로 제국을 통치했는데, 이에 따라 자유와 독립을 이상으로 삼았던 그리스의 도시국가들은 제국에 종속된 지위로 전락해 정치적인 자기 결정력, 즉 정치적 주권을 상실하게 되었다. 제국의 지배하에 놓인 그리스인들은 자신들이 더 이상 주체적인 능력을 발휘할 수 없는 정치적 외면세계에서 벗어나 자신의 내면세계에서 평화와 행복을 찾으려고 했다. 그들은 폴리스에서 추구했던 공동선을 포기하고 개인적인 차원에서 안심입명을 좇고자 했다.

　철학 역시 변화된 세계에 맞춰 새롭게 적응했으며, 이에 따라 철학의 정신과 목적도 변화했다. 그리스인들은 더 이상 경험에서 유리되고 추상화된 고전 철학에 관심을 갖지 않았다. 플라톤의 '이데아론'은 아리스토텔레스에게 비판된 이후 헬레니즘 시대에 들어서서는 그 영향력을 급격히 상실했다. 그리스인들은 추상적인 이론보다는 실천적인 행복의 문제에 관심을 많이 가졌으며, 철학이 개인의 행복 문제를 해결해주길 바랐다. 철학은 이러한 시대의 요구에 따라 변화했으며, 진리를 추구한다는 목적을 지닌 추상적 학문에서 인간의 욕구, 쾌락, 행복 등을 충족시키는 방법과 고통을 치유하는 방법을 제공하는 수단적 학문으로 변질되었다. 스토아학파와 에피쿠로스학파는 시대의 요구에 부응하는 대표적 철학으로 새롭게 부상했으며, '덕이 곧 행복'이라는 스토아학파의 윤리학과 '쾌락이 곧 행복'이라는 에피쿠로스학파의 윤리학은 첨예하게 대립했다.

헬레니즘 철학 시대가 언제 끝났는지에 관해 기원전 31년설과 기원전 1세기설이 대립된다.[10] 헬레니즘 철학 시대가 기원전 31년에 끝난 것으로 보는 입장은 이 시기에 세 가지 큰 변화가 일어났다는 것에 주목한다. 첫째, 아리스토텔레스주의가 부흥하기 시작했고, 둘째, 플라톤 철학이 부활하기 시작했으며, 셋째, 아카데미학파의 회의주의가 쇠락하는 변화가 일어났다는 것이다. 이 입장에 따르면 헬레니즘의 전성시대에는 스토아학파와 에피쿠로스학파가 지배적인 사조로 군림했고 아카데미학파와 소요학파는 약세를 면치 못했으나, 기원전 30년경에 이르면 지배적인 두 학파는 그 영향력을 잃고, 플라톤주의와 아리스토텔레스주의가 다시 지배적인 사조로 떠오르기 시작했다는 것이다.

그러나 기원전 100년경에 헬레니즘 철학 시대가 종말을 고했다고 보는 입장은 앞에서 지적된 세 가지 변화가 이미 기원전 100년경에 발생한 것으로 본다. 이 입장의 논거는 다음과 같다. 첫째, 아리스토텔레스주의의 부흥은 흔히 로도스의 안드로니코스(Andronikos)가 기원전 30년경에 망실되었던 것으로 알려진 아리스토텔레스의 유작을 발견하고 그의 작품을 편집했다는 사실과 연관해 설명되고 있으나, 기원전 1세기설을 따르는 입장은 안드로니코스가 아리스토텔레스를 본격적으로 연구하기 시작했다고 평가하기는 어렵다고 본다. 그보다 앞선 시대를 살았던 스토아 철학자 파나이티오스(Panaitios, 약 185~110/9 B.C.)는 아리스토텔레스를 자주 언급하고 있으며, 그의 제자인 포세이도니오스는

---

10 이어서 기술된 이 두 가지 설에 대한 설명은 Frede(2005b: 772~782)에 의존한다.

아리스토텔레스화되었다고 말해질 정도로 아리스토텔레스 철학에 강한 관심을 지니고 있었다는 점을 고려할 때, 아리스토텔레스 철학의 부흥은 기원전 1세기 초에 시작되었다고 보는 것이 타당하다는 것이다.

둘째, 안티오코스는 기원전 90년경에 회의주의적 경향에 빠진 신아카데미(New Academy)를 거부하고 그 옛날 소크라테스와 플라톤이 지녔던 전통을 회복하고자 구아카데미(Old Academy)를 창설했는데, 기원전 1세기설에 따르는 입장에서는 이것을 플라톤주의의 부활을 알리는 중요한 사건이라고 본다. 신아카데미는 진리는 획득될 수 없으며 진리는 오직 가능성의 기반하에서 추구될 수 있다는 주장을 펼쳐온 데 반해, 안티오코스는 소크라테스와 플라톤이 회의주의에 빠진 것이 아니라 지식의 확실성과 그 획득 가능성을 믿고 있었다고 해석하면서, 동시에 지식의 확실성을 믿는 스토아 철학의 인식론을 수용해서, 구아카데미의 인식론을 좀 더 세련되고 치밀하게 만들려고 했다. 앞에서 언급한 파나이티오스와 포세이도니오스 역시 플라톤 철학에도 깊은 관심을 나타내는데, 이런 점들을 고려한다면 기원전 1세기 초에 플라톤주의가 서서히 부활하기 시작했다고 볼 수 있다는 것이다.

셋째, 신아카데미의 회의주의는 구아카데미의 공격을 받았고 기원전 30년부터 50년 사이에 몰락했지만, 그 몰락의 조짐은 훨씬 이전인 기원전 100년경 안티오코스의 스승인 필론에게서 찾을 수 있다고 기원전 1세기설은 주장한다. 아르케실라오스(Arkesilaos, 316/5~241/0 B.C.)부터 시작해 카르네아데스(Carneades, 214/3~129/8 B.C.)를 거쳐 클레이토마코스(Kleitomachos, 187/6~110/9 B.C.)에 이르기까지 발달된 신아카데미는 '급진적 회의주의(radical scepticism)'의 성격을 띠고 있었는데, 필론은 이미 기원전 1세기경에 이를 비판하면서 '완화된 회의주의

(mitigated scepticism)'를 주장했다는 것이다. 급진적 회의주의나 완화된 회의주의 양자 모두 지식의 가능성을 부인하는 데는 일치하지만, 후자는 불확실성의 조건하에서 대상에 관한 '이성적인 신념'을 형성하는 것을 용인한다는 점에서, 이성적인 신념을 부정하는 전자와 구별된다. 필론의 완화된 회의주의는 후에 '오류 가능주의(fallibilism)'로 변질되는데, 이는 절대적 진리의 가능성을 부인한다는 면에서 급진적 회의주의의 성격을 띤다. 『아카데미의 회의주의』에서 안티오코스는 필론이 회의주의로 회귀하는 것을 신랄하게 비판하고 있다.

지금까지 살펴보았듯이, 세 가지 중요한 변화인 아리스토텔레스주의의 부흥, 플라톤주의의 부활, 신아카데미의 회의주의의 몰락이 기원전 30년경이 아니라 기원전 1세기경부터 태동되었다고 보는 입장은 상당한 설득력을 지닌다. 필자는 헬레니즘 철학 시대가 기원전 1세기경에 끝났다는 설에 동의한다.

헬레니즘 철학 시대는 흔히 사상의 암흑시대로 여겨져 왔다. 플라톤, 아리스토텔레스가 너무 엄청난 업적을 남겼기 때문에 그 이후의 철학자들은 이 두 거장의 그늘에 가려서 제대로 평가를 받지 못했으며, 그 결과 이 시대는 '아류 후계자들의 시대', 또는 '아리스토텔레스 사후의 쇠락 시대'로 간주되기도 했었다. 그러나 최근의 한 연구는 이 시대가 암흑시대가 아니었음을 잘 보여주고 있다. 이 연구에 따르면 헬레니즘 철학자들은 새로운 사색의 영역을 열기도 하고, 심각한 논쟁과 토론에도 열성적으로 참여하는 등의 행동을 통해 수동적인 아류 후계자들의 지위에 머물러 있지 않았고, 오히려 자신들의 탁월한 사상으로 헬레니즘 철학 시대를 장식했다는 것이다(Algra et al., 2005: Preface, xi). 헬레니즘 철학 시대에는 기존의 두 학파, 즉 플라톤이 설립한 아카데미학파와 아리스토텔레스가 설립한 소요학파 외에, 주요 학파로 스토아학파와 에피쿠로스학파가 만들어졌으며, 기타 군소 학파로 피론(Pyrrhon)을 추종하는 회의주의자, 소크라테스의 전통을 계승했다고 주장하는 메가라학파, 키레네학파, 키니코스학파 등이 각각 만들어졌다. 이렇듯 많은 학파가 존재했고 각 학파 간에 철학적 논쟁이 치열했다는 사실은 헬레니즘 철학 시대가 사상적으로 암흑시대가 아니라 역동적인 시대, 찬란한 시대였음을 잘 보여주고 있다. 이렇듯 찬란한 시대의 철학을 잘 전달해주고 있는 사람이 바로 키케로이다.

헬레니즘 철학 시대에 많은 철학 작품이 출간되었지만 대부분은 유실되고 책 이름만 전해진다. 온전하게 전해지는 작품이 별로 없다는 사실이 이 시대의 철학을 연구하는 데 커다란 걸림돌로 작용한다. 그러나 우리는 후대의 작가들에게 힘입어 헬레니즘 철학에 접근할 수 있는데 여기에는 키케로, 플루타르코스(Plutarchos, 45년 이후~120년 이후), 갈레노스(Claudios Galenos, 약 130~약 210), 섹스투스 엠피리쿠스(Sextus Empiricus, 약 160~210), 디오게네스 라에르티오스(Diogenes Laertios, 230년경 활동한 한 것으로 추정), 세네카(Lucius Annaeus Seneca, 약 4 B.C.~65 A.D.), 에픽테토스(Epictetos, 약 55~약 135) 등이 포함된다.[11] 이 중에서 가장 중요한 인물은 다름 아닌 키케로이다. 키케로는 자신의 작품을 통해 헬레니즘 철학의 내용을 드러낸다. 만약 키케로가 없었다면 헬레니즘 철학이 지닌 중요한 내용은 파악되지 않은 채 헬레니즘 철학 시대는 사상의 암흑시대로 남았을 것이다.

---

11 헬레니즘 철학에 관련된 이들의 작품에 대해서는 Algra et al.(2005: 5~15)을 참조하기 바란다.

키케로는 기원전 106년에 태어나서 기원전 43년에 죽었으므로, 역사적 헬레니즘 시대의 정치가이자 철학자라고 할 수 있다. 앞에서 우리는 헬레니즘 철학 시대의 종착점을 기원전 1세기로 잡았으므로, 이러한 관점에서 본다면 키케로는 근 220여 년간 발달했던 헬레니즘 철학을 조망할 수 있는 유리한 위치에 있었다고 할 수 있다. 철학사적으로 볼때 키케로의 입지는 상당히 중요하다. 왜냐하면 그는 고전 그리스 철학을 잘 알고 있었고, 헬레니즘 철학을 종합적으로 조망할 수 있었으며, 헬레니즘 철학과는 다른 내용을 지닌 로마제국 시대의 철학이 서서히 도래하고 있다는 것을 감지했기 때문이다. 이런 키케로의 입지는 매우 독특한 것으로 그와 동시대를 살았던 어느 누구도 대신할 수 없었다.

4. 키케로와 헬레니즘 철학 체계

키케로는 헬레니즘 철학 시대에 새롭게 등장했던 스토아학파와 에피쿠로스학파를 비롯한 다양한 철학 학파가 모두 소크라테스를 자신들 학파의 기원으로 삼고 있음을 지적하면서, 이들 철학 학파의 계통과 특성을 다음과 같이 요약하고 있다.

많은 학파의 사람들이 자신들의 기원을 소크라테스에게서 찾고 있는데, 왜냐하면 서로 다른 추종자들이 이미 변화되고 다양해지고 모든 방향으로 가지를 쳐버린 소크라테스 논의의 다양한 측면을 각각 자기 나름대로 받아들였기 때문이다. 그래서 소위 상호 불일치하는 학파들이 생겨났고, 이들은 서로 뚜렷이 구별되며 차이를 지녔다. 비록 모든 철학자는 아직도 소크라테스의 추종자라고 불리기를 원하고, 진실로 추종자라고 믿고 있지만 말이다. 첫째, 플라톤으로부터 아리스토텔레스와 크세노크라테스(Xenocrates)가 나왔는데, 이들의 학파는 각각 소요학파와 아카데미로 불렸다. 다음으로, 소크라테스의 대화에서 인내와 강인함에 대한 아이디어에 특별하게 매혹되었던 안티스테네스(Antisthenes)로부터 먼저 키니코스학파가 나오고 나중에 스토아학파가 나왔다. 최종적으로 소크라테스의 쾌락에 관한 논의에 매우 감명을 받았던 아리스티포스(Aristippos)로부터 키레네 철학이 나왔는데, 이 철학을 아리스티포스와 그의 후계자들은 허심탄회하게 또한 무조건적으로 방어했다. 이와는 대조적으로 오늘날 쾌락이라는 척도로 모든 것을 측정하는 사람들〔에피쿠로스학파를 말함〕은 비록 대단한 겸손함을 지니고 측정하긴 하지만, 자신들이 거부하지 않는 그런 덕목의 주장을 충족시키지 못하고, 자신들이 감싸길 원하는 그런 쾌락을 방어하지 못한다. 또한 기타 학파의 철학자들이 있으며, 거의 대부분의 철학자들은 자신들이 소크라테스의 추종자라고 주장하는데, 여기에는 에레트리아학파, 에릴루스학파, 메가라학파, 피론학파가 속한다. 그러나 이러한 학파들은 현재 존재하는 학파들의 강한 논쟁에 의해 아주 오래전에 깨어지고 사라져버렸다(『웅변가에 관하여』, III. 61~62).[12]

헬레니즘 시대에 들어서서 아카데미학파, 소요학파, 스토아학파, 에피쿠로스학파의 네 학파가 주요 학파로 자리 잡게 되었으며, 이제 철

---

12 여기서 키케로가 에피쿠로스학파를 소크라테스의 추종자로 분류하고 있는 것은 잘못된 것이다. 인용문의 말미에 있는 현재 존재하는 학파는 아카데미학파, 소요학파, 스토아학파, 에피쿠로스학파를 의미한다.

학은 체계를 갖추어 논리학, 자연학, 윤리학의 세 분야로 구성되었다. 그리스 고전 철학 시대에 속하는 아리스토텔레스는 학문을 이론학, 실천학, 창작학의 세 분야로 나누었는데, 이와 같은 분류는 헬레니즘 시대의 분류와는 다르다. 헬레니즘 철학을 세 분야로 나눈 사람은 크세노크라테스로 알려져 있다. 이 세 분야는 흔히 논리학, 자연학, 윤리학의 순서로 정렬되는데, 이러한 순서는 철학이 논리학에서 출발해 자연학을 거쳐 윤리학에서 정점에 이른다는 것을 의미한다. 이 세 분야의 관계를 나타내기 위해서 흔히 다음과 같은 비유 또는 유추가 사용된다. 철학을 과수원에 비유할 경우에 나무는 자연학을, 열매는 윤리학을, 울타리는 논리학을 상징한다. 철학을 달걀에 비유할 경우에 윤리학은 노른자, 자연학은 흰자, 논리학은 껍질로 비유되며, 철학을 동물에 비유할 경우에 자연학은 살과 피, 논리학은 뼈, 윤리학은 영혼에 비유된다 (Algra et al., 2005: Preface, xv).

이 세 분야는 인간이 품고 있는 근본적인 질문에 대한 답을 각각 추구하는데, 논리학은 '어떻게 세계를 알 수 있는가'에 대한 답을, 자연학은 '세계의 본질은 무엇인가'에 대한 답을, 윤리학은 '존재하는 세계 속에서 행복을 얻기 위해 어떻게 살 것인가'에 대한 답을 추구한다. 다시 말해 논리학은 '진리의 기준'을 결정하는 것을, 자연학은 우주의 본질 및 그 법칙을 확인하는 것을, 윤리학은 우주의 법칙을 인간의 실천적인 삶에 적용하는 것을 목적으로 한다.

헬레니즘 시대 이전의 철학은 이와 같이 세 분야로 구성되는 철학 체계를 지니지 않았다. 플라톤과 아리스토텔레스는 논리학, 자연학, 윤리학이라는 각각의 학문 분야에는 관심을 두었으나, 이 세 학문이 구조적 체계를 이루고 있다고는 생각하지 않았다. 그러나 헬레니즘 시대에 탄생한 스토아학파와 에피쿠로스학파는 구조적 체계를 염두에 두고 자신들의 논의를 개진했다. 논리학, 자연학, 윤리학으로 구성된 철학 체계라는 관점에서 볼 때, 스토아학파와 에피쿠로스학파는 다음 세 가지 점에서 일치한다. 첫째, 논리학의 관점에서 볼 때, 두 학파는 감각을 지식의 유일한 원천으로 여긴다는 점에서 일치하며, 둘째, 자연학의 관점에서 볼 때, 두 학파는 물질만이 유일한 현존이라고 보는 점에서 일치한다. 셋째, 윤리학의 관점에서 볼 때, 두 학파는 행복이 감정이나 두려움, 욕망에 휘둘리지 않는 마음의 평화에 의존한다고 보는 점에서 일치한다. 스토아학파와 에피쿠로스학파가 결과론적으로 감각, 물질, 행복을 중시하는 점에서 일치하나, 어떻게 이것들이 자신들의 철학 체계에서 중요한가에 대한 근거 논리는 서로 다르다. 철학 체계의 정점에 있는 윤리학의 관점에서 볼 때 두 학파 모두 현명한 사람을 마음의 평화를 얻은 행복한 사람으로 본다는 점에서는 일치하나, 에피쿠로스학파는 마음의 평화는 자연의 법칙에서 의지를 해방시켜 얻을 수 있다고 주장하는 데 비해 스토아학파는 마음의 평화는 자연의 법칙에 의지를 복종시켜 얻을 수 있다고 주장한다는 점에서 근본적으로 대립한다(『신들의 본성』, Introduction, vii~viii).

키케로는 헬레니즘 시대의 교육을 받았기 때문에 논리학, 자연학, 윤리학으로 구성된 철학 체계를 수용하며, 항상 철학 체계란 관점에서 신아카데미, 구아카데미, 소요학파, 스토아학파, 에피쿠로스학파 등이 주장하는 이론을 소개하고 비판하거나 옹호한다. 플라톤과 아리스토텔레스는 철학 체계라는 관점을 지니지 않았으나, 이들을 계승한 아카데미학파와 소요학파는 특히 스토아학파와 논쟁을 하는 가운데 철학 체계라는 관점에서 자신들의 이론을 재정립했다. 키케로 역시 철학 체계에 입각해서 작품을 썼다. 그는 각각의 작품 속에서 아카데미학파, 소요학파, 스토아학파, 에피쿠로스학파의 주장들을 논리학, 자연학, 윤리학의 관점에서 체계적으로 설명하고 비판적으로 해석해내는 방법론을 사용한다.

키케로의 철학 체계에서 특이한 점은 헬레니즘 철학 체계의 일반적인 상승 순서인 '논리학 → 자연학 → 윤리학'의 순서와는 달리 '논리학 → 윤리학 → 자연학'의 순서로 전개해나간다는 점이다. 하지만 『노년에 관하여』, 『우정에 관하여』, 『의무에 관하여』 등 말년에 쓴 윤리적인 작품들은 자연학에서 다시 윤리학으로 상승하는 키케로의 면모를 우리에게 보여준다.

5. 키케로의 철학적 공헌

키케로의 철학적 업적에 대한 후대 사람들의 평가는 상당히 상반되며, 역사적으로 부침을 거듭해 아직도 진행 중이라고 할 수 있다. 그의 작품은 중세 후기 유럽에서 대학이 생긴 이후 많이 읽히기 시작했으며, 르네상스 시대에 이르러 인문주의적 교육을 활성화하는 데 기여했다. 키케로의 영향력은 18세기 계몽주의 시대에 절정에 달했다. 그러나 19세기에 들어 시민과 노동자가 정치세력화되어 급진적 성격을 띠게 되자, 보수적이며 귀족주의적 성격을 지녔던 키케로의 사상은 호응을 얻지 못하고 역사의 뒤안길로 사라지게 되었다.

키케로의 철학에 대해 가장 악평을 가한 대표적인 학자가 몸젠 (Theodore Mommsen)이다. 몸젠은 키케로의 사상을 "비철학적이고 비

역사적인" 것으로 폄하하며, 그를 단지 "미사여구를 잘 만드는 사람" 또는 "기록을 잘하는 사람(journalist)"으로 경멸한다. 몽테뉴(Michel de Montaigne)의 키케로에 대한 평가 또한 사뭇 신랄한데, 그는 키케로가 글을 쓰는 방법은 상당히 지루하며, 키케로는 핵심적인 주장을 하지 못하고 변죽만 울리고 있을 뿐이라고 비난한다. 이와는 대조적으로 아우구스티누스(Aurelius Augustinus)와 에라스뮈스(Desiderius Erasmus)는 키케로에 대해 긍정적인 평가를 내린다. 아우구스티누스는 키케로의 작품인 『호르텐시우스』를 읽고서 정신적 변화를 겪으면서 신에 대한 사랑과 기도로 향하게 되었음을 고백한다. 에라스뮈스는 어릴 때는 키케로의 책보다 세네카의 책을 좋아했지만 나이가 들어서는 키케로의 책을 좋아하게 되었다고 하면서, 키케로가 자신의 영혼에 영감을 주었으며 자신을 훌륭하게 만드는 데 도움을 주었다고 말한다(『투스쿨룸』, Introduction, xxxi~xxxiii).

키케로가 고대 철학의 발전에 기여한 학문적 공로는 그가 어떤 업적을 남겼는가 하는 '현실적 기준'에 따라 평가될 수도 있지만, 만일 그의 업적이 없었다면 어떻게 되었을까 하는 '가상적 기준'에 따라 평가될 수도 있다. 필자는 후자의 가상적 기준을 통해서 볼 때 키케로의 철학적 위상이 좀 더 분명해진다고 생각한다. 우선 현실적 기준에 따라서 평가해본다면, 첫째, 키케로의 작품들은 자신보다 3~4세기에 걸쳐 앞서서 살았던 그리스 철학가들의 이론을 좀 더 생생하게 전달해주고 있다. 이들 이론에 대한 키케로의 설명과 해석은 그가 활동했던 시대인 기원전 1세기 초의 보편적이면서도 전문적인 이해를 반영한 것으로 보이는데, 우리는 키케로를 통해 특히 플라톤과 아리스토텔레스의 이론에 좀 더 가깝게 접근해갈 수 있다. 둘째, 키케로는 철학 작품인 『아카데미의 회의주의』,『최고선과 최고악』,『투스쿨룸』,『신들의 본성』등에서 신아카데미학파, 구아카데미학파, 소요학파, 에피쿠로스학파, 스토아학파 등의 철학적 입장을 대화의 형식을 빌려 상세하게 드러내고 다양한 관점에서 비판하는데, 이 대화편들은 고전 그리스 철학이나 헬레니즘 철학 연구에서 어느 누구도 부인할 수 없는 가장 중요한 자료로 자리매김하고 있다. 다음으로 가상적 기준에 따라서 평가해본다면, 바로 위에서 거론된 키케로의 헬레니즘 철학 체계에 관한 작품들이 만약 없었더라면 우리는 헬레니즘 철학에 접근할 수 있는 가장 중요한 통로를 상실하게 되었을 것이기 때문에, 그의 현존하는 작품들이 지닌 중요성은 상당히 크다고 할 수 있다.

　최근의 연구는 몸젠이 드리운 어두운 그늘을 걷어내는 한편, 키케로의 '말과 생각'을 있는 그대로 받아들이면서 이것이 지닌 심층적이고 독창적인 의미를 밝혀내려는 경향을 띤다.[13] 닉고스키(Walter Nicgorski)는 키케로의 주요 업적을 다음 여섯 가지 면모로 정리한다. 웅변가로서의 키케로, 수사학의 학생이자 학자로서의 키케로, 변호사이자 법 이론가로서의 키케로, 정치가로서의 키케로, 철학자로서의 키케로, 매우 활동적이고 자신을 드러내는 통신자로서의 키케로이다. 첫째, 키케로가 웅변가로서 남긴 업적은 그의 모든 업적 중에서 최고의 평가를 받고 있다. 둘째, 키케로의 뛰어난 웅변술은 그의 수사학에 관한 업적과 연관되어 있다.『웅변가에 관하여』는 수사학에 관한 그의 깊은 조예를 보여준다. 셋째, 키케로는 로마의 정치 무대에서 성공하기 위해서 수사학과

13　최근의 연구 경향에 관해서는 Wood(1988: Introduction)와 Nicgorski(2012: Introduction & Appendix)를 참조하기 바란다.

더불어 법학에 대한 지식이 필요하다고 믿었다. 그는 법률적 지식과 기술을 익혔으며 『법률에 관하여』에서는 법의 토대를 탐구했다. 넷째, 우리는 로마공화국의 최고 관직인 집정관에 오른 키케로에게서 정치가로서의 모습을 발견할 수 있다. 다섯째, 키케로는 기원전 55년부터 43년까지 적어도 열네 편의 철학 작품을 저술하는데 이는 철학자로서의 면면을 잘 보여준다. 여섯째, 키케로는 친구, 가족, 동료 등에게 보내는 편지를 900통 이상 남겼는데, 이러한 서신을 통해 자신의 생각이나 심정을 적나라하게 드러낸다. 이 편지들은 아우구스티누스의 『고백록』처럼 세련된 형식을 갖추지는 못했지만, 실질적으로 최초의 자서전이라고 할 수 있다(Nicgorski, 2012: 3~5). 이러한 여섯 가지 면모는 키케로가 얼마나 폭넓게 활동하고 사고했는지를 잘 보여준다고 할 수 있다.

특히 최근에는 정치철학적 측면에서 키케로의 독창적인 공헌을 인정하는 경향이 점차 확산되고 있다.[14] 이전에는 키케로가 플라톤의 대화편인 『국가』, 『법률』과 똑같은 이름을 지닌 작품을 쓰고, 그 내용도 플라톤의 대화편을 모방한다는 점에서, 일단의 연구자들은 키케로가 그리스의 정치철학을 모방했을 뿐, 독창적인 관점에서 고대 정치철학을 보완하거나 새롭게 발전시키지는 못한 것으로 평가했고, 또한 이들 중 일

---

14 새바인과 스미스(G. H. Sabine and S. B. Smith)는 키케로의 『국가에 관하여』를 영역하면서 키케로의 정치사상을 소개했는데, 자연법, 정의, 평등에 중점을 두어 키케로의 사상을 평가한 이들의 관점은 별 비판을 받지 않고 상당 기간 영어권 학자들에게 수용되어 왔다. 그러나 최근에는 이들의 관점은 철학적으로 너무 경도되어서 키케로의 사상에 대한 정치적이고 사회학적인 관점을 결여한다는 비판을 받고 있다. 이들의 관점에 대해서는 세이빈·솔슨(2005: 10장)을 참조하기 바란다. 필자는 'Sabine'을 '세이빈'이 아니라 '새바인'으로 읽어야 한다고 본다.

부는 키케로가 후대에 미친 영향을 정치철학 분야가 아닌 수사학이나 문학 분야에서 주로 찾았다. 그러나 다른 일단의 연구자들은 키케로가 플라톤의 정치철학적 작품을 모방한 것은 부인할 수 없는 사실이지만, 키케로가 단순한 모방에만 그치지 않고 로마인의 관점에서 로마공화국의 경험과 역사를 바탕으로 플라톤의 이상국가에 대한 구체적이고 현실적인 대안을 제시한다는 점에서 키케로의 독창성을 찾았다. 이들은 키케로가 플라톤과 아리스토텔레스에게서 영향을 받은 것은 물론 인정해야 하지만, 두 철학자와 구별되는 키케로의 독창적인 요소에 대한 고려가 간과되어서는 안 된다고 주장한다. 이러한 입장을 취하는 연구자 가운데서 스트라우스(Leo Strauss)는 키케로를 플라톤, 아리스토텔레스와 거의 같은 반열에 놓는데, 그는 키케로가 플라톤, 아리스토텔레스와 더불어 정치에 관한 고전적인 이해를 대변하는 철학자이며 고전 정치철학의 부활에 기여하는 철학자라고 평가한다(Nicgorski, 2012: 268~270). 스트라우스의 평가와는 달리, 우드(Neal Wood)는 키케로를 2등급의 철학자로 평가한다. 그는 위대한 정치사상가의 반열에 플라톤, 아리스토텔레스, 홉스(Thomas Hobbes), 로크(John Locke), 루소(Jean-Jacques Rousseau), 헤겔(Georg Wilhelm Friedrich Hegel), 마르크스(Karl Marx)를 포함시키면서, 키케로를 마키아벨리(Niccolò Machiavelli), 흄(David Hume), 보댕(Jean Bodin), 몽테스키외(Montesquieu), 버크(Edmund Burke), 밀(John Stuart Mill)과 함께 2등급 정치사상가의 반열에 포함시킨다(Wood, 1988: 12). 물론 이와 같은 우드의 평가는 논쟁점이 될 소지를 안고 있다.

키케로의 사회·정치 사상을 연구했던 우드는 그의 독창성을 '최초'라는 수식어를 사용해 다음과 같이 지적한다. 첫째, 키케로는 국가에 대해 정교한 형식적 정의를 내렸던 최초의 고대 사상가이다. 둘째, 그는 사유재산을 강조하고 이 사유재산이 사회에서 하는 중대한 역할, 그리고 사유재산을 보호하는 국가의 중요성을 강조한 최초의 사상가이다. 셋째, 그는 정부로부터 국가를 분명하게 구별한 최초의 사상가이며, 초보적인 형태이긴 하지만 사회로부터 국가를 구별하기 시작한 최초의 사상가인데, 이러한 두 가지 구별은 후에 근대 초기의 국가 개념을 대표하는 개념이 되었다. 넷째, 그는 정치적 메커니즘, 정치 전술과 전략, 정치적 삶에서 폭력의 역할이라는 심각한 문제에 관심을 가진 최초의 사상가이다. 다섯째, 그는 정부 경제정책의 구체적 측면에 상당한 관심을 할애한 최초의 사상가이다. 여섯째, 그는 철저하고도 체계적인 입헌주의자, 혹은 법의 지배에 대한 헌신적 옹호자라고 불릴 수 있는 최초의 사상가이다. 일곱째, 그는 비록 비례적 평등이나 혼합정을 최초로 주창한 사상가는 아니었으나, 이 두 가지를 폴리비오스(Polybios)를 포함해서 어떤 사상가보다도 매우 정확하게 연결시킨 사상가이다. 끝으로 그는 관심 있는 주제를 다루는 데서 도덕적·경제적·정치적 개인주의의 특성을 강하게 나타내는데, 이는 플라톤이나 아리스토텔레스에게서는 찾아볼 수 없는 것이었고, 후에 근대 초기의 특성과 연관된다(Wood, 1988: 11~12).[15]

닉고스키는 스트라우스의 해석을 따라서 키케로가 플라톤, 아리스토텔레스와 더불어 고대 정치철학을 정립하는 데 공헌했다고 본다. 우드는 키케로가 플라톤과 아리스토텔레스의 철학에 토대를 두고 자신의 철학을 전개하고, 비록 이 두 철학자를 뛰어넘지는 못하지만 근대 정치철학과 연관되는 중요한 이론과 개념을 최초로 제시한 데서 그의 공헌

---

15 비슷한 지적을 Radford(2002: chap. 6)에서 찾아볼 수 있다.

을 찾는다. 래드퍼드(Robert Radford)는 키케로의 정치철학에서 새롭게
부각되는 재산, 자유, 혼합정, 도덕적 평등, 애국심, 공화주의와 같은 핵
심 개념들이 마키아벨리, 보댕, 흐로티위스(Hugo Grotius), 홉스, 로크,
몽테스키외, 흄, 루소 등의 근대 정치철학자들에게 영향을 준 것으로
평가한다(Radford, 2002: 84). 필자가 키케로의 공헌을 한마디로 요약하
자면, 그는 고대 정치철학을 마무리하면서, 고대 정치철학과 근대 정치
철학을 잇는 가교 역할을 한다.

6. 왜 다시 키케로인가

19세기 말 이후, 근 1세기 이상 침체기를 겪은 키케로의 철학은 1980년
대 이후 부활하기 시작했다. 이러한 부활의 배경에는 크게 네 가지 요
인이 있다. 첫째, 스트라우스를 중심으로 전개된 미국에서의 고전 정치
철학의 부활이다. 물론 플라톤과 아리스토텔레스의 철학에 학문적 관
심이 집중되었지만, 이러한 관심과 더불어 키케로의 철학이 주목받기
시작했다. 둘째, 키케로의 사회·정치 사상에 관한 우드의 연구(Wood,
1988)는 키케로에 대한 단행본 수준의 연구가 별로 없었던 학문적 상황
에서 새롭게 키케로에 대한 연구를 진작시키는 계기를 마련했다. 셋째,
헬레니즘 철학은 1980년대에 들어서서 새롭게 학문적 관심을 받기 시
작했으며, 이에 관한 많은 연구 업적이 생성되었는데,[16] 헬레니즘 철학

16　이러한 연구의 집적물이 1999년에 출판된 『헬레니즘 철학의 케임브리지 역사
(*Cambridge History of Hellenistic Philosophy*)』이다.

의 부흥과 함께 키케로도 각광을 받기 시작했다. 특히 누스바움(Martha Nussbaum)은 헬레니즘 철학 체계 중에서 윤리학이 근대 정치철학에 미친 영향이 간과되어왔다고 지적하면서 고대 윤리학(특히 스토아학파의 감성이론)의 중요성을 역설하는데(Nussbaum, 1994: 4~5), 이런 맥락에서 헬레니즘 시대의 윤리학을 기록하고 정리하며 종합적으로 비판하는 키케로에 대한 학문적 관심이 새롭게 부활했다. 넷째, 정치철학 분야에서 1990년대에 진행된 자유주의와 공화주의의 논쟁이 키케로의 공화주의에 대한 관심을 촉발시켰다. 키케로 공화주의의 핵심은 법치이다. 그는 자의적인 권력에 의해 지배받지 않을 자유를 법이 보장해야 할 최고의 가치로 보았으며, 자유란 법의 지배를 통해서 확립된다고 주장했다. 키케로에서 그 기원을 찾는 공화주의를 흔히 '신로마공화주의'라고 하는데, 이는 아리스토텔레스에서 그 기원을 찾는 '신아테네공화주의'와 대비된다. 서양에서는 이러한 네 가지 요인에 의해 키케로에 대한 연구가 진작되었고 연구 성과가 많이 축적되었다. 필자가 볼 때 아직도 이 네 가지 요인은 연구를 추동하는 중요한 원동력으로 작용하고 있다.

한국에서 키케로에 대한 연구는 아직 일천한 편이다. 필자가 2007년에 봄에 「키케로의 정치철학: 『국가에 관하여』와 『법률에 관하여』를 중심으로」를 발표할 때에도, 필자가 참고할 수 있는 국내 학자의 연구는 거의 없었으며,[17] 『국가에 관하여』와 『법률에 관하여』의 한국어 번역도 존재하지 않았다.[18] 그 후 키케로 작품들은 모두 번역되지는 않

---

17   이해 가을에 정치사상학계에서 키케로의 공화주의에 관한 곽준혁(2007)의 논문이 발표되었다. 이 논문은 최근의 공화주의 이론을 정리하고, 키케로가 말하는 공화주의의 의미를 분석하고 있다.

18   다행스럽게도 김창성이 번역한 『국가론』과 성염이 번역한 『법률론』이 한국학술진

았지만, 적지 않은 작품이 번역되었다. 일찍이 번역된 작품으로『의무론』(허승일 옮김, 1989),『최고선악론』(김창성 옮김, 1999)이 있고, 그다음으로『국가에 관하여』(김창성 옮김, 2007)와『법률에 관하여』(성염 옮김, 2007)를 포함해 한국학술진흥재단 학술명저번역총서의 일환으로 번역된『신들의 본성에 관하여』(강대진 옮김, 2012)와『투스쿨룸 대화』(김남우 옮김, 2014)가 있다. 이 외에『연설가에 대하여』(전영우 옮김, 2013)가 있는데, 이것은 원서 총 세 권 중 1권과 2권만 부분 번역했다.[19] 지금까지의 국내 번역 상황을 살펴보면, 키케로의 헬레니즘 철학 체계를 구성하는 주요 작품 중에서 번역이 안 된 작품은『아카데미 회의주의』한 편뿐이라고 할 수 있다. 키케로의 정치철학이나 철학, 수사학, 교육학에 대한 국내 학자의 연구는 지난 10년간 점진적으로 증가했다.[20] 그러나 아직도 단행본 수준의 연구 업적이 없다는 사실은 이 분야가 일천하며 더 연구될 필요가 있다는 것을 반증한다고 할 수 있다.

필자는 일반 독자나 연구 초심자들을 위해서 키케로 철학을 조망

홍재단 한술명저번역총서의 일환으로 2007년 10월에 한길사에서 출간되었다.

19　키케로의 작품에 대한 표준화된 이름이 존재하지 않기 때문에, 번역자에 따라 작품 이름이 달라지기도 한다.『국가에 관하여』,『법률에 관하여』는 각각『국가론』,『법률론』과 동일 작품이며,『투스쿨룸에서의 대화』,『웅변가에 관하여』는『투스쿨룸 대화』,『연설가에 대하여』와 동일 작품이다. 본문에서 거론된 작품 외에 번역된 작품으로『수사학』(안재원 옮김, 2006),『화술의 법칙』(양태종 옮김, 2004),『화술과 논증』(양태종 옮김, 2006),『생각의 수사학』(양태종 옮김, 2007),『노년에 관하여, 우정에 관하여』(천병희 옮김, 2005),『설득의 정치』(김남우 외 옮김, 2015)가 있다.

20　2018년 현재, 한국학술정보서비스(RISS)에 키케로를 입력해 국내 학술지에 발표된 키케로 관련 논문을 검색하면, 정치철학, 철학, 수사학, 교육학, 법학, 역사학 등의 제 분야에서 다양하게 키케로를 연구하고 있음을 알 수 있다.

할 수 있는 안내서가 필요하다고 생각하며, 이 책이 그런 역할을 할 수 있기를 기대한다. 앞에서 지적했듯이 서양에서는 키케로 철학이 부활하고 있고, 그 부활을 이끈 네 가지 요인도 당분간 지속될 것으로 전망된다. 이러한 학문의 세계적 흐름에 발맞추기 위해서 한국 학계에서도 키케로 연구가 좀 더 빨리 진작되고 활성화될 필요가 있다고 생각한다. 이 책은 국내의 키케로 연구가 이미 수준 높은 연구가 수행되고 있는 서양의 학문 세계로 도약하기 위한 디딤돌이 될 것을 목표로 한다.

7. 책의 구성

이 책은 필자가 지난 10여 년간 키케로의 작품들을 집중적으로 연구하며 발표해온 논문들을 기반으로 하는데, 개별 논문에서 연구 대상으로 삼은 키케로의 작품들을 발표순으로 보면 『국가에 관하여』, 『법률에 관하여』, 『웅변가에 관하여』, 『아카데미의 회의주의』, 『최고선과 최고악』, 『신들의 본성』, 『투스쿨룸』, 『의무에 관하여』이다. 이 중 앞의 세 작품은 키케로의 초기작으로 정치철학적 성격을 띤다. 『아카데미의 회의주의』부터 『투스쿨룸』까지는 키케로의 헬레니즘 철학 체계를 구성하는 작품으로 『아카데미의 회의주의』는 논리학의 성격을, 『최고선과 최고악』과 『투스쿨룸』은 윤리학의 성격을, 『신들의 본성』은 자연학의 성격을 각각 띤다. 키케로가 말년에 아들 마르쿠스에게 보내는 편지 형식으로 쓴 『의무에 관하여』는 아들은 물론 일반 시민을 위한 실천윤리학의 성격을 띤 정치교육에 관한 작품이다.

이 책에서는 키케로의 작품 세계를 크게 세 부분으로 나누어 각 글을 배치했다. 첫째는 정치철학적 분야로 『국가에 관하여』, 『법률에 관하여』, 『웅변가에 관하여』, 『의무에 관하여』에 관한 글이 배치된다. 헬레니즘 철학 체계가 '논리학 → 자연학 → 윤리학'의 순서로 상승하는 것을 고려해, 둘째는 앞의 두 분야인 논리학과 자연학을 합친 분야가 되는데, 여기에는 『아카데미의 회의주의』와 『신들의 본성』에 관한 글이 배치된다. 셋째는 헬레니즘 철학 체계의 정점에 위치하는 윤리학 분야로서 『최고선과 최고악』과 『투스쿨룸』에 관한 글이 배치된다. 이 세 분야는 각각 1부, 2부, 3부를 구성한다. 한편 프롤로그에서는 이 책이 지니는 의미를 보여주고자 했고, 서론에서는 키케로의 철학을 개관했으며, 에필로그에는 이 책을 쓰는 필자의 정신을 담았다.

1부

/

키케로의 정치철학

국가는 인민의 재산이다. 그러나 인민은 무작정 모인 사람들의 집합이
아니라, 정의 및 공동선에 대한 협력에 대해 동의를 한 다수의 사람들
의 결사이다. 결사를 형성하는 최초의 원인은 개개인의 약함이라기보
다는 자연이 인간에게 심어준 어떤 종류의 사회성이다.

❖『국가에 관하여』, I. 39.

음악가들이 화성이라는 부르는 것은 국가로 볼 때 조화와 일치한다. 조
화는 어떠한 국가에서도 항구적 결속을 가져오는 가장 강력한 최선의
접착제이다. 이러한 조화는 정의의 도움 없이 결코 생성될 수 없다.

❖『국가에 관하여』, II. 69.

1장

/

이상국가와 법률

『국가에 관하여』와 『법률에 관하여』

1. 키케로 정치철학의 위상

키케로는 소크라테스, 플라톤, 크세노폰, 아리스토텔레스와 더불어 서양 고대 정치철학의 형성과 발전에 기여한 것으로 평가된다. 키케로는 이들 그리스 철학자들의 후광에 가려 제대로 평가를 받지 못한 면도 있으나 최근의 연구는 키케로가 고대 정치철학과 근대 정치철학에 끼친 영향을 중심으로 그의 독창성을 강조하는 경향을 보이고 있다. 키케로가 그리스의 정치철학을 계승하면서도 이것을 로마식으로 해석했고, 또한 고대 정치철학과 근대 정치철학이 연결될 수 있는 이론적 기반을 마련해주었다는 것은 중대한 학문적 공헌이라고 할 수 있다. 이런 면에서 우드나 래드퍼드는 키케로를 '근대 정치사상의 출발'로 보아야 한다고 주장한다(Wood, 1988: 11~12 & 120; Radford, 2002: 71).

키케로는 『국가에 관하여』와 『법률에 관하여』에서 자신의 정치철학을 밝히고 있다. 하지만 아쉽게도 이 두 작품이 완전한 형태로 전해지지 않기 때문에 그의 정치철학을 좀 더 명료하게 파악하고 이해하기는 어려운 실정이다. 이 장에서는 키케로의 두 작품이 같은 이름을 지닌 플라톤의 『국가』, 『법률』과 내용과 형식 면에서 어떤 점이 같은지 혹은 다른지를 분석하고, 키케로의 정치철학에서 드러나는 근대적 요소가 무엇인지를 자유, 재산, 혼합정체, 자연법, 정의 등의 핵심 개념을 통해 분석한다. 이러한 분석을 통해 플라톤과 아리스토텔레스의 그늘에 가려서 별로 인정을 받지 못했던 키케로의 정치철학이 지닌 정치적 의미와 위상이 부각될 것이라고 기대한다.

2. '로마인 플라톤'으로서의 키케로

만약 키케로의 『국가에 관하여』와 『법률에 관하여』가 좀 더 완전한 형태로 남아 있었다면, 우리는 한층 더 체계적으로 키케로의 정치철학을 이해할 수 있었을지도 모르며, 그의 정치철학은 후대에 좀 더 나은 평가를 받았을지도 모른다. 하지만 두 대화편은 매우 불완전한 상태로 우리에게 전해지고 있다. 『국가에 관하여』는 "스키피오의 꿈(Scipio's Dream)"과 기타 후대의 작가들이 자신들의 저작에서 인용한 부분을 제외하고는 거의 망실되었었다. 그런데 1820년에 당시 바티칸 도서관장으로 재직 중이던 안젤로 마이(Angelo Mai) 추기경이 『시편』에 대한 아우구스티누스(354~430)의 주석이 그 위에 적힌 양피지 사본에서 『국가에 관하여』 전편의 4분의 1 내지 3분의 1에 달하는 부분을 발견했다.

마크로비우스(Macrobius Ambrosius Theodosius, 395~423년에 활약함), 락탄티우스(Firmianus Lactantius, 260~340), 아우구스티누스는 자신들의 저작에서 키케로의 『국가에 관하여』를 인용하거나 요약하는데, 이러한 기록의 편린들과 양피지 내용, 그리고 "스키피오의 꿈"이 결합되고 재구성되어서 현재의 『국가에 관하여』의 원전을 이루게 되는데, 그 양은 『국가에 관하여』 전편의 약 3분의 1에 달하는 것으로 추정된다.

한편, 『법률에 관하여』는 기원전 52년부터 저술되기 시작했으나, 언제 출간되었는지는 확인할 수 없다. 현재 1~3권과 5권에서 인용된 한 문장 정도의 단편이 남아 있는데, 1권과 2권은 비교적 온전한 형태로 남아 있고 3권은 상대적으로 온전치 못한 형태로 남아 있다. 키케로가 몇 권까지 출간했는지는 알 수 없지만, 『법률에 관하여』 5권에서 인용된 문장이 남아 있는 것으로 미루어볼 때, 『법률에 관하여』는 적어도 총 다섯 권 이상으로 구성되었다고 추측할 수 있다. 학자들은 총 여섯 권 혹은 여덟 권으로 구성되었을 것으로 추측한다.

키케로가 『국가에 관하여』와 『법률에 관하여』에서 플라톤을 모방하고 있는 것은 사실이지만, 그가 모든 면에서 플라톤을 모방하는 것은 아니다. 만약 모든 면에서 모방했다면, 키케로는 단순히 플라톤의 작품들을 번역하는 데 그치고 말았을 것이다. 하지만 그는 순수한 번역이 아니라 자신의 관점을 드러내고 싶어 했다. 『법률에 관하여』 2권에서 키케로가 제시하는 서론(preface)이 플라톤이 쓴 『법률』의 서론과 달리 독창성을 지니고 있다는 퀸투스의 지적에 대해 키케로는 다음과 같이 자신의 독창성을 주장한다.

현재나 미래를 불문하고 누가 감히 플라톤을 모방할 수 있겠는가? 다른 사람의 생각을 번역하는 것은 대단히 쉬운 일이다. 만약 내가 내 자신을 지키고자 하지 않는다면, 나도 그렇게 할 수 있다. 동일한 생각을 동일한 단어를 사용해 번역하는 것이 무엇이 어렵겠는가?(『법률에 관하여』, II. 17)

퀸투스를 내세워 자신이 플라톤을 단순히 모방하지 않고 독창적으로 주제에 천착하고 있음을 드러내고자 했던 키케로가 어떤 면에서 플라톤을 모방하고 어떤 면에서는 그렇지 않은지를 살펴보는 것은 그의 정치철학의 구조를 이해하는 데 긴요하다.

키케로가 『국가에 관하여』에서 플라톤을 모방하는 점은 다음과 같이 요약될 수 있다. 첫째, 대화 형식을 사용한다는 점, 둘째, 대화편에 많은 인물이 등장하나 실제로 대화를 나누는 인물은 소수에 불과하다는 점,[1] 셋째, 신성한 축제 기간 동안에 대화가 이루어진다는 점, 넷째, 그 주제로 최상의 국가와 최상의 시민이 모색되고 있다는 점, 다섯째, 그 내용으로 정의와 부정의에 관한 논쟁 및 정부 형태, 이상적 정치가, 교육, 연극의 영향 등에 관한 논의가 전개된다는 점, 여섯째, 현세의 경계를 넘어 존재하는 사후 세계의 신비한 경험에 대한 설명으로 대화편이 종결된다는 점 등이다(『국가에 관하여』, Translator's introduction: 7). 이러한 유사점에도 불구하고, 키케로의 『국가에 관하여』는 첫째, 플라

---

1 『국가에 관하여』의 화자는 스키피오, 라일리우스(Gaius Laelius), 필루스(Lucius Furius Philus), 마닐리우스(Manius Manilius), 투베로(Quintus Allius Tubero), 루푸스(Publius Rutilius Rufus), 뭄미우스(Spurius Mummius), 판니우스(Gaius Fannius), 스카이볼라(Quintus Mucius Scaevola)인데, 이들은 흔히 스키피오 그룹이라고 알려져 있다. 스키피오가 대화를 주도하며, 라일리우스와 필루스가 대화에 적극적으로 참여한다. 나머지 화자들의 역할은 미미하다고 할 수 있다.

톤의 정치철학을 특징적으로 잘 대변해주는 '동굴의 우화' 및 '좋음의 이데아'에 대한 언급이 결여되어 있다는 점, 둘째, 남녀평등, 처자식의 공유, 재산의 공유, 철인왕의 등장으로 수립되는 플라톤의 이상국가와는 달리, 혼합정의 형태를 갖춘 로마공화국을 이상국가로 제시하고 있다는 점 등에서 플라톤의 『국가』와 커다란 차이점을 보여준다.

이와 같은 내용상의 차이점 외에, 키케로의 『국가에 관하여』와 플라톤의 『국가』는 책의 구성 형식에서 커다란 차이점이 존재한다. 키케로의 『국가에 관하여』는 총 여섯 권으로 구성되는데, 대화는 3일간 행해진 것으로 되어 있다. 1권과 2권의 대화는 첫째 날, 3권과 4권의 대화는 둘째 날, 5권과 6권의 대화는 셋째 날에 이루어졌고, 새로운 날의 시작을 알리는 1, 3, 5권 앞에는 키케로의 서론이 실려 있다. 이러한 구성 형식은 플라톤의 『국가』의 구성 형식과 대비되는데, 총 열 권으로 구성된 플라톤의 『국가』는 플라톤의 서론은 물론 없으며, 대화는 축제날 오후 반나절 동안에 진행되는 것으로 나타난다.

키케로는 『국가에 관하여』의 앞 세 권에서는 최상의 국가에 관해, 뒤 세 권에서는 최고의 시민에 관해 논한다. 첫째 날의 대화에는 국가의 최상 조건은 무엇인가에 대한 분석이 담겨 있는데, 1권에서는 세 가지 대표적 정체인 민주정, 귀족정, 왕정이 지닌 강점과 약점을 논의한다. 주요 화자인 스키피오는 국가의 안정은 세 가지를 적절하게 혼합한 정체에 의해 유지될 수 있다고 결론을 내린다. 2권에서는 로마가 생성된 이후 혼합정체를 구현했을 때까지의 역사가 기술된다. 스키피오는 로마공화국이 역사적으로 어떻게 발전해왔는가를 논하면서, 이상적인 정치체제는 추상적으로 구성되는 것이 아니라, 많은 사람의 경험과 지식이 축적됨에 따라서 발전하는 것임을 보여준다. 둘째 날의 대화록인

3권과 4권에서는 정의와 인간 본성이 거론되면서, 정의에 근거한 정치 체제만이 정당성을 갖추고 번영을 도모할 수 있다고 주장한다. 셋째 날의 대화록인 5권과 6권에서는 최고의 시민에 관한 논의, 다시 말해 이상적 정치가에 대한 논의가 이루어지는데, 정치가의 훈련과 교육 및 정치가가 위기에 처해서 수행해야 할 행위 등을 논의한다. 하지만 이러한 논의는 5권과 6권의 내용이 상당히 단편적으로 전해 내려오기 때문에 체계성을 띠지 못한다는 문제점을 노정한다. 6권의 내용을 구성하는 "스키피오의 꿈"은 『국가에 관하여』의 종결부를 구성하는데, 이 "스키피오의 꿈"은 플라톤의 『국가』 10권에 나오는 "에르의 신화(Myth of Er)"를 모방하고 있다.

키케로의 『법률에 관하여』 역시 다음과 같은 몇 가지 점에서 플라톤의 『법률』을 모방한다. 첫째, 플라톤의 『법률』은 세 화자의 대화, 즉 아테네인, 크레타 사람 클레이니아스(Kleinias), 스파르타 사람 메길로스(Megillos)의 대화로 구성되는데, 키케로의 『법률에 관하여』 역시 세 화자의 대화, 즉 키케로, 동생 퀸투스, 친구 아티쿠스의 대화로 구성된다. 둘째, 플라톤의 『법률』이 한여름 어느 날인가에 크노소스에서 출발해 제우스 동굴로 걸어가는 세 화자의 대화로 이루어지듯이, 키케로의 『법률에 관하여』 역시 여름 어느 날인가에 아르피눔에 있는 키케로의 시골 농장 주변을 걸어가는 세 화자의 대화로 이루어진다. 1권에서 화자들은 농장의 작은 숲에서부터 출발해 리리스(Liris)강의 둑을 따라서 걸으면서 대화를 나누고, 2권과 3권에서 화자들은 피브레누스(Fibrenus)강에 있는 섬에서 대화를 나눈다. 5권의 단편은 화자들이 다시 리리스강의 둑으로 돌아와 대화를 나누는 것을 보여준다.[2] 1권은 스토아학파의 관점에서 정의의 원천을 기술하며, 2권은 최선의 국가에서의 종교법에 관해서, 3권은 행정관에 관한 법률을 기술한다. 셋째, 키케로는『법률에 관하여』에서 대화의 배경에 관해 전혀 설명하지 않고 아티쿠스의 말로 대화를 시작하는데, 이것은 아테네에서 온 이방인의 말로 시작하는 플라톤의『법률』과 같은 형식이라고 할 수 있다.[3]

키케로의『법률에 관하여』가 플라톤의『법률』과 크게 다른 점은 네 가지로 나눠볼 수 있다. 첫째, 키케로는『법률에 관하여』에서 플라톤처럼 새로운 이상국가를 추구하는 것이 아니라, 자신이『국가에 관하여』에서 이미 이상적인 정치체제로 규정한 로마공화국에 필요한 구체적인 법률을 제시한다는 점이다. 플라톤에게서『국가』와『법률』이 동전의 양면 같은 대등한 관계를 맺는다고 한다면, 키케로에게서『법률에 관하여』는『국가에 관하여』에 종속된 하나의 속편으로 나타난다. 둘째, 플라톤의『법률』에서는 아테네인이 제안하는 '야간회의(Nocturnal Council)'가 이상국가에 도달하기 위한 중요한 통치기구로 등장하는 데 비해, 키케로의『법률에 관하여』에서는 그에 대해 전혀 언급하지 않는다. 로마공화국이 그러한 통치기구를 두지 않았기 때문에 그에 대한 논의가 빠졌다고 추측할 수 있다. 셋째, 키케로의『법률에 관하여』가 불완전한 형태로 전해 내려오기 때문인지는 몰라도, 플라톤의『법률』과

---

2   플라톤은 대화편의 주제와 그 주제가 논의되는 주변의 자연환경을 연관시킨다.『법률』과『파이드로스』는 주제와 아름다운 자연환경이 어우러지는 대표적인 대화편이다. 키케로 역시 플라톤을 모방해『법률에 관하여』에서 자연법 및 자연적 정의에 관한 대화가 자연 속에서 이루어지도록 한다.

3   플라톤의『법률』은 아테네인이 클레이니아스와 메길로스에게 크레타의 법을 신이 부여했는지 아니면 인간이 부여했는지를 묻고, 이에 대해 클레이니아스가 크레타에서는 제우스가, 스파르타에서는 아폴로가 각각 법을 부여했다고 대답하는 것으로 시작한다.

는 달리 덕을 어떻게 교육할 것인가에 관한 교육 프로그램의 구체적 내용이 제시되어 있지 않다. 넷째, 책 구성상의 차이에 관한 문제로, 플라톤의 『법률』은 열두 권으로 구성되는 데 비해, 키케로의 법률은 다섯권 이상으로 구성되는 것은 분명하지만, 총 열두 권의 구성으로 기획되지 않은 것이 확실하다.

앞에서 『국가에 관하여』와 『법률에 관하여』의 두 대화편을 중심으로, 키케로가 플라톤을 모방한 점과 그렇지 않은 점을 살펴보았지만, 키케로의 독창성은 그가 '로마인의 관점'을 통해 한편으로는 플라톤을 모방하면서도 다른 한편으로는 플라톤과 결별할 수 있는 새로운 시각을 제공한다는 데 놓여 있다. 키케로는 『국가에 관하여』에서 스키피오의 말을 통해 로마인의 관점이 어떤 것인지 다음과 같이 피력한다.

나는 가장 위대하고 현명한 그리스인들이 우리에게 전해주는 이 주제를 다루고 있는 작품들에 만족하지 않는다. 다른 한편 나는 내 의견이 그리스인들보다 낫다고 평가할 만큼 무모하지 않다. 그러므로 나는 내가 말하는 것을, 그리스의 전문가들에 관해 무지하지 않고 이 국가라는 주제에 관해 그리스인의 관점을 로마인의 관점보다 선호하지 않는 그러한 사람이 말하는 것처럼 듣기를 원한다. 오히려 나는 내가 하는 말을 아버지의 교양교육에 관한 배려에 의해 키워졌고 어릴 때부터 지식 추구를 즐겨했을 뿐 아니라, 책보다는 가정교육을 통해 얻어진 경험과 격률에 의해 훈련된 그러한 한 사람의 로마인이 말하는 것으로 듣기를 원한다(『국가에 관하여』, I. 36).

이 인용문에서 스키피오가 '이 주제를 다루고 있는 작품들' 중에 대표적인 것으로 생각하는 것이 플라톤의 『국가』이다. 여기서 스키피오는 특히 플라톤의 『국가』에 만족하지 못한다는 것을 잘 드러내고 있다. 스키피오가 그리스인들의 작품에 만족하지 못하는 이유를 주요 화자의 한 사람인 라일리우스(Gaius Laelius)의 말을 통해 확인해볼 수 있는데, 그는 플라톤과 아리스토텔레스의 이상국가론을 다음과 같이 비판한다.

> 감히 타인이 뛰어넘을 수 없는 작품들을 쓴 저 유명한 철학자〔플라톤을 말함〕는 자기 자신이 원하는 대로 이상국가를 만들기 위해 무소유의 땅이라는 가정에서 출발한다. 그가 세운 이상국가는 아마도 탁월한 것일지는 몰라도, 이 국가는 사람들의 실제적인 삶과 습관에 매우 적합하지 않다. 그의 계승자들〔아리스토텔레스, 테오프라스토스(Theophrastos) 등을 포함함〕은 확정적인 실례나 모델을 제시하지 않은 채 다양한 국가의 형태 및 기본 원칙을 논의한다(『국가에 관하여』, II. 21~22).

키케로는 플라톤의 이상국가는 비현실적이라는 점을 비판하고, 아리스토텔레스의 국가론은 다양한 국가 형태들을 비교하고 있을 뿐, 자신이 로마공화국을 이상국가로 제시하는 것처럼 특정한 국가를 이상적인 모델로 제시하지는 못한다는 점을 비판한다. 키케로가 추구하는 로마인의 관점은 그리스인의 지식, 로마인의 경험과 격률을 겸비한 가운데, 로마인의 실제적 삶과 습관이 현실적으로 반영되는 로마공화국의 역사에서 이상적인 국가의 실례나 모델을 찾고자 하는 것이라고 할 수 있다. 우리는 로마인의 관점에서 기술된 『국가에 관하여』와 『법률에 관하여』에서 고대 정치철학의 형성과 발전에 기여한 키케로의 독창성을 찾아볼 수 있다. 3절과 4절에서는 이 두 대화편에 나타난 주요 개념을 중심으로 키케로의 정치철학적 공헌을 살펴보도록 한다.

3. 키케로의『국가에 관하여』: 자유, 재산, 혼합정체를 중심으로

『국가에 관하여』에서 대화가 일어나는 시간적 배경은 스키피오가 죽기 얼마 전, 오랜 삶이 끝나가던 기원전 129년의 어느 공휴일 기간이다.[4] 무대는 스키피오의 시골 농장이며, 방문객인 투베로(Tubero)가 꺼낸 화제인 하늘에 떠 있는 두 개의 태양에 관해 스키피오가 얘기하는 것으로 대화는 시작된다. 스키피오의 평생 친구인 현자 라일리우스를 비롯해 더 많은 방문객이 도착하고, 두 개의 태양이 어떻게 존재할 수 있는가 하는 우주의 본질에 관한 질문이 계속된다. 하지만 이 질문에 관해 더 이상 논의해봤자 우주에 관해 확실한 지식을 얻을 수도 없고, 설혹 지

---

4   이 대화편의 주요 화자는 푸블리우스 코르넬리우스 스키피오 아이밀리아누스 아프리카누스(Publius Cornelius Scipio Aemilianus Africanus)인데 흔히 소(小) 스키피오로 불린다. 소 스키피오는 기원전 204년 카르타고의 한니발을 격퇴시켰던 위대한 아프리카누스의 입양 손자이다. 역사적으로 볼 때, 기원전 129년은 호민관(*tribune*) 티베리우스 그라쿠스(Tiberius Gracchus)가 기원전 133년에 제출한 농지개혁 법안으로 인해 야기된 평민과 귀족 간의 정치적 대립이 가열되던 시기였다. 역사적 인물인 소 스키피오는『국가에 관하여』에서 대화가 이루어진 시기 이후 얼마 되지 않아서 갑자기 죽었는데, 소 스키피오는 죽음을 앞둔 소크라테스와 처지가 비슷하다고 할 수 있다. 이런 면에서 플라톤의 대화편『파이돈』이 키케로의『국가에 관하여』에 영향을 주었다고 볼 수 있다. 키케로는 애국심이 없었다면 로마는 생존하지 못했을 것이라는 말로『국가에 관하여』의 서두를 시작하고 있다.

식을 얻을 수 있다고 하더라도 이러한 지식은 결코 우리의 삶을 좋게 해주거나 행복하게 해주지 못한다는 이유로, 다시 말해 우리에게 유용하지 않다는 이유로, 이 질문에 관한 논의는 중단된다.[5] 이제 대화의 주제는 우주에 관한 것에서부터 정치에 관한 것으로 자연스럽게 바뀌는데, 그 전환점을 마련해주는 것은 우리가 정치에 관해서는 확실한 지식을 얻을 수 있고, 또한 이 지식이 우리의 삶을 '좋고 행복하게' 만들어주고 있다는 논거이다.

키케로는 정치에 관한 지식을 국가에 대한 정의로부터 시작한다. 국가에 대한 정의에서 우리는 우선 정의(justice)와 이익이라는 개념이 중요한 가치를 지니고 등장함을 확인할 수 있다. 스키피오는 다음과 같이 국가를 정의한다.

> 국가는 인민의 재산이다(*res publica res populi*). 그러나 인민은 무작정 모인 사람들의 집합이 아니라, 정의 및 공동선에 대한 협력(a partnership for the common good)에 대해 동의한 다수의 사람들의 결사이다. 결사를 형성하는 최초의 원인은 개개인의 약함이라기보다는 자연이 인간에게 심어준 어떤 종류의 사회성이다(『국가에 관하여』, I. 39). ·

이와 같은 국가의 정의를 좀 더 잘 이해하기 위해서 『의무에 관하여』에서 기술되는 국가의 설립 목적을 동시에 고려할 필요가 있다.

---

5 소크라테스는 항상 사물의 유용성(usefulness)에 관심을 가졌다. 키케로 역시 이런 관점을 수용한다.

그런데 국가 행정을 담당해야 할 사람이 제일 먼저 주의해야 할 점은 각자 자기의 것을 소유하게 하며, 사유재산에 대해서는 국가의 간섭에 의한 침해가 일어나지 않도록 하는 것이다. …… 왜냐하면 각자의 재산을 지켜주기 위해서라는 이 특별한 목적을 위해 공화국 제도와 시민공동체가 수립되었기 때문이다. 다시 말해, 비록 인간은 자연이 부여한 인간 본성에 따라 본능적으로 한데 모여 공동체를 이루게 되었지만, 그럼에도 각자 자기의 재산을 지킬 수 있으리라는 기대 때문에 그들은 도시의 보호를 받고자 했던 것이다(『의무에 관하여』, II. 73).

앞의 인용문의 첫 구절인 "*res publica res populi*"는 정확하게 이해될 필요가 있다.[6] '*res publica*'에서 '*res*'는 일, 사물 등을 의미하고 '*publica*'는 공공적이라는 의미를 갖고 있다. 두 단어가 합쳐진 '*res publica*'는 공적인 것, 공적인 일 등을 표현하는데 궁극적으로 이 용어는 공적인 것을 대표하고 공적인 일을 수행하는 국가를 의미한다. 키케로는 사람들이 국가를 구성하는 인민(populi)이 되기 위해서는 사람들이 정의와 선의 공동체라는 두 가지 목표에 동의해야만 가능하다고 본다. 우선 키케로는 플라톤의 『국가』에서 제시된, 약한 사람들이 타인들로부터의 부정의와 피해를 줄이기 위해서 계약을 통해 정의를 만들고 국가를 이루었다는 글라우콘(Glaukon)의 주장을 반대한다. 그 대신 키케로는 사람들이 지닌 본능적인 '사회성'으로 인해 사람들의 결합이 가능해지고 궁극적으로는 한 국가의 인민이 될 수 있다고 주장한다. 인민

---

6   이 구절은 영어로 흔히 다음과 같이 번역된다. "A commonwealth is the property of a people."

은 정의 및 선의 공동체에 동의한다는 점에서 전정치적인(pre-political) 사람들의 무리와 분명하게 구별된다는 것이다. 여기서 정의는 법의 형태로 인민의 권리를 보장하며, 선의 공동체는 인민의 이득을 보장한다. 『의무에 관하여』에서는 앞의 인용문이 잘 보여주듯이, 국가가 인민들의 권리와 이득을 보장해야 한다는 주장이 좀 더 구체적으로 사유재산을 보장해야 한다는 것으로 나타난다.[7]

인민의 사유재산이라는 개념을 국가를 정의하는 데 핵심 개념으로 사용하고 사유재산의 보호를 국가의 목적으로 규정하는 키케로의 관점 (Wood, 1988: 132; Radford, 2002: 30)은, 자신의 이상국가에서 사유재산을 철폐하는 플라톤의 관점이나 재산을 국가의 배경적 조건으로만 취급하는 아리스토텔레스의 관점과는 구별되는 독창적인 것이다. 사유재산의 보호를 국가의 목적으로 부각하는 키케로의 시도는 근대 정치사상가인 로크의 시도를 연상시킬 만큼 근대적인 것이라 할 수 있다.

키케로의 재산 개념을 자유를 포함하는 광의의 개념으로 해석할 때, 키케로의 정치철학이 지닌 근대성은 더욱 뚜렷해지게 된다. 맬컴 쇼필드(Malcolm Schofield)는 키케로가 'res(property)'를 직접적으로 실물 재산을 뜻하는 개념으로 사용할 뿐 아니라, 자신의 재산 개념이 '인민의 자유'라는 개념을 포용할 수 있도록 은유적으로도 사용한다고 주장한다(Schofield, 1995: 75). 필자는 쇼필드의 주장에 동의하는데, 이렇게 본다면 키케로는 자유와 재산의 개념을 정치학에서 핵심 개념으로

---

7   우드는 『의무에 관하여』에 주목해 국가의 목적을 재산 보호로 한정하나, 이것은 정의의 실현이라는 좀 더 중요한 국가의 목적을 고려하지 못하는 것이라고 발로(J. Jackson Barlow)는 비판한다(Barlow, 2012 참조).

부각한 최초의 고대 정치철학자라고 할 수 있다.

키케로는 인민의 자유와 재산을 보장하는 정치체제는 그것이 왕정이든 귀족정이든 민주정이든 상관없이 모두 정당한 정치체제라고 본다. 그러나 그에 따르면, 인민의 자유와 재산을 보장하지 못하는 타락한 정치체제, 즉 왕정의 타락한 형태인 참주정, 귀족정의 타락한 형태인 과두정, 민주정의 타락한 형태인 중우정은 모두 정당하지 않은 정치체제로서, 이러한 체제를 지닌 국가는 국가라고조차 할 수 없다. 키케로는 세 가지의 순수한 정치체제 중에서 현명한 왕이 통치하는 왕정이 최선의 정치체제이긴 하지만, 왕정에서는 현명한 사람의 왕위 계승이 보장되지 않고, 인민들이 법의 심의 과정이나 집행 과정에서 배제되며, 인민의 자유가 결여된다는 등의 문제점이 생긴다고 지적한다. 덕과 능력을 갖춘 소수의 귀족이 통치하는 귀족정은 차선의 정치체제인데, 이 체제는 인민이 법의 심의 과정이나 집행 과정에서 배제되고, 자유를 별로 누릴 수 없으며, 평등한 권리가 부재하고, 인민이 지도자의 덕과 능력이 아니라 부, 영향력, 관계 등에 의해 정치적으로 크게 좌우된다는 문제점을 지닌다. 정당하지만 가장 열등한 정치체제인 민주정은, 한편으로는 인민이 심의 과정에 참가하고, 법에 의해서 보호를 받으며, 평등한 시민적 자유를 누릴 수 있다는 장점이 있으나, 다른 한편으로는 평등성을 강조함으로써 개인이 지닌 덕이나 탁월함이 인정받지 못하고, 그로 인해 불평등이 심화되며, 결국에는 분열로 치닫는 강한 경향을 노정한다는 약점을 지닌다.

키케로는 순수한 정치체제가 지닌 가장 큰 약점으로 각 체제가 정치적 안정성을 보장하지 못한다는 점을 강조한다(『국가에 관하여』, I. 60). 그가 이상국가를 설계하는 데에서 가장 중요시한 요소는 바로 체

제의 안정성인데, 그는 혼합정체에서는 안정성은 물론 어떤 종류의 평
등성도 확보될 수 있다고 스키피오의 입을 빌려 다음과 같이 말한다.

> 왕정은 세 가지의 기본적 형태 중에서 가장 최선의 것이지만, 세 가지 훌
> 륭하고 순수한 형태를 혼합해 만든 제한적이고 균형 잡힌 정부 형태가 왕
> 정보다 낫다는 것이 나의 의견이다. 왜냐하면 국가에는 최고의 왕권적 요
> 소가 있어야 하고, 어느 정도의 권력은 귀족에게 허용되어야 하며, 어떤
> 사안들은 대중의 판단과 욕망에 맡겨져야 하기 때문이다. 이러한 정치체
> 제는 무엇보다도 먼저, 어떤 종류의 평등성을 높은 수준에서 제공하는데,
> 이 평등성은 그것 없이는 자유인이 상당 기간을 살아갈 수 없는 그런 것
> 이다. 둘째, 이러한 정치체제는 안정성을 지니고 있다. 왜냐하면 이미 앞
> 에서 거론된 순수한 정부 형태는 각 형태에 상응하는 타락한 형태로 쉽사
> 리 변화하기 때문인데, 왕은 참주로 대체되고, 귀족은 과두적인 파당으로
> 대체되며, 인민은 대중이나 무정부상태로 대체된다. 순수한 형태는 흔하
> 게 새로운 형태로 변화하는 데 비해, 이러한 변화는 혼합되고 골고루 균
> 형이 잡힌 정치체제의 경우에는, 예외적으로 통치계급이 심대한 실수를
> 하는 경우를 제외한다면 별로 발생하지 않는다(『국가에 관하여』, I. 69).

키케로는 『국가에 관하여』에서 스키피오의 입을 통해 로마가 역사
적 발전을 통해 혼합정체를 만들어왔음을 보여준다.[8] 그 설명에 따르면

---

8 키케로의 혼합정체 이론에 큰 영향을 미친 사람은 폴리비오스(약 199~118 B.C.)이
다. 키케로는 폴리비오스의 작품 『역사(*Historiai*)』를 통해 로마의 역사 및 정치체제 분류
방법 등을 배웠다. 역사적으로 폴리비오스는 소 스키피오의 스승이었으며, 소 스키피오의
스페인과 북아프리카 원정에 동참해서 군사적 조언을 하기도 했다.

로마공화국은 한 사람의 천재가 아닌 다수의 천재에 기반을 두고 세워졌고, 여러 세기와 여러 세대에 걸쳐 오랜 기간에 만들어졌으며, 또한 왕권적 요소, 귀족적 요소, 인민적 요소를 골고루 갖춘 혼합정체를 이루었다는 것이다. 집정관은 로마에 왕권적 요소를 제공했는데, 이들은 임페리움(*imperium*)이라는 집행권을 행사했으며, 다수 대중의 사랑을 불러일으키기도 했다. 원로원은 정책에 대한 조언(*consilium*)을 제공하는 현명한 귀족 위원회였다. 행정관을 선출하고 법을 통과시키는 일을 수행하는 인민은 진정한 자유(*libertas*)를 향유했다. 이처럼 원로원의 조언, 인민의 자유, 그리고 집정관의 집행권은 로마공화국을 구성하는 핵심 요소로 나타난다.

혼합정체를 구성하는 요소 중 키케로가 가장 중요시한 것은 원로원의 조언권이었는데, 그는 인민보다는 귀족을 중심으로 하는 혼합정체를 원했다. 이 혼합정체에서 임페리움은 집정관의 1년이라는 짧은 재임 기간과 2명이라는 복수성 때문에 통제가 가능해진다. 키케로는 인민의 자유에 대해서는 이중적인 관점을 갖는데, 그는 우선적으로 인민의 자유를 보장되어야 할 것으로 보지만, 다른 한편으로는 중우정치로 치달을 수 있는 위험한 경향성이 있기 때문에 통제할 필요가 있는 것으로 파악한다. 키케로는 재산을 신탁할 수 있는 것과 마찬가지로 자유도 신탁할 수 있다고 보며, 귀족에게 자유를 신탁하는 방법으로 인민의 자유를 통제할 수 있다고 보았다. 인민들이 자신들과 귀족 사이에 형성된 신뢰(*fides*)에 기초해, 재산과 자유를 자기 마음대로 처리할 수 있는 주권을 귀족에게 신탁하고 귀족의 지도를 받는다면, 인민의 자유는 '신분질서에 입각한 품위 있는 평화(peace with dignity, *cum dignitate otium*)' 속에서 보장받을 수 있다는 것이다. 인민의 수호자인 호민관

(*tribune*)은 귀족에 대항해 인민의 자유를 보장하는 역할을 수행하기도 하지만, 귀족의 입장에서 볼 때는 호민관이 귀족을 대신해 인민의 극단적인 자유나 폭력적인 성향을 인민의 이름으로 통제하는 역할을 수행하기도 한다(『법률에 관하여』, III. 24).

키케로의 혼합정체 이론은 아리스토텔레스의 혼합정체 이론과는 다르다. 아리스토텔레스는 기본적으로 경제적 관점에서 부를 소유한 세력과 부를 소유하지 못한 세력의 혼합을 모색하며, 공직자를 충원할 때 관직의 성격에 따라서 필요하면 민주제의 충원 원칙인 추첨제도를 사용하든지, 아니면 귀족제의 충원 원칙인 선출제도를 사용할 것을 주장한다. 예를 들어 장군을 충원할 때는 능력 있는 사람을 뽑기 위해서 선출을 해야 하고, 배심원을 뽑을 때는 추첨의 방법을 사용해야 한다는 것이다. 이와는 달리 키케로는 한 국가의 권력을 구성하는 핵심 세력을 왕, 귀족, 인민 셋으로 나누고, 이 세 세력이 행사하는 권력의 본질 및 각 권력 간에 견제와 균형의 방법을 자신의 혼합정체 이론에서 밝히고 있다. 앞에서 살펴본 바와 같이 키케로는 '자유의 신탁'이라는 개념을 사용하는데, 이 개념은 플라톤이나 아리스토텔레스의 혼합정체 이론에서는 찾아볼 수 없는 새로운 개념이다. 로마공화국의 인민들은 자유를 '양도'하지 않고 '신탁'하는데, 자유를 신탁받은 귀족은 인민들의 이익과 행복을 위해 정치를 할 도덕적 의무를 지게 된다. 그러나 귀족들이 이 의무를 등한시할 때, 인민들은 그 의무를 강제할 수 있는 방법이 없다는 면에서 키케로의 신탁 개념은 문제점을 드러내게 된다. 키케로의 혼합정체 이론은 귀족의 덕성과 도덕성에 과도하게 의존한다는 약점이 있다. 그는 원로원이 도덕성을 갖춤으로써 당대 로마가 건전한 공화국에서 타락한 제정으로 바뀌고 있는 헌정적 위기를 극복할 수 있다고 주장하는데, 여기서 우리는 그가 아직도 플라톤이나 아리스토텔레스와 마찬가지로 도덕적이고 윤리적인 국가관에 집착하고 있음을 확인할 수 있다. 자유의 신탁은 키케로의 독창적 개념이긴 하나, 제국화로 치닫는 당대 로마 정치의 현실에서는 실현될 수 없는 시대에 뒤떨어진 개념이었다.

4. 키케로의 『법률에 관하여』: 자연법과 정의를 중심으로

『법률에 관하여』는 아르피눔에 있는 키케로의 시골 농장을 배경으로 이상국가에 필요한 법에 관해 키케로, 퀸투스, 아티쿠스 3인의 대화를 담은 책이다.[9] 이들의 대화가 이루어진 시간적 배경은 나타나 있지 않다. 대화는 키케로가 지은 「마리우스」라는 시에서 묘사된 오크나무가 아직도 저 앞에 보이는 농장에 살아 있다는 아티쿠스의 말로 시작한다. 키케로는 자신이 시인으로서 묘사하는 오크나무는 시 안에 있을 뿐, 그 것을 역사적 진실성이라는 판단 기준으로 확인하려고 해서는 안 된다고 말한다. 아티쿠스는 키케로에게 좀 더 많은 시간적 여유가 있을 때 로마의 역사에 관한 작품을 써줄 것을 요청하는 한편, 지금의 한가로운 시간을 이용해 시민법에 관해서 얘기해줄 것을 요청한다. 키케로는 본격적으로 시민법에 관한 얘기를 하기에 앞서 서론으로서 자연법에 관한 얘기를 꺼낸다.

---

9   작자인 키케로가 직접 화자로 등장한다는 면에서, 플라톤이 등장하지 않는 플라톤의 여타 대화편들과는 다른 점을 보인다.

『법률에 관하여』1권은『국가에 관하여』에서 제시된 이상국가가 갖춰야 할 구체적인 시민법에 관한 논의에 앞서 시민법의 서론으로서 자연법을 스토아학파의 관점에서 소개하는 전반부(I. 35까지)와, 정의는 자연에 내재하지 않고 사람들의 동의로 결정된다는 기타 그리스 학파의 주장을 논박하면서 국가에 따라 각자 다른 정의가 존재하는 것이 아니라 우주적으로 하나의 정의, 즉 '자연적 정의(natural justice)'가 존재함을 주장하는 후반부로 구성된다. 키케로는『법률에 관하여』2권과 3권에서 우선 구체적인 법률이 따라야 할 법의 정신이 무엇인가를 밝힌 '전문'에 관해 논의한 후, 이 '전문'의 하위 법률 조항으로서 2권에서는 종교법에 관련된 구체적 사항(종교의례, 제단, 사제의 임무, 제사, 축제, 운동시합 등)에 관한 법률을, 3권에서는 집정관, 조영관, 검열관(censor), 법무관, 호민관을 포함하는 여러 행정관직에 대한 규정 법률을 다룬다.[10] 키케로는 여기서 다루는 법들이 역사적으로 로마공화국의 제정법에 드러난 것도 있지만, 기존의 법에 규정되지 않은 것은 자신이 고안한 것이라고 말한다. 그러나『법률에 관하여』의 전반적 내용에서 볼 때 2권과 3권에서 거론되는 구체적인 시민법이 1권에서 논의되는 영원한 자연법과 어떻게 논리적으로 연결되는지는 분명하지 않다.

키케로가『법률에 관하여』에서 고대 정치철학의 형성과 발전에 기여하는 점은, 첫째, 스토아학파의 자연법 사상을 받아들이면서, 자연법

---

10 플라톤에 따르면 법률은 전문과 구체적 법조항을 규정하는 본문으로 구성된다.『법률에 관하여』의 내용상 구조는 전체적으로 볼 때 1권은 전문으로, 나머지 2, 3권은 본문으로 구성된다고 말할 수 있고, 2, 3권만 따로 떼어 볼 때 2권 전반부에 거론되는 전문은 말 그대로 전문으로, 그 이후의 구체적 법률 조항을 다루는 나머지 부분은 본문으로 구성된다고 말할 수 있다.

에서 정의의 원칙을 찾고 여기서 시민법을 합리적으로 도출하려고 한 점이다. 스토아학파는 자연법에 관해서만 논의했을 뿐, 그것을 시민법의 제정과 연관시키려 하지 않은 데 비해, 키케로는 이 두 법을 연관시키고, 시민법에도 자연법적인 지위를 부여한다는 면에서 고대 법사상의 지평을 확장한다고 볼 수 있다. 플라톤은『법률』10권에서 신의 존재와 신의 섭리에 대해 증명해서 신학을 법의 전문으로 자리매김하도록 하지만(Strauss, 1975), 이 전문과 구체적인 법률이 어떻게 유기적으로 연결되는지를 설명하지 않는다. 둘째, 인간이 도덕적으로 평등하다는 스토아학파의 주장에 근거해 인간은 법적으로 평등하다는 관념을 이끌어내고자 한 점이다. 물론 인간이 법적으로 평등하다는 주장은 근대사상가에 의해서 확립되었지만, 키케로는 자연법에서 시민법을 도출하면서 법 앞에서 만인이 평등하다는 법률적 기초를 마련해놓고 있다. 이는 근대의 법평등주의 이론 및 법과 국가에 관한 자연법 이론의 형성에 큰 영향을 미친 것으로 평가된다. 다음에서는 자연법과 정의라는 개념을 중심으로 키케로의 법사상을 살펴보도록 한다.

키케로는『법률에 관하여』의 전문인 1권의 전반부에서 "정의는 자연에 내재한다"라는 명제를 설명한다. 그는 이 명제를 통해 보편적 정의인 자연법을 일차적으로 다룰 것을 강조하지만, 이와 더불어 시민법, 로마법도 다룰 것을 밝힌다.

지금 현재의 탐구에서 우리는 시민법이라고 불리는 법을 작고 좁은 구석에 처박아놓고 보편적 정의와 법의 전 영역을 살펴보고자 한다. 우리는 정의의 성격을 설명해야 하고, 이 성격은 인간 본성에서 찾아져야 한다. 우리는 국가를 통치하는 법도 역시 고려해야 한다. 그런 후에 우리는 이미 만들어졌고 기록되어 있는 법령과 조례를 다루어야 한다. 그리고 로마인의 시민법이라고 불리는 법은 이러한 법령과 조례 속에서 반드시 찾을 수 있다(『법률에 관하여』, I. 17).

키케로는 자신이 추구하는 자연법의 본질과 그 위상에 관해 『국가에 관하여』에서 라일리우스의 입을 통해 다음과 같이 좀 더 자세히 밝히고 있다.

진정한 법은 자연과 일치하는 올바른 이성이다. 진정한 법은 보편적으로 적용되며, 변하지 않고 영원하다. 진정한 법은 명령함으로써 의무에 복종하게 하고, 금지함으로써 악행에서 벗어나게 한다. 진정한 법은 명령과 금지를 선한 사람에게 쓸데없이 부과하지 않지만, 명령과 금지는 악한 사람에게는 아무런 효과도 없다. 이 법을 변경하려고 하는 것은 죄이며, 이 법의 어떤 일부분이라도 철회하려는 시도는 허용될 수 없고, 또한 이 법을 전면적으로 폐지하는 것은 불가능하다. 원로원이나 인민들일지라도 우리를 이 법의 규정에서 방면할 수 없으며, 우리는 우리 자신 밖에서 이 법의 해설자나 해석자를 찾을 필요도 없다. 로마의 법과 아테네의 법이 다르지 않을 것이며, 현재의 법과 미래의 법이 다르지 않을 것이다. 단지 모든 국가와 시대에 적합한 영원하고 불변하는 법이 있을 것이며, 또한 우리 모두에 군림하는 유일한 주인이자 지배자인 신만이 있을 것인데, 왜냐하면 신이야말로 이 법의 창제자이자, 반포자이며, 실행을 강제하는 재판관이기 때문이다. 누구든지 불복종하는 사람은 자기 자신으로부터 달아나는 사람이며 자신의 본성을 거부하는 사람이다. 바로 이러한 사실로 인해서 이러한 사람은 흔히 처벌이라고 간주되는 것을 피한다 하더라도 가장 최악의 형벌로 고통받게 된다(『국가에 관하여』, III. 33).

키케로에게 진정한 법은 자연법이며, 자연법은 올바른 이성과 일치하고, 정의와 일치한다. 또한 자연법은 보편적이며 변하지 않고 영원하며, 모든 국가와 시대에 적합한 영원하고 불변하는 법인데, 이 자연법은 신에 의해서 만들어진다. 다시 말해 자연법은 신법이자, 이성의 법이자, 정의의 법인 것으로 나타난다. 키케로는 자연법적 정의에 의해 통치가 이루어지는 국가를 이상적인 국가로 생각했지만, 이러한 국가가 현실 세계에 실현되기는 불가능하다고 보았다. 왜냐하면 이 자연법은 오직 현명한 철학자에게만 제1원칙으로 인식될 수 있을 뿐, 무지한 일반 대중에게는 인식될 수 없다고 생각했기 때문이었다. 자연법이 모든 시민에게 이해되면서 실천되는 정치공동체는 플라톤이 말하는 이상적인 정치체제와 비슷하다고 할 수 있다. 그러나 이상적인 정치체제가 현실에서 실현되기란 거의 불가능하듯이, 키케로 역시 자연법에 의해 지배되는 정치사회가 실현되는 것은 거의 불가능함을 알고 있었다 (Holton, 1987: 170). 그는 신적인 자연법(논의의 편의상 이것을 1차적 자연법이라고 한다) 대신에 인간적인 자연법(논의의 편의상 이것을 2차적 자연법이라고 한다)을 실현 가능한 이상국가의 법률로 제안한다.

1차적 자연법과 2차적 자연법은 전자가 자연 속에 내재하는 최고의 신적인 이성인 데 비해, 후자는 구체적 정치 상황에 적용되는 지혜로운 입법자의 이성이라는 점에 큰 차이가 있다. 하지만 신과 지혜로운 입법자는 모두 이성을 공유한다는 사실에서, 신적 이성의 산물인 첫 번째 법과 지혜로운 입법자의 이성의 산물인 두 번째 법은 모두 자연법으로 자리 잡는다. 2차적 자연법은 시민법의 형태를 취하는데, 키케로는 올바른 시민법은 사람들의 막연한 생각의 결과이거나 민회에서 만들어지는 것이 아니라, 현명한 입법자가 자신의 이성에 입각해서 '명령과 금지'라는 자연법의 핵심 개념을 현실의 정치 상황에 적용해 만들어지는 것으로 보았다(Holton, 1987: 173). 그러나 로마가 공화국에서 제국으로 발전하는 과정에서 부정의한 전쟁을 치러야 했고, 키케로 자신이 카틸리나의 반란을 수습하기 위해 집정관의 막강한 권한을 부정의하게 사용해야만 했듯이, 현실 정치는 정의에 의해서만 통치될 수 없음을 키케로는 알고 있었다. 그리하여 그는 순수한 정의를 내세우는 1차적 자연법과는 달리, 부정의를 정치적 필요에 따라 용인해야 한다고 생각했다. 시민법은 1차적 자연법에서 도출되어야 한다는 것이 키케로의 기본적 입장이지만, 그는 1차적 자연법에 위배되는 시민법도 자연법으로 인정해야 한다는 모순되는 관점에 빠지기도 한다. 많은 학자가 지적하듯이 키케로의 『법률에 관하여』가 지니는 가장 큰 문제점은 1차적 자연법에서 2차적 자연법이 어떻게 논리적으로 도출되는지가 명확하게 제시되지 않는다는 것이다.

키케로는 1차적 자연법과 2차적 자연법이 논리적으로 어떤 관계에 있는지를 명확히 하는 데는 실패하지만, 2차적 자연법인 시민법이 어떤 정신에 입각해야 하는지에 대해 전문의 형식을 빌려 말한다. 플라톤은 법이란 전문과 법조항들로 이루어지는데, 전문은 구체적 법조항들을 시민들에게 일일이 설명하기에 앞서서 이들을 합리적으로 설득시킬 수 있는 힘을 지녔다고 강조해 말한다. 키케로 역시 플라톤의 전문에 대한 관점을 계승해, 시민들이 복종해야 할 시민법이 따라야 할 정신을 다음과 같이 개진한다.

그러므로 우리는 처음부터 시민들에게 다음과 같은 것을 설득해야 한다. 신들은 모든 사물의 주인이자 지배자이다. 행해지는 모든 것은 신들의 의지와 권위에 의해 이루어진다. 신들은 모든 개인의 성격을 관찰하고, 또한 그가 무엇을 하는지, 무슨 잘못을 저질렀는지, 무슨 의도와 어떤 경건함을 가지고 종교적인 의무를 다하고 있는지를 관찰하면서 인간에게 위대한 시혜자로 존재한다. 신들은 경건한 자와 불경한 자를 구분하고 있다. 이러한 관념이 스며든 정신은 진실되고 유용한 의견을 확실하게 형성하는 데 실패하지 않는다. 이성과 지성이 자신 속에 있는 것을 알고 있지만 이것이 하늘이나 우주에 존재하고 있지 않다고 생각할 만큼이나, 또는 인간의 지성이 지닌 최상의 이성적 능력에 의해서도 잘 이해되기 힘든 사물들이 전혀 이성의 지도를 받지 않고 있다고 생각할 만큼이나 바보스러울 정도로 자만에 차 있는 사람은 아무도 없다는 것보다 진실된 것이 있겠는가? 진실로 별들의 질서 잡힌 운행, 밤과 낮의 규칙적 교차, 계절의 부드러운 진행, 우리를 생존케 하는 땅의 산물에 고마움을 느끼지 않는 사람을 어떻게 사람이라고 말할 수 있겠는가? 그리고 이성을 지닌 모든 사물들은 이성이 없는 사물보다 위에 서 있기 때문에, 또한 무엇인가가 보편적 자연보다도 위에 서 있다고 하는 것은 불경이기 때문에, 우리는 이성은 자연 속에 내재하고 있다는 것을 수용해야 한다. 맹세가 얼마나 자주 동의를 확인하는 데 사용되며, 조약의 신성성이 얼마나 중요하게 우리의 복지에 관련되며, 신성한 처벌에 대한 공포로 인해 얼마나 많은 사람이 범죄를 저지르지 않게 되며, 불멸의 신이 재판관으로서나 목격자로서나 인간 공동체의 구성원이 된다면 인간 공동체가 얼마나 신성한 결사체가 될 것인가를 기억하는 사람들 중에, 누가 감히 이러한 신념이 유용하다는 것을 부정하겠는가? 이것이 바로 법의 전문이다. 이 전문이라는 용어는 플라톤이 사용한 바 있다(『법률에 관하여』, II. 15~16).

플라톤의 『법률』에서 아테네인은 법률의 전문으로 신들에 관한 세 가지 명제를 충분한 증명 과정을 거친 후에 제시한다. 첫째는 신들이 존재한다는 것이고, 둘째는 신들은 인간을 배려한다는 것이며, 셋째는 정의롭지 않은 방법으로 신들의 환심을 살 수 없다는 것이다(Plato, 1980: 907b). 앞에서 인용한 키케로의 전문은 충분한 증명 과정을 거치지 않은 채로 신들의 본성이 어떤지에 관해 설득하고 있는데, 그 내용은 플라톤이 말하는 바와 별로 다름이 없음을 알 수 있다. 이 인용문의 끝부분에서 키케로는 맹세, 조약의 신성성, 신성한 처벌, 재판관으로서의 신 등에 관해서 언급하는데, 이러한 내용은 루소가 『사회계약론(Du Contrat Social)』에서 말하는 시민종교의 신조와 유사한 측면이 있다.[11] 키케로는 상기 전문을 말한 이후 곧바로 그 구체적 내용의 일부분으로 종교법에 관한 논의를 시작한다.

앞서 논의된 바와 같이 키케로는 자연법에서 정의의 원칙을 찾고, 이 정의의 원칙에 맞는 시민법을 도출했다는 점에서 자연법만을 논한 스토아학파나, 자연법이라는 보편적 개념을 지니지 않고 구체적인 법률 쟁송과 관련해 시민법이라는 '작고 좁은 구석'에 처박혀서 법률 사례만을 연구한 당대 법학자들과 다른 면을 보이고 있다(『법률에 관하여』, I. 14). 키케로는 자연적 정의에 근거해 인간의 도덕적 평등을 하나의

---

11 루소는 시민종교의 긍정적인 교리를 다음과 같이 제시한다. 전능하고, 전지하며, 은 혜롭고, 통찰력과 섭리를 지닌 신의 존재, 내세, 정의로운 자들의 행복, 악인의 징벌, 사회 계약과 법의 신성성(Rousseau, 1978: 131 참조).

도덕 원칙으로 확립하는데, 이는 인간의 도덕적 불평등을 근간으로 하는 플라톤과 아리스토텔레스의 정치철학과는 구분되는 것이다. 플라톤은 근본적으로 '영혼의 삼분설'에 입각해 인간을 이성의 인간, 기개의 인간, 욕망의 인간이라는 세 가지 종류의 불평등한 도덕적 존재로 분류한다. 아리스토텔레스는 인간은 평등하지 않기 때문에 시민권은 신중하게 엄선된 소규모 집단으로 제한시켜야 한다고 말한다. 이와는 반대로 키케로는 인간은 신과 함께 이성을 공유하고 있고, 모든 인간은 하나의 법에 지배되고 있으므로, 모든 인간은 도덕적으로 평등한 동료 시민임을 주장한다.

선견지명과 빠른 이해력을 갖추고, 복합적이고, 예민하고, 기억력을 지니고, 이성과 신중성이 충만한, 우리가 사람이라고 부르는 동물은 그를 창조한 최고의 신에 의해 어떤 독특한 위상을 부여받아왔다. 왜냐하면 생물의 수많은 종류와 다양성 가운데서 오직 인간만이 이성과 사고능력을 지니고 있고, 다른 생물들은 이것이 결여되어 있기 때문이다. 사람 속에서만이 아니라 우주와 지구 속에서 이성보다 더욱 신성한 것이 무엇이 있겠는가? 이성이 완전히 성숙하고 완전해졌을 때 지혜라고 정확하게 불린다. 그러므로 이성보다 뛰어난 것이 없고 이성은 인간과 신에 동시에 존재하고 있기 때문에 인간과 신의 첫 번째 공유물은 이성인 것이다. 그러나 이성을 공유하고 있는 존재들은 올바른 이성 역시 공유한다. 올바른 이성은 법이기 때문에, 우리는 인간은 신과 함께 법도 역시 공유하고 있다고 믿어야 한다. 더욱이 법을 공유하는 존재들은 정의도 역시 공유해야 하며, 법과 정의를 공유하는 존재들은 같은 국가의 구성원으로 여겨져야 한다. 만약에 이들이 같은 권위와 권력에 복종한다면, 이들은 더욱더 같은 구성원으로 여겨져야 한다. 더욱이 이들은 천체의 질서, 신성한 정신, 전능한 신에 복종해야 하며, 그 결과 이 우주 전체는 신과 인간의 공동 국가로 여겨져야 한다(『법률에 관하여』, I. 22~23).

키케로에 따르면 신은 인간에게 이성을 부여했고, 이 이성은 신성한 것으로 신과 인간만이 공유한다. 신과 인간의 공유물로서 이성은 법의 원천이 되며, 정의의 원천이 된다. 올바른 이성, 법, 정의는 같은 토대를 가지며, 이 토대에 근거해서 공동체가 구성된다. 같은 토대를 가진 사람들 사이에 정치적 공동체가 형성되며, 근본적으로 이성을 공유하는 신과 인간 사이에는 우주라는 하나의 커다란 공동체가 형성된다. 정치적 공동체와 우주라는 전체에 참여하는 인간은 도덕적으로 평등한 존재로 규정된다.

하지만 키케로에게 도덕적 평등은 사실이라기보다는 일종의 도덕적 요청이었다고 할 수 있다. 그는 이러한 도덕적 평등을 보편적인 자연법의 수준에서 규정했을 뿐 아니라, 더 나아가서 그보다 하위에 놓여 있는 구체적인 시민법의 수준에서 법적인 평등으로 규정하고자 했으나, 만인은 법 앞에 평등하다는 근대사상의 원칙에는 이르지 못했다. 그는 '사회적 불평등'이 현실적으로 존재한다는 사실을 받아들였으나, 이 불평등을 해소하는 하나의 방법으로 법적인 평등을 고려하는 데까지 나아가지 못했다. 키케로는 도덕적 평등을 정치적·경제적·사회적 차원에서 평등하게 적용할 것을 요구하지 않았다. 그는 사회적으로 우수한 사람과 열등한 사람이 사실상 존재하고 있음을 인정했으며, 우수한 사람은 열등한 사람을 지배하고 통치할 권한을 가지고 있음을 인정했다. 그에게 정의로운 분배의 원칙은 도덕적 평등의 원칙을 살릴 수 있는 '수적인 평등(numerical equality)'이 아니라, 사회적 불평등에 근거한 '비례적 평등(proportional equality)'으로 나타난다. 수적인 평등이 민주정의 정의 원칙이라면 비례적 평등은 귀족정의 정의 원칙이다. 혼합정체에서 귀족적 요소를 중시하는 키케로는 인민의 평등을 법적으로 보장하는 데까지 이르지 못하고 있다.

5. 조화와 정의를 위한 정치철학

키케로는 조화와 정의가 안정적 정치 질서의 원천임을 다음과 같이 말한다.

> 음악가들이 화성이라고 부르는 것은 국가로 볼 때 조화(*concordia*)와 일치한다. 조화는 어떠한 국가에서도 항구적 결속을 가져오는 가장 강력한 최선의 접착제이다. 이러한 조화는 정의의 도움 없이 결코 생성될 수 없다(『국가에 관하여』, II. 69).

여기서 조화는 왕권적 요소, 귀족적 요소, 인민적 요소의 조화를 의미하는데, 키케로는 정의 없이는 조화도 불가능하다고 역설한다. 정의로운 조화에 근거해 '신분질서에 입각한 품위 있는 평화'가 생성되며, 이러한 평화는 '온건하고 균형이 잡힌 혼합정체(moderate and balanced mixed constitution)'의 가장 두드러진 특징을 형성한다.

키케로가 이상국가의 모델로 삼는 로마공화국의 혼합정체는 인민의 자유와 사유재산 보호를 그 궁극적 목적으로 하며, 자연법에 근거를 두고 2차적 자연법인 시민법에 정당성을 부여한다. 키케로는 플라톤이나 아리스토텔레스보다도 더욱 현실적인 이상국가의 대안을 제시한다는 점에서, 또한 자유, 사유재산, 법적 정당성의 원천으로서의 자연법 등의 개념을 좀 더 명백히 하고 이러한 개념을 사용해 국가를 정의한다는 점에서, 자신이 수용했던 그리스 정치철학을 좀 더 풍부하게 만들어줄 뿐 아니라 후대의 근대 정치철학이 발달할 수 있는 토대를 마련해준다고 볼 수 있다. 한편, 키케로가 그리스 정치철학을 내용적으로 심화시켰다고 평가할 수는 없다. 그가 '로마인 플라톤'으로서 그리스 정치철학을 로마의 법률과 제도에 적용함으로써 그리스 정치철학의 외연을 확장한 점에서 우리는 고대 정치철학의 형성과 발전에 기여한 그의 공로를 찾을 수 있다. 다른 한편, 그리스 철학을 로마에 적용하는 과정에서 나타난 로마적인 정치적 특성에 대한 키케로의 철학적 고찰의 일부는 근대적 사고의 출발점을 제공했다고 평가할 수 있다.

키케로가 사랑했던 로마공화국의 혼합정체는 조화와 정의라는 면에서 결점을 지니고 있었다. 그는 보편적인 자연법적 정의를 국가 구성의 으뜸 원리로 삼았지만, 그의 정의관은 로마인의 특수한 편견이라 할 수 있는 '조상들의 전통(mos maiorum)'에 대한 과도한 사랑으로 타락해 있었다. 또한 그가 추구한 조화는 인민적인 요소와 귀족적인 요소 사이에 균형을 취한 것이라기보다는 귀족적인 요소에 더 많은 비중을 두는 편파적인 것이었다. 이러한 결점 때문에 키케로의 정치철학은 상당히 보수적인 성격을 지닌 것으로 평가받아왔다. 공화국의 회복을 지향했던 키케로의 보수적인 정치철학은 당시 로마가 제정으로 변화해가면서 새롭게 나타난 정치적·경제적·사회적 요구에 부응할 수 없었으며 그 정치적 호소력을 상실했다. 만약 키케로가 당대의 흐름을 읽고 시대의 요구에 부응해 '조상들의 전통'을 벗어나 좀 더 세계적인 관점에서 보고 또한 인민적 요소를 좀 더 강조하는 정치철학을 완성했더라면, 그의 정치철학은 한층 더 민주적이고 혁신적인 성격을 지니게 되어, 오늘날에도 강한 영향력을 행사할 수 있는 하나의 정치철학으로 자리 잡았을 것이다. 물론 키케로는 시대의 요구를 수용하지 못했다.

조화와 정의를 어떻게 보느냐에 따라서 다양한 정치철학이 산출될 수 있다. 우리는 키케로의 정치철학에서 '조화와 정의'에 대한 그의 관점이 표출되고 있음을 확인할 수 있다. 키케로의 철학은 조화와 정의를 어떻게 정치에 적용할 수 있는가를 확연히 보여주는 하나의 모범이다. 그러므로 우리가 시대의 요구에 부응하는 정치철학을 만들기 위해서는 키케로의 정치철학을 철저하게 이해할 것이 요구된다.

2장
/
수사학과 정치

1. 이상적 웅변가와 수사학

키케로의『국가에 관하여』와『법률에 관하여』는 같은 이름을 지닌 플라톤의『국가』와『법률』을 '로마인의 관점'에서 모방한다. 키케로는 '로마인의 관점'을 통해 한편으로는 플라톤을 모방하면서 다른 한편으로는 플라톤과 결별할 수 있는 새로운 정치철학적 시각을 얻고자 했다. 이 두 작품에 앞서서 키케로의 정치적 관심은 물론 로마인의 관점이 잘 드러나는 대화편이『웅변가에 관하여』이다. 이 대화편은 기원전 55~54년에 쓰인 키케로의 초기 작품이다. 키케로는 18세 때인 기원전 85년에 수사학과 관련된『발견에 관하여(De Inventione)』를 저술했는데, 이 작품은 키케로가 수사학 강의에서 배운 내용을 노트에 받아쓴 것으로 독창적인 저술로 볼 수 없다.『웅변가에 관하여』는 수사학의 기법에 관해 주로 논의하는데, 논의의 초점은 '이상적 웅변가(the ideal orator)'가 어떤 사람인가로 모아진다. 키케로에게 이상적 웅변가는 이상적 정치가인 것으로 나타난다.

『웅변가에 관하여』에서 주요 화자로 등장하는 인물은 로마의 유명한 웅변가이자 정치가인 크라수스와 안토니우스이다. 1권에서 크라수스는 웅변가는 철학적 지혜가 필요하다는 입장을 대변하며, 안토니우스는 웅변가는 구체적이고 개별적인 상황에 필요한 수사적 기술만 갖추면 된다는 입장을 대변한다. 크라수스와 안토니우스 각각의 입장은 대화 초기에는 대립되는 것으로 나타나지만, 후에 2권의 전반부에서 안토니우스가 웅변가는 철학적 지혜를 습득해야 한다는 크라수스의 입장에 동감을 표명하면서, 자기가 반대 입장을 대변한 것은 대화를 심도 있게 이끌기 위한 '반대를 위한 반대'였음을 밝힌다(『웅변가에 관하여』, II. 40). 키케로는 이러한 방식으로 자신의 대화편에서, 아리스토텔레스가 강조하는 '찬성과 반대라는 양쪽 측면에서(in utramque partem)'를 구현한다. 두 사람의 대화를 통해 키케로가 제시하고자 하는 이상적 웅변가는 진리라는 철학적 지혜를 갖추었을 뿐 아니라, 수사학의 기술을 사용해 그 진리와 지혜를 법정과 민회와 원로원에 참여하는 다수의 사람들에게 설득시킬 수 있는 능력을 지닌 사람으로 드러난다. 키케로에게 이상적 웅변가는 이상적 정치가이며, 이상적인 인간 유형으로 존재한다. 이는 철학자에서 통치자를 찾고 철학자를 이상적인 인간 유형으로 동일시하는 플라톤의 입장과 구별된다. 키케로의 고유한 '로마인의 관점'은 순수 지식만을 갖춘 플라톤적인 철인왕이 아니라, 보편적 지혜와 웅변술을 갖춘 실천적 정치가를 이상적인 통치자로 제시하는 데에서 분명하게 드러난다.

키케로의 수사학에 관한 작품은 『웅변가에 관하여』 외에, 기원전 46년부터 기원전 45년 사이에 출판된 『브루투스』와 『웅변가』가 있다. 이 세 작품의 관계에 대해, 『웅변가에 관하여』에서는 수사학 이론의 토대와 이상적 웅변가상이 제시되고, 『브루투스』에서는 로마 역사에 등장한 유명한 웅변가들이 소개되며, 『웅변가』에서는 완전한 웅변가의 모습이 그려진다는 면에서, 세 작품이 함께 모여 통일성을 이룬다는 해석이 있기도 하다. 그렇지만 『웅변가에 관하여』에서 나타나는 수사학에 대한 일반적이고 추상적인 이론적 관점이, 『브루투스』나 『웅변가』에서 나타나는 화려한 미사여구를 중시하는 아시아식 웅변술에 대한 옹호와 단순한 문체를 중시하는 아티카식 웅변술에 대한 비판에 표출된 키케로의 편향된 관점과 충돌을 일으킨다는 점에서 이 세 작품 간의 통일성을 찾기 어렵다는 것이 주류적 해석이다.[1] 『브루투스』는 대화 양식으로 쓰인 책으로, 키케로와 그의 절친한 친구 아티쿠스, 그리고 브루투스가 화자로 등장한다. 이 대화편에서 키케로는 당대에 이르기까지 로마 역사에 나타났던 웅변가들을 아시아식과 아티카식이라는 웅변술의 관점에 근거해서 소개하고 평가한다. 『브루투스』는 물론 수사학적으로도 상당히 중요한 작품이지만, 키케로가 언급하지 않았다면

---

1   아시아주의와 아티카주의는 '감정을 어느 정도 허용할 것인가'에 관련된 문체 논쟁이다. 아시아주의자인 키케로는 감정 사용 문제에 적극적인 입장을 취하는 반면, 아티카주의자들은 소극적 입장을, 나아가 감정을 허용해서는 안 된다는 입장을 취한다. 아티카주의의 특징은 감정보다는 이성을, 화려함과 웅장함보다는 간결함과 명확성을 선호하는 데 있다. 대표적인 아티카주의자인 브루투스가 키케로의 문체를 아시아주의라고 공격하자, 이에 대한 방어로 나온 것이 바로 이상적 웅변가론이다. 이에 대해서는 키케로(2006: 209)를 참조하기 바란다.

역사에서 잊혔을 수많은 웅변가들이 삶이 기록되었다는 점에서 역사적으로 중요한 작품으로 평가받는다. 『웅변가』는 대화가 아니라 키케로가 브루투스에게 보내는 편지 형식으로 이루어지는데, 아티카식 웅변술의 유래와 잘못된 인식과 전파 과정이 기술되고, 산문의 운율에 관해 집중적으로 설명된다. 웅변가의 활동은 발견(*inventio*), 배치(*dispositio*), 표현(*elocutio*), 기억(*memoria*), 발음 및 연기(*actio*)의 다섯 단계로 이루어지는데,[2] 『웅변가』에서는 기억에 대한 약간의 암시가 있고, 발견과 배치, 연기에 대해서는 몇 문장에서 간단히 언급했을 뿐이며, 책의 4분의 3 정도가 표현을 집중적으로 다룬다.

키케로는 웅변가는 보편적 지식을 갖춰야 한다고 주장한다. 전통적으로 철학과 수사학 사이에는 다툼이 있어왔으나 키케로는 어느 한편만을 옹호하지 않는다. 그는 한편으로 전통적인 수사학이 규칙에만 매여 있다고 비판함으로써 수사학과 거리를 두고 있으며, 다른 한편으로 실천적인 경험을 결여하고 이론적 지식을 추구하는 데만 매진하는 철학자들과도 거리를 두고 있다. 『웅변가에 관하여』에서 나타난 키케로의 목적은 철학자와 수사학자의 싸움을 조정하는 것이고 이 해결책은 로마식의 새로운 종합이라고 할 수 있다. 그것은 바로 중간의 길이며, 절충의 길이다. 키케로가 이상적인 통치자로 생각한 것은 플라톤의 『국가』에서 제시되는 좋음의 이데아를 꿰뚫은 철인왕이나 『정치가』에서 제시되는 측정의 기술을 지닌 정치가가 아니고(김용민, 1995), 크세노폰의 『키루스의 교육(*Cyropaedia*)』에서 제시되는 우정을 활용하는 정치가도 아니며(김용민, 2000), 보편적 지식과 동시에 훌륭한 화술을 겸비한

---

2   이 다섯 단계는 착상, 배열, 표현, 기억, 발표로 번역되기도 한다.

정치가라고 할 수 있다.[3] 플라톤이 '시와 철학'의 싸움에서 철학을 옹호한다면, 키케로는 '철학과 수사학'의 싸움에서 수사학을 옹호한다. 키케로는 철학과 수사학, 지혜와 웅변, 철학자와 수사학자의 싸움을 무마할수 있는 해결책으로 정치연설가 혹은 정치웅변가의 등장을 요구하며, 또한 서로 우위를 다투는 철학이나 수사학보다 정치가 더욱 우위에 있음을 주장한다. 키케로의 수사학은 전통적인 수사학에서 벗어난 새로운 '웅변술(oratory)'이라고 할 수 있다. 그의 웅변술은 고대 그리스적 전통과는 구별되는 로마 전통의 정치 영역 및 정치교육의 방법을 열어주며, 새로운 정치적 지도자상을 제시한다. 키케로의 수사학에 관한 작품들은 『국가에 관하여』와 『법률에 관하여』가 그러했듯이 플라톤과 아리스토텔레스에서 본격적으로 시작된 고대 정치철학의 관점과 영역을 확장하는 데 기여한다.

이 장은 4절로 구성된다. 1절의 이상적 웅변가와 수사학의 관계에 대한 분석에 이어서, 2절에서는 키케로의 수사학에 대한 관점이 플라톤, 아리스토텔레스와 어떤 차이점을 지니고 있는가를 논의한다. 3절에서는 『웅변가에 관하여』를 중심으로 수사학과 정치의 관계를 다루며, 4절에서는 키케로의 수사학이 보편교육을 확대시키는 데 기여했다는 점을 논의한다.

---

[3] 우리는 여기서 고대 정치철학에 나타난 이상적 정치가에 관한 네 가지 이론적 유형을 확인할 수 있다. 키케로는 웅변을 정치가의 중요한 자질로 보았다는 점에서 플라톤, 아리스토텔레스, 크세노폰과 구별된다.

2. 철학과 수사학의 싸움: 플라톤, 아리스토텔레스, 키케로

전통적으로 철학과 수사학 사이에는 다툼이 있어왔다. 키케로는 이 싸움에서 수사학의 편을 들고 있다. 그가 수사학 이론을 전개하면서 염두에 두고 있던 것은 플라톤의『고르기아스』와『파이드로스』, 그리고 아리스토텔레스의『수사학』이었다. 그는 수사학에 대한 플라톤의 비판을 극복하고 수사학에 대한 아리스토텔레스의 옹호를 수용하면서 철학과 수사학을 결합해 새로운 웅변술을 제시하는데, 여기서 철학과 수사학의 싸움은 일단 종식된다.

키케로는『웅변가에 관하여』에서 크라수스의 입을 빌려 소크라테스가 철학과 수사학을 분리하기 이전에는 철학과 웅변, 사상과 말하기가 서로 결합되어 있었고, 이 결합을 지혜라고 불렀다고 말한다. 크라수스는 이러한 지혜가 분열되어 철학과 수사학으로 나뉘고 수사학에 대한 비판과 폄하가 생기게 된 것은 소크라테스 탓이라고 다음과 같이 주장한다.

학자들이 만장일치로 증언하는 것과 모든 그리스인의 판단에 따르면, 소크라테스가 어떤 화제를 선택해서 관심을 갖든지 간에 그는 누구보다도 더욱 뛰어난 사람으로 평가를 받는데, 이것은 그가 지닌 지성, 통찰력, 매력, 세련됨뿐만 아니라, 그가 지닌 웅변술, 다양성, 풍부함 때문이기도 한 것이다. 지금 우리가 검토하고 있는 주제와 행위에 관해 논의하고, 이것을 실천하고 가르치는 사람들은 철학이라는 하나의 동일한 이름을 지니고 있었는데(왜냐하면 가장 중요한 사물에 대한 지식과 동시에 사물에의 실천적 참여는 전반적으로 철학이라고 불렸기 때문이다), 소크라테스는 이 사람들로부터 철학이라는 공유된 타이틀을 박탈해버렸다. 그리고 소크라테스는 자신의 논의에서 현명한 의견을 형성하는 지식과 유려함을 지니고 말하는 지식을 분리했는데, 이 두 가지 지식은 사실상 긴밀히 연관되어 있다. …… 이것이 소위 혀와 뇌 사이의 분열의 원천인데, 이 분열은 상당히 불합리하고, 해롭고, 후회스러운 일이며, 또한 이 분열은 사상을 가르치는 선생과 말하기를 가르치는 선생을 분리하는 결과를 초래했다(『웅변가에 관하여』, III. 60~61).

키케로가 볼 때, 전통적인 지혜와 철학을 파괴한 사람은 『고르기아스』에 등장하는 소크라테스이다. 『고르기아스』에서 주요 화자는 소크라테스, 고르기아스(Gorgias), 폴로스(Polos), 칼리클레스(Callicles)인데 소크라테스를 제외한 나머지 화자들은 수사학의 옹호자이다. 고르기아스는 수사술은 전지전능한 힘을 지녔으며 이것을 지닌 웅변가는 모든 대상을 지배하고 통제할 수 있고 대중을 통치하는 정치가가 될 수 있다고 생각한다. "수사가들이 여타의 다른 전문가들보다도 대중을 상대로 해 더 설득적으로 말할 수 없는 그러한 논제란 존재하지 않기 때문입니다"(Plato, 1983: 456c). 그러나 소크라테스는 존재와 현상, 진리와 거짓을 구별하면서, 고르기아스의 수사술은 존재보다는 현상을, 진리보다는 거짓을 만들어내고 있다고 비판한다. 이 수사술은 참된 세계를 밝혀내는 것이 아니라, 거짓된 세계를 조작해내며, 대중에게 아양을 떠는 아첨술이며 대중을 기만하는 사기술이라는 것이다.

소크라테스의 논박을 통해서 드러나는 고르기아스 수사술의 특징을 다섯 가지 명제로 정리할 수 있다. 첫째, 고르기아스의 수사술은 완전한 지식을 산출하지 못한다. 그것은 사이비 지식, 즉 억견만을 산출하는데, 그것은 도구적 이성에 기생하는 사이비 지식이다. 둘째, 고르기아스의 수사술은 정의롭지도 않고 전능하지도 않은 기술이다. 소크라테스는 그것에 대항해서 참된 수사술의 가능성을 제시한다. 셋째, 고르기아스의 수사술이 탐구하는 것은 가시적 현상이다. 넷째, 고르기아스의 수사술은 무지한 대중을 상대로 허상을 조작해낸다. 그것이 추구하는 것은 참된 것과 선한 것이 배제된 거짓된 것과 쾌락적인 것이다. 다섯째, 고르기아스의 수사술이 공개적으로 선전하는 것과 그것이 실제적으로 수행되는 것 사이에는 복구 불가능한 심연이 존재한다(박규철, 2003: 71~72).

고르기아스의 수사술에 대한 논변이 소크라테스에 의해 무참히 깨지는 것을 본 고르기아스의 제자 폴로스는 다시 한번 좀 더 강력하게 수사술을 옹호한다. 폴로스는 수사술이 정의나 도덕에 얽매일 필요 없이 사용될 수 있으며, 사람들은 수사술을 사용해 권력, 명성, 부를 획득할 수 있다고 주장한다. 그에 따르면 수사술은 존재의 근거나 인간 행위의 도덕적 원리를 탐구하는 데 그 중요성을 두지 않는다. 그는 수사술을 잘 구사하는 웅변가를 무한한 권력을 창출하는 정치가로 보며 절대적 권력을 휘두르는 참주와 동일시하고 있다. 폴로스의 주장을 논파하는 과정에서, 소크라테스는 수사술은 사람의 입맛만을 맞추려는 요리술과 짝을 이루는 아첨술에 불과하다고 정의를 내린다.

소크라테스는 인간의 경험과 쾌락에 호소하는 사이비 기술로서 아첨술을 네 가지로 나누는데, 영혼에 관계된 궤변술과 수사술, 육체에 관계된 화장술과 요리술이다. 이에 대응해 인식에 근거하는 순수 기술을 네 가지로 나누는데, 영혼에 관계된 정치술로서 입법술과 사법술을, 육체에 관계된 적당한 이름을 붙일 수 없는 기술로서 체육술과 의술을 제시한다.[4] 여기서 영혼을 돌보는 정치술은 '규정성'과 '교정성'의 잣대에 입각해서 '입법술'과 '사법술'로 나뉜다. 입법술은 인간의 영혼을 규제적인 측면에서 고찰하는 기술이고 사법술은 인간의 영혼을 교정적인 측면에서 고찰하는 기술이다. 몸을 돌보는 기술도 규정성과 교정성에 입각해서 체육술과 의술의 두 가지로 나뉘는데, 체육술은 인간의 몸을 규제적인 측면에서 고찰하는 기술이고 의술은 인간의 몸을 교정적인 측면에서 고찰하는 기술이다. 소크라테스는 요리술이 사람의 입맛에 맞는 요리만을 만들어 사람의 건강을 해치는 잘못된 기술이듯이, 수사술은 특히 법정에서 사람의 귀에 듣기 좋은 얘기만을 해서 사람의 영혼을 해치고 있을 뿐 아니라, 부정한 사람으로 하여금 처벌을 피하게 해줌으로써 영혼을 정화하는 데도 기여하지 못하는 잘못된 기술에 불과할 뿐이라고 단정한다.

소크라테스는 칼리클레스와의 대화를 통해 수사술은 고귀하고 궤변술은 열등하다는 칼리클레스의 주장에 반박해 수사술이 궤변술보다 열등하다는 것을 논증한다. 소크라테스에 따르면, 인간의 영혼을 돌보는 기술 중에서, 영혼을 규제하는 측면에서 다루는 입법술이 그것을 교정하는 차원에서 다루는 사법술보다 낫고, 체육이 의술보다 낫듯이, 입법술이라는 순수 기술을 모방하는 궤변술은 사법술이라는 순수 기술을

---

4   이 내용을 도표화하면 다음과 같다(박규철, 2003: 102 참조).

인간	영혼	참된 건강	정치술 입법술 사법술	사이비 건강	아첨술 궤변술 수사술
	몸	참된 건강	무명의 기술 체육술 의술	사이비 건강	화장술 요리술

모방하는 수사술보다 나은 것으로 나타난다.

플라톤은 『고르기아스』에서 영혼을 돌보는 기술을 '입법술, 사법술, 궤변술, 수사술'로 순서를 매긴다. 물론 입법술과 사법술을 포괄하는 정치술은 영혼에 관한 최고 학문인 철학의 밑에 위치한다. 플라톤에 따르면 철학과 수사학 사이에는 진리와 의견 사이, 존재와 현상 사이처럼 메울 수 없는 간극이 존재한다. 그러나 키케로는 수사학을 무시하고 경멸하는 플라톤의 관점을 부인한다. 앞의 인용문에 나타나듯이, 키케로는 소크라테스를 언변에 뛰어난 사람으로, 다시 말해 웅변가로 평가한다. 키케로는 『웅변가에 관하여』 3권에서 카툴루스(Quintus Lutatius Catulus, 149~87 B.C.)의 입을 통해 소크라테스가 고르기아스를 논파할 수 있었던 것도 다름 아닌 소크라테스의 뛰어난 웅변술 때문이었다고 지적한다(『웅변가에 관하여』, III. 129). 만일 이 지적이 독자에게 설득력 있게 수용된다면, 키케로는 단숨에 철학에 대한 수사학의 열등감을 극복하면서, 『고르기아스』를 자신의 관점을 정당화하는 중요한 증거 자료로 제시할 수 있을 것이다.

플라톤의 수사학에 관한 또 하나의 중요한 대화편인 『파이드로스』의 주요 화자는 소크라테스와 파이드로스(Phaidros)이다. 이 대화편에는 고르기아스와 같은 강력한 수사학의 옹호자가 등장하지 않기 때문에, 수사학에 대한 부정적인 비판보다는 수사학이 어떤 것인가에 대한 소크라테스의 구체적 설명이 그 중심을 이룬다. 파이드로스가 암기해 소크라테스에게 말해주는 리시아스(Lysias)의 사랑에 관한 연설문은 수사학을 설명하기 위한 구체적인 자료로 사용된다. 『파이드로스』에서 나타난 수사학에 관한 논의의 골격은 파이드로스가 말하는 수사학에 대한 상식적 정의와 이에 대한 소크라테스의 본질적 정의로 정리될 수 있다. 파이드로스는 수사학은 본질의 차원이 아니라 외양의 차원에 존재한다는 세속적인 의견을 밝힌다.

> 소크라테스, 그 점에서 관해서 저는 웅변가가 되려는 사람은 무엇이 진실로 정의인가를 알 필요 없이 판단을 내리고 있는 다중에게 정의롭게 보이는 것을 알 필요가 있으며, 무엇이 진실로 좋고 고귀한 것인지 알 필요 없이, 그렇게 보이는 것을 알 필요가 있다고 들어왔습니다. 왜냐하면 사람들은 설득은 진실인 것처럼 보이는 것에서 나오지, 진실에서 나오는 것이 아니라고 말하고 있기 때문입니다(Plato, 1982: 260a).

이런 세속적 의견을 논박하면서 소크라테스는 수사학을 올바로 사용하기 위해서는 철학이 필요하며, 철학의 도움을 받는 수사학은 교육이나 설득이라는 목적을 위해서도 사용될 수 있음을 다음과 같이 말한다.

> 사람은 자신이 그것에 관해서 말하거나 쓰는 모든 구체적 사물의 진실을 알아야 하며, 모든 사물을 분리해 정의할 줄 알아야 하네. 사물들을 정의한 후에 그는 더 이상의 분절이 가능하지 않을 정도까지 사물들을 항목별로 분류하는 방법을 알아야 한다네. 그리고 같은 방법으로 그는 영혼의 본성을 이해해야 하며 각 본성에 적합한 연설의 종류를 찾아야 하고, 자신의 논의를 적당하게 배열하고 장식해서 복잡한 영혼에게는 잘 다듬어지고 조화로운 논의를, 단순한 영혼에게는 단순한 말을 제공해야 한다네. 그가 이 모든 것을 획득하기 전까지, 그는 수사학적 기술의 방법에 따라서 (이 방법이 연설을 통제할 수 있다면) 교육이나 설득이라는 목적을 위해 연설할 수 없는 것일세(Plato, 1982: 277b~c).

여기서 사물을 분류해 사물의 진실에 이르는 방법은 변증법을 말한다. 진실을 사람들에게 전달하기 위해서는 상대방의 본성에 맞는 말을 사용해야 하지만, 여기서 소크라테스가 말하는 본성은 이성적인 능력만을 의미한다. 그렇지만 아리스토텔레스는 수사학이란 이성적인 논의뿐만 아니라 웅변가의 성격(*ethos*)과 상대방의 감정(*pathos*)도 고려하고 활용해야 한다고 주장한다.

> 연설을 통해 나타나는 설득 수단에는 세 종류가 있다. 설득 수단은 연사의 성품에 근거하든가, 청중으로 하여금 어떤 기분이 들도록 만드는 데 근거하든가, 끝으로 연설을 통한 증명이나 유사 증명의 제공에 근거한다(Aristotle, 1984: 1356a).

아리스토텔레스와는 달리 소크라테스는 성격이나 감정이라는 요소를 사용하는 것을 용납하지 않는다. 소크라테스의 논의에서도 철학과 수사학이 결합할 가능성은 존재하지만, 철학의 도움을 받는 수사학을 사용하는 웅변가는 그 '표현'이나 '연기'에서 한계점을 지닐 수밖에 없게 된다.

소크라테스는 올바른 수사학에 대해 우호적인 태도를 취하는데, 그의 입장은 수사학을 대변하는 관점을 지닌 '여성으로 의인화된 수사학'과 수사학을 반대하는 관점을 지닌 '스파르타 남성으로 의인화된 수사학' 사이에 위치하는 것으로 보인다. 여성은 다음과 같이 주장한다.

> 참 이상한 사람들이네, 당신들은 왜 그렇게 웅변술에 대해서 악평을 하시는 겁니까? 나는 어느 누구도 진실을 알지 못한 채로 말하기를 배우도록

강요한 적이 없습니다. 그러나 나의 충고가 어떤 가치가 있다면, 그는 진리를 먼저 배우고 후에 연설의 기술을 획득할 것입니다. 그러므로 내가 주장하는 바는 나의 도움 없이 진리에 대한 지식은 설득의 기술을 제공하지 못한다는 겁니다(Plato, 1982: 260d).

이 여성의 주장은 『고르기아스』에서 개진된 고르기아스의 주장과 다름이 없다. 이 여성에 반대해 수사학이 이론이나 기술이 될 수 없다고 생각하는 스파르타 남성을 내세우면서 소크라테스는 다음과 같이 말한다.

나는, 말하자면, 어떤 논의가 다가와서, 이 여자가 거짓말을 하고 있으며 이 여자는 기술이 아니고 단지 기술을 결여한 솜씨에 불과하다고 말하는 것을 듣는 듯하네. 이 스파르타인은 진리를 확실히 파악하지 못한 채로 있는 진정한 연설의 기술은 존재하지 않고 결코 존재할 수 없다고 말하고 있다네(Plato, 1982: 260d~e).

소크라테스는 여기서 자신의 관심은 수사학이 과연 기술이냐 아니냐를 판단하는 데 놓여 있는 것이 아니라고 하면서, 수사학과 기술의 관계 문제를 더 이상 거론하지 않고 그냥 지나치고 있다.

소크라테스가 비록 수사학에 우호적인 태도를 보이긴 하지만, 그는 영혼의 윤회를 설명하면서 영혼의 아홉 등급 중 수사학자의 영혼을 소피스트의 영혼과 동급인 여덟 번째에 자리매김하도록 했다.[5] 운명의

---

5   영혼의 윤회에 관한 플라톤의 설명은 『국가』와 『파이돈』에도 나타나지만 여기에서

법칙에 따라 인간의 영혼은 윤회하는데, 신을 따르면서 진리를 목도한 영혼은 지상에 다시 태어나는 불행을 겪지 않으나 그렇지 못한 영혼은 지상으로 떨어져 다음과 같은 아홉 가지 등급의 영혼 중에서 하나로 다시 태어나게 된다고 소크라테스는 말한다.

> 그런데 최상의 것을 목격한 영혼은 지혜를 사랑하는 사람, 또는 음악을 사랑하는 사람, 또는 사랑스러운 것들을 사랑하는 사람으로 태어나려는 사람의 씨 속에 깃들 것이고, 두 번째 종류의 영혼은 법률에 따라 행동하는 왕이나 잘 싸우는 통치자로 태어날 것이고, 세 번째 종류의 영혼은 정치가나 사업가 혹은 금융가로 태어날 것이고, 네 번째 종류의 영혼은 운동을 좋아하는 체육교사나 몸을 치료하는 의사로 태어날 것이며, 다섯 번째 영혼은 예언자나 승려의 삶을 살 사람으로 태어날 것이고, 여섯 번째는 시인이나 그 밖의 모방적인 예술가로 태어날 것이며, 일곱 번째는 기술자나 농부의 삶으로, 여덟 번째는 소피스트나 대중선동가로, 아홉 번째는 참주로 태어날 것이라네(Plato, 1982: 248d~e).

『파이드로스』에서 소크라테스는 『고르기아스』에서와는 달리 수사학에 대한 강한 적대감을 표현하지는 않지만, 수사학을 철학에 비해 상당히 열등한 지위에 놓는 관점을 계속 유지한다는 것을 알 수 있다.

수사학과 관련해 키케로가 플라톤과 더불어 크게 빚진 철학자가 아리스토텔레스이다. 키케로는 『웅변가에 관하여』에서 카툴루스의 말

는 영혼의 종류와 그 등급이 자세히 논해지지는 않는다. 플라톤은 『파이드로스』에서 인간의 영혼을 천상에 있는 영혼을 포함해 총 10등급으로 나눈다.

을 통해 자신의 수사학의 중요 원천이 아리스토텔레스임을 밝힌다.

제가 굉장히 존경해 마지않는 아리스토텔레스는 어떤 장소[6]를 마련했는데 여기에는 철학자 간의 토론을 위한 모든 논제가 있을 뿐 아니라, 우리가 법정에서 사용하는 연설의 종류에 맞는 논제들도 있습니다. 안토니우스여, 사실 당신의 입장은 상당한 기간 아리스토텔레스의 관점에 근접해 있어왔습니다. 당신의 정신이 아리스토텔레스의 초인간적 지성을 닮아서 그런지, 아니면 그의 작품들을 읽고 스스로 배워서 그런지 모르겠지만, 아마도 당신은 그의 족적을 따르고 있다고 생각됩니다(『웅변가에 관하여』, II. 152).

아리스토텔레스는 자신의 스승 플라톤의 가르침에 따라 일단 수사학을 철학적이고 변증법적으로 세워야 한다는 관점을 견지하지만, 플라톤과 달리 감정과 감정유발의 중요성을 강조한다. 그러나 아리스토텔레스 역시 이러한 감정과 감정유발에는 합리적인 논증에 비해 부차적인 의미밖에 부여하지 않는다는 점에서 근본적으로 플라톤의 전통을 벗어나지 못하고 있다. 키케로는 이러한 아리스토텔레스의 한계를 극복해서, 감정과 감정유발에 합리적 논증과 대등한 위상을 부여하는데, 그에 의해 수사학의 기술은 한 단계 더 발전하여 다양하고 복잡하며 풍부해진다.

---

6   여기서 장소는 그리스어로 'topos', 라틴어로 'locus'를 말한다. 영어로는 'common place'로 흔히 번역된다. 이 인용문의 맥락에서는 '논증 창고'로 번역될 수 있다. 아리스토텔레스는 『토피카(Topika)』에서 토포스의 문제를 다루고 있다.

3. 『웅변가에 관하여』에 나타난 수사학과 정치

1) 『웅변가에 관하여』의 배경과 구성

『웅변가에 관하여』는 기원전 91년 투스쿨룸에 있는 크라수스의 별장을 배경으로 이루어진 대화로 구성된다. 주요 화자는 당대의 유명한 연설가이며 정치가인 크라수스와 안토니우스, 크라수스의 장인인 스카이볼라(복점관, 168/160~87 B.C.?), 그리고 웅변술에 관심이 많은 30대의 코타(124~74/73 B.C.)와 술피키우스(Publius Sulpicius Rufus, 124/123~88 B.C.)이다. 1권 끝부분에서 스카이볼라는 친구와 저녁 약속이 있다고 대화 그룹을 떠난다. 그는 자기 집에 가는 도중에 카이사르(Gaius Julius Caesar Strabo Vopiscus, 131?~87 B.C.)를 우연히 만나서 수사학에 관한 논쟁이 크라수스의 별장에서 벌어지고 있다는 얘기를 전했는데, 카이사르는 때마침 자기 집에 찾아온 이복형인 카툴루스에게 이런 얘기를 전하고 다음날 아침 두 사람이 함께 크라수스의 별장을 찾아가서 대화에 동참하게 된다.

키케로는 투스쿨룸에서 벌어진 수사학에 관한 대화를 코타에게 들은 것으로 대화편을 구성하고 있다. 실제로 기원전 91년에 이런 대화가 있었는지에 학자들이 관심을 두기도 했지만, 이 대화편은 키케로의 창작물이라는 점에 의견이 일치하고 있다. 기원전 91년은 로마와 동맹시 간의 전쟁인 동맹시전쟁(Social War, 91~89 B.C.)이 발발하기 직전 시기로서, 로마공화국에 정치적 위기가 감돌고 있었다. 실제로 이 대화편의 주요 화자 중의 한 사람인 크라수스는 키케로가 『웅변가에 관하여』 3권에서 기술하듯이, 대화에 참여하고 9일 후에 갑자기 죽었다. 키케로는 3권의 서론에서 이 대화편에 참가했던 화자들의 정치적 행적을 기술하는데, 이들 대부분은 정치적 투쟁 과정에서 살해되었거나 자살했거나 추방당했다. 카툴루스는 자살했고(88 B.C.), 안토니우스와 카이사르는 살해당했고(87 B.C.), 코타는 기원적 91년 호민관 선거에서 패배하고 추방당했으나 이후 집정관 직위에까지 올랐으며(75 B.C.) 기원전 74/73년에 죽었다. 화자 중에서 코타가 오래 살았기 때문에 키케로는 자신이 코타에게 대화 내용을 전해 들은 것으로 대화 형식을 구성한다. 키케로가 대화의 배경 시기를 기원적 91년으로 잡은 이유는 그가 이 대화편을 구상할 당시인 기원전 46년에 로마공화국이 정치적 위기에 직면해 있었기 때문이다. 당시는 내전이 계속되던 시기였다. 기원전 49년부터 카이사르와 폼페이우스 사이에 내전이 벌어졌고, 이 내전은 기원전 45년 카이사르의 승리로 끝났다. 승리의 영광도 한때뿐, 카이사르는 기원전 44년 3월 15일에 브루투스와 카시우스 등의 공화파 정치가들에게 무참하게 살해되었다. 키케로는 기원전 46~45년간의 정치적 위기 상황을 우회적으로 표현하기 위해 기원전 91년의 정치적 위기 상황을 대화편의 배경으로 삼고 있다.

『웅변가에 관하여』는 모두 세 권으로 구성된다. 대화는 이틀에 걸쳐서 이루어지는데 첫날의 대화가 1권을 구성하며, 둘째 날의 오전 대화가 2권, 오후 대화가 3권을 구성한다. 첫날, 대화 그룹은 크라수스의 정원을 두세 바퀴 돌았는데, 이때 스카이볼라는 정원에 있는 나무가 플라톤의 『파이드로스』에 나오는 나무를 연상시킨다면서 소크라테스가 그랬던 것처럼 나무 그늘 밑에서 쉴 것을 제안한다. 이에 크라수스가 정치적인 현안에서 벗어나 머리도 식힐 겸 수사학에 대해서 논의하자고 말함으로써 수사학에 관한 본격적인 대화가 시작된다. 모든 화자가 대화에 참여하지만, 크라수스가 주도적으로 대화를 이끌어나가면서 '이상적 웅변가'가 어떤 사람인지를 탐구한다. 첫날의 대화가 끝나자 스카이볼라는 저녁 식사 약속 때문에 퇴장한다. 연로한 스카이볼라는 플라톤의 『국가』 1권에 나오는 연로한 케팔로스(Kephalos)처럼 수사학에 대한 논의가 복잡해지고 심화되기 전에 대화 그룹을 떠난다.

둘째 날에 카툴루스와 카이사르가 대화에 새롭게 참가하는데, 크라수스와 안토니우스는 웅변의 다섯 단계인 발견, 배치, 표현, 기억, 발음 및 연기에 관한 논의를 둘로 나누어 안토니우스가 발견, 배치, 기억에 관한 논의를, 크라수스가 표현과 연기에 관한 논의를 각각 맡기로 약속한다.[7] 오전 중에 안토니우스는 약속대로 발견, 배치, 기억에 관해 설명하며, 이에 덧붙여 카이사르는 수사술에서 사용되는 유머와 재치에 관해 논한다. 크라수스는 해가 중천에 떠올랐으니 휴식을 취하자고 제안하며, 이에 따라 오전 대화는 마무리된다. 오전의 대화 내용이 2권을 구성한다. 오후의 대화에서는 크라수스가 주도적 역할을 수행한다. 『향연(Symposion)』에서 소크라테스가 아가톤(Agathon)의 집에 도착하기 전에 깊은 상념에 빠졌던 것처럼, 크라수스는 두 시간 동안의 휴식 시간 내내 깊은 상념에 빠진다. 휴식 후에 만난 대화 그룹은 관목 숲에 앉아 대화를 하는데, 이렇듯 자연을 배경으로 하는 대화 환경은 전날의 대화 환경과 비슷한 것이다. 크라수스가 맡은 주제는 표현과 연기인데,

---

7 이 다섯 단계에 대한 논의가 2권과 3권의 주요 주제이다. 이 다섯 단계를 포함한 수사학의 전체 체계는 『수사학: 말하기의 규칙과 체계(De Partitiones Oratoriae: Of Classification of Rhetoric or The Division of Oratory)』에 잘 나타난다. 키케로와 아들 마르쿠스의 대화로 구성되는 이 대화편의 저술 동기는 라틴어로 된 수사학 이론서를 로마의 젊은 이들에게 제공하는 데 있다. 한국어 번역본으로는 안재원(2006), 양태종(2007)이 있다.

이것에 관한 논의는 그의 깊은 상념(더 정확하게는 키케로의 깊은 상념)을 반영하는 독창적인 내용을 담고 있다고 할 수 있다. 오후의 대화 내용은 3권을 구성한다.

3권에서 크라수스는 표현과 연기라는 수사학의 전문 주제에서 벗어나서 이상적 웅변가에 관해 두 차례에 걸쳐 다시 언급한다. 1권과 3권은 이상적 웅변가에 관한 탐구로 서로 연관된다. 이상적 웅변가에 관한 첫 번째 언급은 3권 54~89에 나타나고 두 번째 언급은 3권 104~143에 나타나는데, 앞부분에서는 철학과 수사학이 소크라테스에 의해서 분리되었음을 말하고, 뒷부분에서는 일반 주제(theses)와 특수 주제(hypotheses)를 구분하고,[8] 특수 주제를 다루는 세 가지 웅변 형식에 대해 설명한다. 법정연설, 정치연설, 식장연설이 그것인데, 크라수스는 법정연설과 정치연설에 관해서, 특히 법정연설에 관해서는 길게 설명을 하지만, 이 연설 기술이 식장연설에도 적용될 수 있다고 말하면서 식장연설에 관해서는 아주 간단하게만 언급한다. 크라수스는 웅변술의

---

[8] 헤르마고라스(Hermagoras)를 비롯한 많은 수사학자들은 수사학의 소재를 일반 주제와 특수 주제로 나누었다. 특수 주제는 특정한 인물, 사건, 상황을 다룬다. 대표적인 예를 들어본다면, '카토가 결혼해야 하는가?'는 카토라는 특정한 인물의 결혼이라는 특정한 사건에 대한 관점을 묻는 특수 주제라고 한다면 '사람은 결혼해야 하는가?'는 일반적인 결혼관을 묻는 일반 주제라고 볼 수 있다. 보편적 지식을 추구하는 일반 주제는 주로 철학자들이 다루는 영역이다. 헤르마고라스는 일반 주제도 수사학자들이 다루는 소재에 포함시킴으로써 철학자들의 고유 영역을 훼손하는 한편, 수사학자들이 갖출 수 있는 지식의 경계를 확장시킬 수 있는 기회를 제공하는 데 공헌했다. 그러나 수사학자들은 이러한 기회가 주어졌음에도 불구하고 일반 주제에 천착하기보다는 대부분 특수 주제에 천착했으며, 수사학자들의 이런 행태는 철학자들의 비웃음을 샀다. May and Wisse(2001: 25)를 참조하기 바란다.

원형을 법정연설에서 찾는다.

2) 이상적 웅변가

키케로가 추구하는 이상적 웅변가가 갖추어야 할 철학적 지식은 전통적인 철학 영역인 윤리학, 자연학, 변증법을 포함한다. 윤리학에는 심리학과 정치학이 포함되는데, 웅변가는 청중의 마음을 휘어잡기 위해 심리학을 이해해야 하며 정치적인 역할을 수행하기 위해 공동체의 문제를 다루는 정치학을 이해해야 한다. 이러한 윤리학은 규범적이기보다는 실천적이어야 한다. 플라톤의 철인왕은 좋은 사람으로서 정의로운 제도와 교육을 통해 대중을 좋게 만들어야 할 도덕적 임무를 지닌다. 그러나 키케로의 이상적 웅변가는 지식을 갖춘 좋은 사람으로서 자신의 웅변술을 도덕적인 목적에 사용하면 좋지만, 반드시 사악한 대중을 선한 대중으로 만들어야 할 도덕적 임무를 지니지는 않으며, 정치적으로 필요하다면 청중을 조작하는 데 주저하지 말아야 한다(May and Wisse, 2001: 12). 키케로는 『웅변가에 관하여』에서 전개되는 중요 내용과 관련시키면서 이상적 웅변가가 갖추어야 할 자질을 크라수스의 입을 통해 다음과 같이 구체적으로 말한다.

> 이상적 웅변가는 대단히 많은 사물에 대한 지식을 획득해야 하는데, 왜냐하면 이것 없이 그냥 나오는 말의 흐름은 공허하고 경멸스러운 것이 되기 때문이다. 언어는 단어의 선택에서뿐만 아니라 그 배치에서도 균형이 잡혀야 한다. 또한 그는 자연이 인류에게 부여한 모든 정감에 대해 통달해야 하는데, 왜냐하면 청중의 감정을 달래거나 자극하는 데 웅변의 모든

힘과 가능한 모든 수단이 사용되어야 하기 때문이다. 또한, 그가 어떤 종류의 정신과 유머를 지니고, 신사에 걸맞은 문화를 갖추고, 반박이나 공격에서도 섬세함, 우아함, 세련됨을 지니고 민첩하고 정확할 수 있는 능력을 가지고 있어야 하는 것은 핵심적이다. 더욱이 그는 실례와 선례로 가득 찬 창고와 같은 과거의 전 역사를 알아야 하며, 법규와 시민법을 숙지해야 한다. 여기에 더해 표현에 관한 언급이 반드시 필요하다. 표현은 신체의 움직임, 제스처, 얼굴 표현, 그리고 목소리의 억양을 바꾸거나 변조하는 방법으로 규제되어야 한다. 이것 자체로 얼마나 많은 노력을 기울여야 하는 것인지는 무대 위에 서는 배우들의 사소한 기술을 봄으로써 알 수 있다. 비록 모든 배우들이 얼굴 표현, 음성, 움직임을 규제하려고 무던 애를 쓰지만, 우리가 초조하지 않게 볼 수 있는 배우는 지금도 정말로 소수이며, 지금까지도 소수여 왔다. 보편적인 보물 창고인 기억에 관해 나는 무엇을 말해야 할까? 이 기억의 능력이 우리가 고안해냈고 우리의 연설을 위해서 심사숙고한 개념과 단어들을 감독하는 수호자 역할을 수행하는 데 적용되지 않는다면, 웅변가의 모든 다른 능력은 그것이 아무리 뛰어나다고 하더라도 쓸모없는 것이 될 것이다(『웅변가에 관하여』, I. 17~18).

키케로에 따르면 이상적 웅변가는 보편적 지식을 갖추고 구체적인 법규와 시민법도 알아야 하며, 정감에 통달해야 할 뿐 아니라 청중의 감정을 달래거나 자극할 줄 알아야 하고, 유머와 재치를 상황에 맞춰 적절하게 사용할 줄 알아야 하며, 몸의 움직임, 제스처, 얼굴 표정, 목소리로 청중에게 감동을 줄 수 있는 방법을 알아야 한다. 또한 연설을 만들고 발표하는 과정에서 발견, 배치, 표현, 기억, 연기의 다섯 가지 규칙이 요구하는 바를 완벽하게 충족할 수 있어야 한다. 철학에 정통한 이상적 웅변가는 소수의 철학자와 대화하는 것을 목적으로 삼지 않는다. 그의 주 임무는 연설을 통해 원로원의 의원, 민회의 시민, 법정의 청중의 이성과 감정을 움직여 자기가 원하는 방향으로 유인하고 인도하는 것이다. 이런 의미에서 그는 정치 현장에서 활동하는 정치가와 다름없다.

키케로는 전통적인 '철학과 수사학의 싸움'을 해결할 수 있는 '로마인의 관점'을 크라수스의 입을 빌려 다음과 같이 말한다.

만약 주제의 내용을 전 범위에 걸쳐서 우리에게 전달해주고 또한 풍부한 언어를 구사하는 철학자에게 누군가가 웅변가라는 이름을 부여하고자 한다면, 내가 관계되는 한 그는 그렇게 할 수 있다. 혹은 만약에 내가 말하듯이 지혜와 웅변을 결합하는 이 웅변가를 누군가가 철학자라고 부르기를 선호한다면, 나는 그를 말리지 않겠다. 그러나 사안을 완전히 파악하고 있으나 그것을 말로 풀어내지 못하는 사람이 지닌 어리석음을 칭찬하다든가, 역으로 사안을 제대로 파악하지 못하고 있으나 말하는 데 부족함이 없는 사람의 무지를 칭찬해서는 안 된다는 것은 확실한 일이다. 만약에 두 대안 중 하나를 선택해야 한다면, 나는 조잘거리는 우매함보다는 눌변의 지혜를 선택하겠다. 그러나 만일 우리가 모든 것을 능가하는 하나의 대안을 찾는다면, 그 승리는 학식 있는 웅변가에게 가야 한다. 만약에 철학자들이 이 웅변가를 철학자로 받아들인다면 싸움은 끝난다. 그러나 만약 철학자들이 이 둘을 구별한다면 철학자는 이 웅변가보다 열등한데, 왜냐하면 철학자들이 지닌 보편적 지식은 이상적 웅변가도 역시 갖추고 있는 반면, 철학자들의 지혜가 자동적으로 웅변을 함축하지는 않기 때문이다. 비록 철학자들은 웅변을 경멸하지만 웅변이 어떻거나 철학자들의 기술을 마무리 짓는 갓돌이라는 것은 불가피한 진실이기 때문이다(『웅변가에 관하여』, III. 142~143).

키케로가 강력하고도 새롭게 제시하는 로마인의 관점은, 웅변에 철학보다 우월한 지위를 부여하는 것이다. 한 걸음 나아가 키케로는 웅변을 잘할 수 있는 사람은 공공 정책을 결정할 수 있는 정치적 권위도 지니는 것으로 본다(Fantham, 2004: 313). 키케로는 이상적 웅변가는 공공 정책을 결정하는 사람, 공동체를 통치하는 안내자, 또한 웅변술을 사용해 자신의 생각을 원로원이나 대중에게나 공공 법정에서 명료하게 말할 수 있는 지도자가 될 수 있다고 지적한다(『웅변가에 관하여』, III. 63).

4. 수사학과 보편교육

지방귀족 출신인 키케로가 집정관에까지 오르게 된 중요한 요인 중의 하나는 바로 그가 지닌 비범한 웅변술이었다. 전통적인 중앙귀족의 정치적 자원이 출신 신분이었다면, 키케로의 정치적 자원은 웅변술이었던 것이다. 키케로는 자신을 이상적 정치가로 자평하기도 했는데, 어떤 의미에서는 자신과 같은 정치가를 교육시키기 위해 『웅변가에 관하여』를 집필했다고 볼 수 있다. 이상적 정치가는 보편적 지식과 웅변술을 겸비해야 한다. 보편적 지식을 추구하는 과정은 철학적 고립화의 과정이지만, 웅변술은 상대방을 필요로 한다는 점에서 정치적 공동화의 과정이다. 고립화와 공동화가 공존하기 위해서는 각각의 요구가 극단을 피하고 중간으로 수렴해야 한다. 이 중간에의 길은 현실적이고 경험적이며 구체적이고, 또한 좀 더 많은 사람에게 개방된 길이다. 이 길을 가기 위해서는 소수의 철학자에게만 허용된 추상적인 변증법이 필요한 것이 아니라 좀 더 실천적인 인문교육(*humanitas*)에 의해 신사들이 획득할 수 있는 웅변술이 필요하다.

웅변술을 배우는 사람은 우주, 자연의 본성은 물론 자기가 살고 있는 공동체의 덕과 정치에 대해서 전반적인 지식을 얻게 된다. 키케로에게 웅변술은 보편적 교육을 의미한다. 게르트 위딩(Gert Ueding)은 키케로의 가장 큰 공헌을 보편교육을 제도화했다는 점에서 찾는다.

> 모든 것을 종합해보자면, 키케로는 수사학을 유럽 역사에 결정적인 영향을 끼치면서 심지어 가장 강력한 경쟁자인 철학마저 받아들이는 하나의 교육 세력으로 제도화했다. 수사학은 폭넓은 보편적 교육을 내포한다(위딩, 2003: 56).

키케로에게 웅변은 전통과 법률을 만들고 국가를 통치하는 것이다. 그와 대조적으로 플라톤은 전통과 법률을 만들고 국가를 통치하는 것은 웅변이 아니라 철학 혹은 지혜라고 말한다. 과연 누구의 말을 따를 때 정치의 영역이 개방되고 확대되며 현실적이 되는 것일까? 우리는 키케로가 수사학에 대한 논의를 통해 플라톤과 아리스토텔레스에서 시작된 고대 정치철학의 관점을 다양화하고 그 영역을 확장하는 데 기여했으며, 정치학을 현실의 세계, 경험의 세계에 좀 더 가깝게 끌어왔음을 인정해야 한다.

3장

/

이상적 정치가와 정치교육

1. 이상적 정치가를 양성하기 위한 교육

서양 정치사상에서 어떻게 정치가를 교육할 것인가는 항구적인 문제 가운데 하나였다.[1] 플라톤의 『국가』, 크세노폰의 『키루스의 교육』, 로 크의 『교육에 관한 단상(*Some Thoughts Concerning Education*)』, 루소의 『에밀(*Émile ou de l'education*)』은 이러한 문제에 대한 각 철학자 나름 의 해답을 제시한다.[2] 이상적 정치가상으로 플라톤은 좋음의 이데아를

---

[1]　서양 정치사상에서 정치와 교육의 관계에 대한 하나의 근본적 탐색을 시도한 논문으 로서 김용민(2000)을 참조하기 바란다.

[2]　제목에 교육이라는 용어가 들어가지 않은 플라톤의 『국가』에 대해 루소는 제목과 달리 이 대화편은 정치에 관한 책이라기보다 공교육에 관한 대단히 아름다운 저술이라고 평가한다. 루소는 『에밀』은 가정교육(사교육)에 관한 책이라고 규정한다. 만약 우리가 루

깨달은 철인왕을, 크세노폰은 우정을 활용할 줄 아는 키루스 왕(Cyrus The Great)을, 로크는 자유에 근거한 교육을 통해 형성된 신사를, 루소는 양심을 일깨우는 철학적 교육을 통해 형성된 민주적 시민을 각각 제시한다.

앞에서 거론된 철학자들의 교육 이론이 널리 알려져 있는 데 반해, 정치교육에 관한 중요한 업적을 남겼는데도 불구하고 별로 조명을 받지 못했던 철학자가 바로 키케로이다. 키케로는 플라톤의 『국가』를 본떠 『국가에 관하여』를 저술했는데, 『국가』가 교육 이론을 담고 있듯이 『국가에 관하여』도 교육 이론을 담았을 것으로 추정된다. 그러나 키케로의 『국가에 관하여』는 많은 부분이 소실되었고 그 소실된 부분에 교육에 관한 부분이 포함되어 있을 것으로 추정되기 때문에, 우리는 키케로의 교육 사상을 제대로 파악할 수 없는 어려움에 봉착하게 된다.

키케로는 『국가에 관하여』의 3권과 5권에서 이상적 정치가에 관해서 간단하게 언급한다. 우선 3권에서 키케로는 이상적 정치가를 국가적 사안에 대한 실천적 경험과, 학습과 배움을 통해 획득되는 통치술에 대한 지식을 겸비한 사람으로 규정하면서 스키피오나 라일리우스와 같은 로마의 위대한 정치가들은 조상들로부터 전해 내려오는 '전통적 지식'을 그리스에서 수입된 소크라테스학파의 '철학적 지식'에 결부했다고 말한다. 키케로는 플라톤의 철인왕이라는 이상을 받아들이긴 하지만, 그와는 달리 정치가의 삶이 철학자의 삶보다 우월하다고 주장한다(『국가에 관하여』, III. 5). 키케로는 5권에서 이상적 정치가가 지녀야

___

소의 말에 동의한다면, 우리가 교육을 제대로 알기 위해서는 공교육에 관한 책인 『국가』와 사교육에 관한 책인 『에밀』을 동시에 읽어야 할 필요가 있다.

할 자질에 관해서 좀 더 구체적으로 언급하기 시작하는데 정치가는 철학적 지식을 추구하기보다는 정치적 활동에 힘써야 하고, 시민법을 구체적으로 알아야 하며, 수치심을 사용해 시민을 통치할 줄 알아야 하고, 시민의 행복을 목표로 해야 한다고 말한다(『국가에 관하여』, V. 4~7). 그러나 5권은 앞에서 언급된 부분을 제외하고 대부분 망실되었기 때문에 정치가의 자질과 교육에 관한 좀 더 구체적 내용을 파악할 수 없게 되었다.[3] 하지만 다행스럽게도 우리는 키케로의 다른 작품을 통해서 그의 정치교육 사상을 파악할 수 있는데 대표적 작품이 『웅변가에 관하여』와 『의무에 관하여』이다.

『웅변가에 관하여』는 표면적으로는 그 제목이 말해주듯 웅변가가 사용하는 웅변술 또는 수사학에 관한 대화편이다. 그러나 이 책은 내면적으로는 이상적 웅변가를 이상적 정치가로 내세우면서 웅변가가 지녀야 할 철학적 지혜와 수사학적 기술이 무엇인지를 밝힌다. 키케로에게 웅변가는 철학과 수사학을 겸비하며 플라톤의 철인왕, 크세노폰의 키루스 왕과 같은 위상을 차지한다고 볼 수 있다.

『의무에 관하여』는 키케로 말년의 작품으로 아테네로 유학을 간 아들 마르쿠스에게 보내는 편지 형식의 작품이다.[4] 키케로는 아들 마르

---

3   플라톤이 『국가』 6권에서 철학자의 본성이 무엇인지, 또한 철학자가 추구해야 할 궁극적 지식으로 좋음의 이데아가 무엇인지를 다루고, 7권에서 철학자를 어떻게 교육해야 하는지를 다룬다는 것을 생각한다면, 키케로가 『국가에 관하여』 5권에서 정치가의 본성과 그 교육 방법을 다루었을 것이라고 추측할 수 있다.

4   『의무에 관하여』는 세 권으로 구성되는데, 1권과 2권은 기원전 44년 10월 28일에서 11월 5일 사이에 집필된 것으로 확인되지만, 3권의 집필이 언제 완성되었는지는 확실하게 알 수 없다. 3권의 집필 시기를 확정할 수 없지만, 『의무에 관하여』는 상당히 짧은 기간에 쓰인 작품으로 평가된다. 이 작품의 1권과 2권은 키케로가 스스로 인정하듯이 스토아 학

쿠스가 자신과 같이 훌륭한 정치가가 되기를 바라는 마음에서 도덕적 교훈을 가르치는데, 훌륭한 정치가는 플라톤이 제시한 4주덕(지혜, 용기, 절제, 정의)과 유사하게 지혜(*sapientia*), 신중함(*prudentia*), 정의(*iustitia*), 자선(*liberalitate*), 용기(*fortitudo*), 고매한 정신(*magnitudine animi*), 데코룸(*decorum*), 절제(*temperantia*) 등의 덕목을 갖추어야 한다고 역설한다.[5] 키케로는 나아가서 이러한 '도덕적 선(*honestas*)'이 '이익(*utilitas*)'[6]과 절대로 상충하지 않는다는 것을, 스토아학파의 주장에 동조하며 보여준다. 도덕적 선과 이익이 일치한다는 주장은 『의무에 관하여』에 나타난 '실천윤리학(practical ethics)'의 핵심 원칙이 된다.

이 두 작품에서 나타난 훌륭한 정치가상을 종합하면, 훌륭한 정치가는 철학적 지혜를 갖추고 웅변술에 능숙할 뿐 아니라, 4주덕으로 요약되는 도덕적 선 또한 갖춘 사람이라고 할 수 있다.[7] 여기서 키케로가 말하는 철학적 지혜는 플라톤이 주장하듯이 소수의 철학자만이 변증법을 통해서 도달할 수 있는 추상적 지식이 아니라, 좀 더 많은 시민이 수

자인 파나이티오스의 영향을 많이 받았다.

5   플라톤의 4주덕과 키케로의 덕목들을 비교하면 키케로의 지혜와 신중함은 플라톤의 지혜에, 키케로의 정의와 자선은 플라톤의 정의에, 키케로의 용기와 고매한 정신은 플라톤의 용기에, 키케로의 데코룸과 절제는 플라톤의 절제에 각각 대응된다고 할 수 있다. 키케로는 4주덕이라는 범주를 받아들이면서 각 범주에 속하는 덕목들을 세분하고 있다.

6   라틴어 '*utilitas*'는 흔히 이익, 편익, 이득, 혜택, 유익(함), 유용(함), 유용성 등으로 번역된다. 이 글에서는 '*utilitas*'가 정의와 대립되는 개념으로 자주 쓰이기 때문에 주로 이익으로 번역하고, 맥락에 따라 유익(함), 유용(성) 등으로 번역한다.

7   『웅변가에 관하여』에서는 웅변가의 도덕적 자질은 거론되지 않고 있다. 이 대화편에서 키케로는 도덕과 분리해 웅변가가 지녀야 할 지식과 기술에 관해 논하는데, 이러한 입장은 지식과 덕의 자연적인 결합을 강조하는 소크라테스의 입장과 구별된다. 키케로의 실천적인 도덕적 관점을 보여주는 것이 바로 『의무에 관하여』이다.

사학을 배움으로써 알게 되는 보편적이며 실천적인 지식이다. 이 지식의 원천은 논리학, 자연학, 윤리학의 세 분과 학문으로 구성된 헬레니즘 철학으로 나타난다.[8]

키케로는 『웅변가에 관하여』에서 수사학의 외연을 확장해 수사학을 하나의 보편적 교육 과정으로 정립하고, 정치가가 획득해야 하는 하나의 필수 교육 프로그램으로 제시한다. 그러나 플라톤이 수사학을 사기술이라고 규정하듯이 수사학 교육은 도덕성의 타락이나 결여를 불러올 위험성이 있다. 키케로는 수사학 교육이 지닌 이런 위험성을 극복할 목적으로 『의무에 관하여』에서 실천윤리학을 또 하나의 필수 코스로 제시한다. 이처럼 수사학과 실천윤리학은 훌륭한 정치가나 시민이 되기 위해서 습득해야 하는 정치교육의 중요한 내용을 형성한다.

이 장에서는 『웅변가에 관하여』와 『의무에 관하여』를 중심으로 키케로의 이상적 정치가상과 정치교육론을 밝혀보고자 한다. 문제 제기를 하는 1절에 이어, 2절에서는 『웅변가에 관하여』를 중심으로 정치교육의 일부로서 수사학의 위상과 의미를 분석하고, 3절에서는 『의무에 관하여』를 중심으로 실천윤리학의 성격을 분석하며, 4절에서는 키케로의 정치교육 사상이 지니는 함의를 제시한다.

---

[8] 키케로는 기원전 55년에 『웅변가에 관하여』를 쓸 당시, 헬레니즘 철학 체계에 관해 구체적 언급을 하지 않는다. 왜냐하면 철학 체계에 관한 키케로의 작품들은 대부분 기원전 45~44년에 완성되기 때문이다.

2. 정치교육과 수사학

1) 수사학의 발전

고대 그리스에서 소피스트의 등장은 수사학의 발전에 큰 영향을 미쳤다. 소피스트들이 본격적으로 활동하기 이전에 수사학 작품을 최초로 쓴 작가로 시라쿠사(Siracusa)의 코락스(Corax)와 아크라가스(Acragas)의 엠페도클레스(Empedocles)가 있었다. 엠페도클레스는 수사학의 아버지로, 코락스는 수사학 작품을 쓴 최초의 작가로 알려져 있으며, 코락스의 작품은 기원전 476년에 나타난 것으로 알려져 있다(게레로·테헤라, 2001: 17). 수사학 발전사에서 이 두 사람이 차지하는 위상이 중요하긴 하지만, 실천적인 측면에서 수사학을 적극적으로 활용한 사람은 이들보다도 프로타고라스(Protagoras)와 고르기아스로 대변되는 소피스트들이었다.

소피스트들은 지혜의 교사이며, 최초의 인문주의자라고 할 수 있다. 소피스트들은 인간과 사회에 관심이 많았고 실천적인 지식을 가르치고 보급하는 데 기여했다. 소피스트들은 이리저리 폴리스를 옮겨 다니며 제자들에게 학문과 예술을 가르쳤고, 그들이 스스로의 분석과 반성을 통해 책임감 있는 개인이자 실천적인 시민이 될 수 있도록 가르쳤다(위딩, 2003: 22). 소피스트들이 교육의 중요한 수단으로 삼은 것은 웅변이었다. 대표적인 소피스트인 피타고라스와 고르기아스는 그때까지 용례·규칙 모음집의 형태로 존재했던 수사학을 포괄적이고 실천적인 생의 철학으로 전개시켰다(위딩, 2003: 22).

이들의 실천적 수사학에 도전장을 낸 것은 소크라테스였다. 최초의 철학자라고 불리는 소크라테스는 수사학이 진리가 아닌 여론에 호소하는 사기술에 불과하다고 주장하면서, 철학을 수사학을 능가하는 학문으로 정립하고자 했다. 소피스트의 수사학에 반대하는 플라톤의 관점이 잘 드러나 있는 대화편으로 『고르기아스』와 『파이드로스』를 손꼽을 수 있는데, 전자가 수사학 비판에 치중했다면, 후자는 수사학에 대한 플라톤의 완화된 관점, 다시 말해 수사학에 대한 우호적 관점을 드러낸다.

아리스토텔레스의 『수사학』은 『파이드로스』에 나타난 수사학에 대한 플라톤의 우호적 관점을 계승하면서 수사학의 위상을 한 단계 격상시켰다. 수사학에 종속적 지위를 부과하는 플라톤과는 달리, 아리스토텔레스는 수사학에 독립적인 학문적 지위를 부여했다. 아리스토텔레스는 수사학과 변증법(철학)의 결합가능성을 열었지만, 여전히 수사학이 윤리적 성격을 그 최고의 목적으로 지녀야 한다고 강조했다는 면에서 플라톤적인 한계를 벗어나지 못했다.

아리스토텔레스의 수사학에 대한 포괄적이고 실천적인 정의를 받아들이면서, 진정으로 수사학에 철학과 대등한 지위 내지 그보다 우월한 지위를 부여한 철학자가 바로 키케로이다. 수사학에 엄격한 진리와 도덕성을 요구한 플라톤이나 아리스토텔레스와는 달리 키케로는 수사학을 이런 중압감에서 해방하고자 했으며, 수사학의 외연을 확장해 수사학이 자유민이나 정치가가 필요로 하는 보편적이고 실천적인 학문의 성격을 띠도록 했다. 키케로로 인해 로마 수사학에서는 수사학이 철학과 대등하거나 철학보다 우월한 지위를 누리게 되었으며 이런 전통을 수사학자인 퀸틸리아누스(Marcus Fabius Quintilianus)가 강화했는데, '자유 7학예(*septem artes liberales*)'로 명명된 학문 체계는 퀸틸리아누스에 의해 완성된 모습을 갖추게 된다. 일곱 가지 자유 학예는 문법, 변증법(철학), 수사학, 기하학, 대수학, 천문학, 음악을 일컫는데, 앞의 세 과목은 언어적 학문으로 '삼학(Trivium)'이라고 불리며, 뒤의 네 과목은 수학적 학문으로 '사학(Quadrivium)'이라고 불린다. 삼학은 근본 학문이며,[9] 사학은 삼학을 보조하는 학문의 역할을 수행한다. 키케로는 웅변가는 반드시 자유 학예를 배워야 한다고 강조한다. "자유민만이 배울 자격을 가진 모든 학문(artibus)을 철저히 섭렵하지 않은 사람은 아무도 웅변가로 인정될 수 없다"(『웅변가에 관하여』, I. 72). 자유민이 배울 수 있는 모든 학문은 바로 자유 학예인데, 키케로에게 자유 학예는 보편 학문의 성격을 지니며 포괄적 의미의 수사학에 포함된다.

2) 보편교육으로서 수사학의 새로운 위상

키케로는 소크라테스가 철학과 수사학이 결합해 있던 광의의 철학을 좁은 의미의 철학과 웅변, 생각하기와 말하기(뇌와 혀)로 분리시켜 수사학(또는 웅변, 말하기와 혀)을 좁은 의미의 철학(생각하기와 뇌)에 종속시키는 원죄를 지었다고 비판한다(『웅변가에 관하여』, III. 60~61). 키케로가 『웅변가에 관하여』에서 하는 작업의 목적은 바로 혀와 뇌를 대등한 관계로 위치시킨 후 이 둘을 동시에 갖춘 웅변가를 교육하는 것이었다.

웅변과 철학의 싸움, 또는 혀와 뇌의 싸움에서 플라톤과 아리스토

---

9   삼학의 학문적 비중에서 제일 중요한 것은 문법이었다. 두 번째 순위를 두고 수사학과 변증법이 다투어왔는데, 수사학이 보편적 학문의 성격을 띠었을 때는 변증법보다 우선했지만, 단순히 미사여구를 잘 사용하는 '말 잘하는 기술'로 전락했을 때는 철학이 두 번째 자리를 차지했다.

텔레스가 '철학과 뇌'의 편을 들었다면, 키케로는 이에 반대해서 '웅변과 혀'의 편을 들었다. 철학자들은 자신들이 흔히 논하는 주제들인 정의, 도덕적 의무, 공동체를 만들고 다스리는 일, 행위 규범, 자연에 관한 설명 등에 관해 웅변가는 모른다고 비난하는데, 키케로는 이를 잘못된 비난이라고 지적한다(『웅변가에 관하여』, III. 122). 키케로는 웅변가가 철학자에 못지않게 이러한 지식을 구비한다고 말한다. 차이가 있다면 철학자가 지식을 생산해낸다면 웅변가는 철학자가 생산한 지식을 배운다는 점이다.

> 우리 웅변가는 이러한 지식을 다른 곳에서 구할 수 없기 때문에 우리의 영역을 침해하는 철학자들에게서 구해야 한다. 그러나 우리는 철학적 지식을 우리가 알고 있는 공동체에 관한 지식에 적용해야 하며, …… 우리는 이 철학적 지식을 배우는 데 일생을 낭비해서는 안 된다. 그러나 우리가 일단 그 원천을 파악하게 되면, 우리는 필요할 때마다 상황이 요구하는 만큼 그 원천에서 끌어다 쓸 수 있다(『웅변가에 관하여』, III. 123~124).

조용하고 사적인 공간에서 명상에 빠지는 철학자와는 달리, 웅변가는 공적인 장소인 민회, 법정, 원로원 등에서 활동적 삶을 영위한다. 공적인 활동 때문에 웅변가는 배움에 정진할 수 없지만, 철학자들이 생산한 지식 체계를 빠르게(공무로 인해 여유가 부족하기 때문에 빨라야 한다) 습득함으로써 철학자와 대등해질 수 있다.

키케로는 『웅변가에 관하여』에서 웅변가에게 필요한 지식이 구체적으로 무엇인지 그 내용을 자세히 설명하지 않는다. 그는 세 가지 철학 분야인 논리학, 자연학, 윤리학을 간단하게 거론하는데 웅변가는 반드시 윤리학을 알아야 하고, 연설에서 다루어야 하는 필요에 따라 자연학과 논리학도 배워야 한다고 주장한다(『웅변가에 관하여, I. 68~69). 다음 두 인용문은 웅변가 또는 정치가가 배워야 할 교육 내용이 무엇인지 개략적이나마 잘 보여준다. 그 주요 내용은 보편교육이라고 할 수 있는 포괄적 의미의 수사학과, 말하는 기예라고 할 수 있는 좁은 의미의 수사학을 포함한다.

① 이상적 웅변가는 대단히 많은 사물에 대한 지식을 획득해야 하는데, 왜냐하면 이것 없이 그냥 나오는 말의 흐름은 공허하고 경멸스러운 것이 되기 때문이다. …… 또한 그는 자연이 인류에게 부여한 모든 정감에 대해 통달해야 하는데, 왜냐하면 청중의 감정을 달래거나 자극하는 데 웅변의 모든 힘과 가능한 모든 수단이 사용되어야 하기 때문이다. …… 더욱이 그는 실례와 선례로 가득 찬 창고와 같은 과거의 전 역사를 알아야 하며, 법규와 시민법을 숙지해야 한다(『웅변가에 관하여, I. 17~18).

② 우리는 시를 읽어야 하며, 역사에 관한 지식을 획득해야 하며, 모든 고상한 기예에 관해 가르치는 교육자와 그러한 기예에 관해 쓴 저자들을 선발해서 그들을 주의 깊게 읽고, 또한 연습을 위해 그들을 칭찬하고, 설명하고, 수정하고, 비판하고, 반박해야 한다. 우리는 양 측면에서 모든 질문을 논의해야 하고, 모든 주제에 관해 그럴듯한 논의를 끌어내고 표현해야 한다. 우리는 시민법을 완전히 통달해야 하고, 법령을 알아야 하며, 과거의 모든 것을 알아야 한다.[10] 우리는 원로원의 회의에 대해 알아야 하며,

---

10   여기서 '과거의 모든 것'을 안다는 것은 모든 역사를 안다는 것이 아니라 여태까지의

국가의 조직, 동맹국의 법적 지위, 조약, 협정, 효과적인 외교정책을 알아야 한다. 그리고 우리의 세련됨에서 기지와 유머가 묻어나야 하며, 우리는 이 기지와 유머를 소금처럼 우리의 대화에 뿌릴 줄 알아야 한다(『웅변가에 관하여』, I. 158~159).

이상적 웅변가는 인용문 ①에 나오듯이 우선 '많은 사물에 대한 지식'을 갖춰야 한다. 이러한 지식은 다름 아닌 논리학, 자연학, 윤리학으로 구성된 헬레니즘 철학에 관한 지식이라고 할 수 있다. 키케로는 『웅변가에 관하여』를 쓸 당시에 헬레니즘 철학이 지닌 구체적 성격과 내용을 아직 완전하게 파악하지 못한 상태였다고 할 수 있다. 그는 기원전 45~44년에 『아카데미의 회의주의』, 『최고선과 최고악』, 『신들의 본성』 등의 대화편을 저술함으로써 비로소 논리학, 자연학, 윤리학으로 구성되는 자신 나름의 헬레니즘 철학 체계를 완성하게 되는데, 그가 웅변가에게 원하는 철학적 지식은 궁극적으로 헬레니즘 철학을 지향한다고 볼 수 있다. 둘째, 이러한 지식에 더해 이상적 웅변가는 청중을 설득할 수 있는 수사학적 기술을 갖춰야 한다. 그는 사람들의 정감에 대해 통달해야 하고, 유머와 기지와 품격을 지녀야 하고, 찬성과 반대의 양측면에서 세련되게 연설해야 하며, 단어의 선택이나 문장의 배치에서 신중할 것이 요구된다. 셋째, 이상적 웅변가는 보편적 지식 외에도 구체적이며 실천적인 지식을 알아야 한다. 그는 인용문 ①에서 거론되는 역사, 법규, 시민법 외에도 인용문 ②에서 거론되는 시, 고상한 기예, 과거의 실례와 선례, 원로원, 국가의 조직, 동맹국, 조약, 협정, 외교정

실례와 선례가 쌓인 기억의 창고를 안다는 것을 의미한다.

책 등등에 관해서도 알아야 한다.

앞에서 언급한 세 가지 카테고리의 지식은 정치교육을 구성하는 중요한 프로그램이라고 할 수 있다. 키케로는 『웅변가에 관하여』에서 두 번째 카테고리의 지식을 아주 상세히 다루지만, 첫 번째 및 세 번째 카테고리의 지식에 관해서는 앞 인용문에 나타난 언급 외에는 별로 거론하지 않기 때문에 『웅변가에 관하여』에서 이 두 카테고리의 지식을 어떻게 교육시킬 수 있는가 하는 문제에 대한 답은 찾을 수 없다. 플라톤이 『국가』에서 시가교육과 체육교육, 그리고 예비교육으로 수학, 기하학, 입체기하학, 천문학, 화성학에 관한 교육, 또한 예비교육이 궁극적으로 지향하는 가장 큰 배움으로서 변증법 등을 구체적인 교육 프로그램으로 자세하게 제시하는 것을 고려한다면 키케로가 『국가에 관하여』 5권에서 플라톤의 교육 프로그램에 대응할 수 있는 자신의 교육 프로그램을 제시했을 가능성이 크지만, 5권이 대부분 망실되었기 때문에 그 구체적 내용을 파악할 수는 없다. 하지만 다음과 같은 크라수스의 말에 나타난 키케로의 관점은 웅변교육을 통해 첫 번째 및 세 번째 카테고리의 지식에 관해서 교육할 수 있음을 잘 보여준다.

웅변의 진정한 힘은 아주 막대해서 이것의 범위는 모든 사물의 기원과 본질과 변환을 포함한다. 이것은 덕, 도덕적 의무, 그리고 인간의 행위, 성격, 삶을 지배하는 모든 자연법을 포함한다. 웅변은 전통, 법률, 법적 타협을 만들며, 국가를 통치하고, 어떤 영역에 속하는 질문이든 간에 유려하고 풍부하게 대답한다(『웅변가에 관하여』, III. 76).

여기서 키케로는 웅변의 힘이 막대하다고 강조한다. 그에게 웅변은 자연학, 윤리학, 자연법, 시민법, 정치학 등 제 분야를 포함하는 것으로, 포괄적 의미의 수사학이라고 할 수 있다. 키케로의 교육은 플라톤의 교육과 대조를 이룬다. 플라톤의 교육이 변증법을 최고의 목표로 지향한다면 키케로의 교육은 수사학을 최고의 목표로 지향한다. 변증법이 추상적이라면 수사학은 경험적이며, 변증법이 소수의 철학자를 위한 특수한 것이라면 수사학은 다수의 시민을 위한 보편적인 것이다. 협의의 수사학은 단순한 말의 기술로서 도덕성과 유리될 수 있으며, 포괄적 의미의 수사학은 단지 보편교육이나 지식 체계의 확립이라는 이상으로 흘러 그 실천성을 상실할 수 있다는 약점을 지니고 있다. 보편교육으로서의 수사학이 정치교육을 구성하는 중요한 부분임에는 틀림없지만, 항상 공적으로나 정치적으로 올바른 도덕적 판단을 내려야 할 것을 요구받는 정치가를 양성하기 위해서는 실천윤리학에 대한 교육이 필요하다. 키케로는 『의무에 관하여』에서 정치교육의 일부를 구성하는 실천윤리학에 관한 논의를 개진한다.

3. 정치적 의무와 실천윤리학

1) 철학적 삶과 정치적 삶

로마공화국의 뛰어난 정치가였던 키케로는 철학을 상찬했지만 철학적인 삶을 활동적 삶인 정치적 삶보다 못한 차선의 것으로 받아들였다(Wood, 1988: 57). 정치가인 키케로에게 철학은 활동적인 삶을 대신하는 대체 활동이었으며, 공적인 활동에서 소외되고 배제되었을 때 위로를 얻는 수단이었다. 키케로의 주요 작품들은 대부분 그가 정치적 공백기에 들어섰을 때 저술되었다는 사실은 그가 철학보다 정치에 우선성을 부여하고 있음을 잘 보여준다. 그는 철학적 지혜를 지니고 정치적 활동을 하는 플라톤의 철인왕을 가장 이상적인 정치가로 여겼으나, 철학(또는 지혜)과 정치(또는 권력)가 결합되지 않을 경우, 철학자의 삶보다 정치가의 삶을 더욱 위대하고 명예로운 것으로 보았다.

지혜로 가는 두 가지 길〔철학의 길, 전통적인 정치적 경험과 지혜의 길〕가운데 오직 하나만 선택되어야 한다면, 고귀한 기예의 연구에 헌신하는 조용한 삶이 몇몇 사람에게는 좀 더 행복한 삶으로 보일지 모르지만 분명히 정치가의 삶이 더욱 칭찬받을 만하고 좀 더 영예로운 삶이 될 것이다(『웅변가에 관하여, Ⅲ. 6).

플라톤과 아리스토텔레스는 명상적이고 사적인 철학적 삶이 활동적이고 실천적이며 공적인 정치적 삶보다 우월하다고 주장한 데 비해, 키케로는 정치적 삶의 우월성을 주장한다.

키케로는 정치적 성격이 강한 『의무에 관하여』에서 철학적 삶과 정치적 삶, 철학자와 정치가를 곳곳에서 비교하는데, 공동체의 행복을 목표로 하는 정치가의 삶이 개인적인 차원에서 진리를 추구하는 철학자의 삶보다 위대하다고 누누이 강조한다.

여가의 삶〔철학적 삶〕은 좀 더 편하고 안전하며, 자기 자신이나 타인에게 부담을 주지 않는다. 그러나 정치공동체에 봉사하면서 위대한 업적에 매진하는 사람〔정치가〕은 인류에게 유용한 삶, 위엄과 명성에 걸맞은 삶을 사는 사람이다(『국가에 관하여』, I. 70).

위대한 일을 달성하려는 좀 더 강력한 충동은 조용한 삶을 누리는 사람보다는 공적 삶에 참여하는 사람의 정신 속에서 발생한다. 그러므로 정치가는 정신의 위대함과 근심, 걱정에서의 해방이 무엇보다도 필요하다(『의무에 관하여』, I. 73).

철학자와 정치가에 관한 키케로의 비교는 루소의 비교를 떠올리게 한다. 루소는 철학자인 소크라테스와 정치가인 카토(Marcus Porcius Cato Uticensis)를 비교하면서, 소크라테스는 소수의 사람들을 가르치고 소피스트와 싸우고 진리를 위해 죽은 '현명한 인물'로 묘사하는 반면, 카토는 세상의 정복자들에 대항해서 국가와 자유와 법을 수호한 '위대한 인물'로 묘사한다. 루소는 "소크라테스의 덕은 그 자신의 행복을 구성하지만, 카토는 타인의 행복에서 자신의 행복을 찾고 있다"(Rousseau, 1978: 219)라고 말하는데, 이런 루소의 관점은 키케로의 관점과 동일하다고 할 수 있다.

철학적 삶에 지혜와 철학이 필요하다면, 정치적 삶에는 정의와 실천윤리학이 필요하다. 키케로는 우리의 삶은 '의무'로부터 자유로울 수 없기 때문에, 철학자들의 가르침과 의무에 대한 조언은 우리의 정치적 삶 속에서 최대로 실천되어야 한다고 강조한다. 이러한 의무를 함양하는 데 기여하는 것이 바로 실천윤리학이다.

2) 실천윤리학의 성격

(1) 정의의 우선성

『의무에 관하여』는 키케로가 아들 마르쿠스에게 보내는 서간문 형식이며 총 세 권으로 구성된다. 1권에서는 '도덕적 선은 무엇으로 구성되었는가'라는 본질적 질문이 제기되면서 플라톤이 제시한 지혜, 정의, 용기, 절제라는 4주덕을 중심으로 질문에 대한 답을 찾는다. 2권에서는 '이익이란 무엇인가'라는 질문을 다루고, 3권에서는 도덕적 선과 이익은 같은 것이라는 스토아학파의 윤리 원칙이 제시되면서 도덕적 선과 이익이 충돌하는 것처럼 보이는 많은 개별 사례에 대한 논의와 그 해답이 제시된다. 키케로는 1권과 2권이 스토아 학자 파나이티오스의 『의무론』에 근거하고 있음을 밝히며,[11] 3권은 파나이티오스가 쓰기로 했지만 결국 쓰지 못했던 '도덕적 선과 이익이 충돌할 때 어떻게 결정할 것인가'라는 문제에 대한 자신의 관점을 담았다고 밝힌다. 1권, 2권과는 달리 3권에서는 키케로의 독창성이 드러날 여지가 많았음에도 불구하고, 그는 파나이티오스의 제자인 포세이도니오스와 헤카톤(Hecaton)이 쓴 작품들의 영향을 적지 않게 받았다고 말하기도 한다.[12] 하지만 키케로가 도덕적 선과 이익이 일치하는 것을 보여주는 사례를 그리스에 한

11 　파나이티오스는 총 세 권으로 구성된 『의무론』을 썼지만 전해지지 않는다. 키케로는 이 책의 내용을 『의무에 관하여』 1권과 2권에 담고 있다. 파나이티오스의 의무에 대한 접근 방법과 그 문제점에 관한 키케로의 설명과 지적은 『의무에 관하여』, I. 9~10 & III. 7~12를 참조하기 바란다.

12 　이 두 사람 외에도 아테노도로스(Athenodoros)의 영향이 거론된다. 이 세 사람이 키케로에게 끼친 영향에 대해서는 Dyck(1996: 483~488)를 참조하기 바란다.

정하지 않고, 로마의 장군 레굴루스(Atilius Marcus Regulus)의 영예로운 행위를 거론하고(『의무에 관하여』, III. 99~115), 기타 로마 귀족이나 장군들의 사례를 거론하는 것은 그의 논의가 지닌 나름대로의 독창성을 나타내는 것으로 볼 수 있다.

앞에서 언급했듯이 『웅변가에 관하여』가 웅변가로서의 정치가가 지녀야 할 보편적 지식과 수사학적 기술에 관해 논한다면, 『의무에 관하여』는 수사학에 관한 특별한 언급 없이 정치가가 지녀야 할 덕목과 의무에 관해 논의한다. 우리는 이 책을 통해 철학자나 현자 수준에서 필요한 추상적 윤리학이 아니라, 정치 지망생인 키케로의 아들 마르쿠스의 수준에서 필요한 실천윤리학의 내용을 파악할 수 있다. 키케로는 의무를 '중간적 의무(middle duty, *kathekon*)'와 '완전한 의무(right duty, *katorthoma*)'로 나눈다(『의무에 관하여』, I. 8 & III. 14). 완전한 의무는 스토아학파에서 말하는 완벽한 현인만이 지킬 수 있는 의무이며, 중간적 의무는 일반 사람들이 지적인 능력과 학습을 통해 지킬 수 있는 의무이다. 키케로는 그의 『의무에 관하여』가 중간적 의무를 목표로 한다는 것을 다음과 같이 밝힌다.

내가 이 책에서 다루는 중간적 의무는 스토아학파에 의해 소위 이류의 도덕적 선이라고 불려진다. 이 의무는 현자에게는 적절하지 않지만, 모든 인류가 공유한다. 결과적으로 덕성으로 향하는 성향을 지닌 모든 사람은 이 의무에 따라 움직인다(『의무에 관하여』, III. 15~16).

이 책은 명목상 독자는 마르쿠스라고 할 수 있지만, 키케로가 '모든 인류'가 공유할 수 있는 의무를 강조하고 있다는 점에서 좀 더 일반적으

로 로마시민을 위한 정치교육서라고 할 수 있다.[13]

키케로의 정치교육이나 실천윤리에서 가장 두드러진 특징은 정의의 덕목과 여기에서 도출되는 의무가 지혜의 덕목이나 의무보다 더 큰 비중을 차지한다는 점이다. 키케로가 『의무에 관하여』에서 정의의 우선성을 강조한다는 점을 고려해본다면, 이 작품은 하나의 '정의론(a theory of justice)'이라고 볼 수 있다. 정의와 지혜에 대한 키케로의 관점은 플라톤의 관점과 대비된다. 키케로는 1권에서 플라톤이 제시하는 4주덕에 대한 설명을 대체적으로 받아들인다. 그러나 그는 4주덕의 순위를 매기는 데서 플라톤과 차이를 보인다. 플라톤은 『국가』에서 4주덕을 '정의, 지혜, 용기, 절제' 순으로, 『법률』에서는 '지혜, 절제, 정의, 용기' 순으로 그 중요성의 순서를 매긴다. 으뜸가는 덕목은 『국가』에서는 정의로, 『법률』에서는 지혜로 나타난다. 그러나 키케로는 『의무에 관하여』 1권의 내용 전개 순서에도 나타나듯이, '지혜, 정의, 용기, 절제' 순으로 덕목의 순서를 매긴다. 한편으로 키케로는 지혜의 덕목을 앞세운다는 면에서는 플라톤의 『국가』보다는 『법률』을 따르지만, 다른 한편으로 절제보다 용기를 앞세운다는 면에서는 『법률』보다는 『국가』를 따른다는 것을 알 수 있다. 그런데 여기서 키케로가 말하는 지혜를 자세히 살펴보면, 그것이 플라톤의 말하는 지혜와는 다르다는 것을 알 수 있다. 키케로는 지혜를 철학자들이 추구하는 추상적 진리를 의미하는 '철학적 지혜'와 공동체의 번영이나 행복에 기여할 수 있는 '정치

---

13   롱(Anthony A. Long)은 이 책은 일반 시민이 아니라, 로마의 통치 엘리트를 대상으로 한다고 주장한다(Long, 1995b: 214 참조). 그러나 앞의 인용문에 나오듯이 그 대상을 로마시민 일반으로 확장할 수 있는 가능성은 충분히 존재한다.

적 지혜'로 나누면서, 자신이 말하는 지혜는 후자의 지혜, 즉 정치적 지혜라고 주장한다. 여기서 정의는 시민 간의 유대를 형성하고 공동체의 유지와 번영에 관계되는 사회적 덕목이라는 점을 고려한다면, 지혜와 정의가 결합해서 생기는 정치적 지혜에서 정의의 비중은 지혜의 비중보다 더 높게 나타나게 된다. 그 결과『의무에 관하여』에서 덕목의 순서는 실질적으로 '정의, 지혜, 용기, 절제'로 되는데, 이러한 순서는 플라톤의『국가』에서 나타나는 순서와 같다.[14] 각각의 덕목에서 각각의 의무가 도출되며, 덕목의 순서에 따라 의무의 순서도 결정되는데, 키케로의 의무론에서 정의의 수행이나 실천은 으뜸가는 의무로 나타난다.

나는 사회성에 뿌리를 둔 의무는 배움에서 도출된 의무보다도 더욱더 인간의 본성에 부합한다고 본다. ······ 가장 으뜸가는 덕목은 그리스인이 소피아(*sophia*)라고 부르는 지혜이다. 그리스인의 프로네시스(*phronesis*)를 우리는 프루덴티아(*prudentia*)라고 하면서 프로네시스와는 다른 뜻으로 이해하는데, 프루덴티아는 추구해야 할 사물과 회피해야 할 사물에 관한 지식을 의미한다. 그러나 내가 가장 으뜸가는 덕목이라고 선언한 지혜는 인간과 신에 관계되는 모든 사물에 관한 지식이다. 그리고 이 지혜는 신들과 인간들 서로 간의 공동체적 유대와 교류를 포함한다.[15] 분명한 바

---

14 플라톤이나 키케로나 제시하는 덕목의 순서는 같지만, 지혜에 대한 두 철학자의 비중은 상당히 다르다고 할 수 있다. 플라톤은『국가』5~7권에서 철학자의 지혜를 비중 있게 다루지만, 키케로는『의무에 관하여』1권(총 161장)에서 단지 두 장(18~19장)에 걸쳐서 지혜를 다룰 뿐이다.

15 키케로의 정의에 따르면, 지혜는 진리를 아는 것이며 인간의 본성과 밀접히 관련된다(『의무에 관하여』, I. 18). 이 인용문에서 지혜는 '인간과 신에 관계되는 모든 지식'으로

이지만 만약에 이러한 유대와 교류가 상당한 중요성을 지닌다면, 필연적으로 유대에 근거한 의무 역시 상당한 중요성을 지니게 된다. 더욱이 자연에 대한 학습과 성찰은 만약 이것이 행동으로 연결되지 않는다면 불완전하고 불충분하게 된다(『의무에 관하여』, I. 153).

키케로는 일견 지혜가 으뜸가는 '덕목'이라고 인정하는 듯하지만, 실질적으로는 정의가 으뜸가는 덕목이라고 주장한다. 어떤 때는 지혜를 으뜸가는 덕목으로, 또 어떤 때는 정의를 으뜸가는 덕목으로 설명하는 키케로의 입장은 일관성이 부족하다는 비판을 받는다. 대표적으로 밀러(Walter Miller)는 다음과 같이 키케로의 오류를 지적한다.

만약 다음과 같은 세 전제, 즉 ① 어떤 한 덕목이 최상의 덕목이고, ② 최상의 덕목에서 도출된 의무가 최상의 의무이고, ③ 지혜가 최상의 덕목이라는 전제가 성립된다면, 지혜에서 도출된 의무가 최상의 의무라는 명제가 도출되어야 한다. 그러나 키케로는 '신들과 인간들을 결합하는 유대'와 '사람들의 관계'는 지혜에서 도출된다는 네 번째 전제를 제시하는데, 그럼으로써 지혜를 왜곡하면서 사회적 본능에서 도출된 의무에 지혜에는 거부된 최상의 위상을 제공한다(『의무에 관하여』, I. 153, 각주 a).

다시 말해 키케로는 논리적으로 지혜의 의무가 최상의 의무라고

규정되는데 이것은 앞의 정의와 일치한다. 그러나 키케로는 지혜와 사회성이 서로 다른 덕목임에도 불구하고 곧바로 지혜가 사회성(또는 정의)을 포함하는 것이라고 말한다. 밀러(Walter Miller)가 지적하듯이 바로 여기에서 키케로의 논리의 비일관성 내지 오류가 발생한다.

말했어야 함에도 불구하고, 말을 바꾸어 정의의 의무가 최상의 의무라고 말한다는 것이다. 논리적으로 문제는 있지만, 키케로는 지혜의 의무와 정의의 의무가 상충할 때 정의의 의무를 따라야 할 것을 반복적으로 강조한다.

> 정의의 의무는 지식의 추구나 이것에 의해서 규정된 의무보다 우선되어야 한다. 왜냐하면 전자는 인류의 이익을 추구하고, 아무것도 이것보다 신성한 것은 없기 때문이다(『의무에 관하여』, I. 155).

키케로는 정의와 지혜에 이어서 세 번째 덕목으로 용기를, 네 번째 덕목으로 절제를 제시한다. 로마 사회는 군사적 전통이 강해서 명예를 추구하는 욕망이 사회 전반에 강하게 깔려 있었는데, 키케로는 이러한 욕망이 거짓된 명성에 이르지 않고 진정한 명예로 이를 수 있도록 용기라는 위대하고 고매한 정신을 갖출 것을 강조한다. 절제는 네 번째 덕목인데 키케로는 이를 로마식으로 '데코룸'이라고 표현한다.[16] 플라톤에게서 절제라는 덕목이 나머지 세 덕목인 지혜, 용기, 정의와 결합하듯이[17] 키케로의 데코룸 역시 다른 세 덕목과 결합한다.

---

16 데코룸은 개인의 의식이나 행위가 수치심, 질서, 자기통제에 의해 균형을 이루는 것을 말한다. 데코룸은 사물의 적합성에 대한 평가를 의미하며, 말하거나, 행동하거나, 옷을 입거나 등등을 행함에서 내적인 감정이나 외적인 모양새가 적절함을 의미한다. 이러한 적절함에 대한 평가 기준은 개인의 신분이나 구체적 상황에 따라 다양하게 나타난다. 영어로 옮기기 어려운 단어 중의 하나인데, 흔히 'seemliness', 'propriety'로 번역되고 있다.

17 『국가』에서 소크라테스는 절제와 지혜, 용기와의 관계를 다음과 같이 말한다. "용기나 지혜는 그 각각이 그 나라 어느 한 부분에 있어도, 뒤엣것은 그 나라를 곧 지혜로운 나라로, 반면에 앞엣것은 그걸 용기 있는 나라로 되게 하지만, 절제는 그러질 못하기 때문일

데코룸은 도덕적 선이 먼저 있어야 나타난다. …… 〔지혜에 관해서〕이성과 연설을 사려 깊게 사용하고, 선견지명을 가지고 행동하며, 모든 사물 가운데서 진실을 찾고 응시하는 것은 데코룸한 것이다. 다른 한편, 실수, 오류, 기억 착오, 판단 착오는 극단적으로 미친 것만큼이나 데코룸하지 않은 것이다. 〔정의에 관해서〕데코룸한 것은 정의로운 것이고, 부정의한 것은 도덕적 선이 아니기 때문에 데코룸하지 않다. 〔용기에 관해서〕같은 얘기를 용기에 관해서도 말할 수 있다. 위대하고 남성적인 정신에서 행해진 것은 인간답고 데코룸하며, 그 반대의 행동은 도덕적 선이 아니기 때문에 데코룸하지 않다(『의무에 관하여』, I. 94).

데코룸은 두 가지 의미를 지닌다. 하나는 전체적인 도덕적 선과 대등하게 존재하지만 도덕적 선에 종속적인 '일반적 데코룸'이고, 다른 하나는 지혜, 정의, 용기가 개별적 덕목으로 도덕적 선을 구성하듯이, 도덕적 선을 구성하는 한 부분으로서의 '개별적 데코룸'이다(『의무에 관하여』, I. 96). 일반적 데코룸은 동물과 다르게 인간이 지니는 탁월성을 의미하며,[18] 개별적 데코룸은 이성을 통해 욕망을 통제하려는 구체적인 덕목인 절제와 자제를 의미한다. 데코룸은 다른 세 덕목과 결합할 수

세. 절제는 정말로 나라 전역에 걸치는 것으로서, 말하자면 협화음처럼, 가장 약한 소리를 내는 사람들과 가장 강한 소리를 내는 사람들, 그리고 중간 소리를 내는 사람들이 같은 노래를 합창함으로써 전 음정을 통해 마련되는 것일세"(Plato, 1968: 432a).

18   도덕적 선은 인간이 동물과 다르게 지닌 탁월성이다. 일반적 데코룸 역시 인간의 탁월성의 한 면을 보여준다는 점에서 도덕적 선과 대등한 위상을 가진다고 할 수 있지만, 일반적 데코룸은 모든 덕을 포괄하는 하나의 전체로서의 도덕적 선보다 높은 위상을 가질 수 없으며, 따라서 도덕적 선에 종속될 수밖에 없다. 데코룸이 지혜, 정의, 용기 등의 개별적 덕목들과 결합할 수 있다는 것은 데코룸이 지닌 일반적 성격에서 유래하는 것이다.

있기 때문에 데코룸에 관한 교육은 현자, 정치가, 군인, 평민 등 모든 로마인을 대상으로 하는 보편적 시민교육이라고 할 수 있다. 키케로의 교육이 좀 더 정치적인 색깔을 띠게 되는 것은 그가 2권에서 정치가나 군인이 추구하는 가치인 '영예(glory)'를 다룰 때이다.

키케로는 스토아학파의 의무론에 따라서 도덕적 선이 이익과 상충되지 않는다는 것을 2권에서 논증한다. 그에 따르면 사회는 인간의 협동과 유대로 형성되고 유지되는 조직체이고, 정의는 사회의 질서를 보호하는 기본적인 덕목이며, 정의를 위협하는 가장 큰 적은 바로 개인들의 이익에 대한 열정이다. 여기서 이익은 '생활의 모든 편의'를 포함하며 부, 재산, 건강, 영예 등은 이익의 중요한 대상이다. 2권에서 이익에 관한 논의는 영예에 관한 논의로 집중된다. 정치가는 그 본성상 여러 가지 이익 가운데서 특히 영예를 열정적으로 추구하는데, 그가 '진정한 영예(true glory)'가 아니라 '대중적 영예(popular glory)'를 추구할 경우 공화주의적 정의는 파괴되기 시작한다. 키케로는 진정한 영예만이 정치적으로 가장 중요한 자원인 친구나 지지자를 얻는 데 중요한 수단이 될 뿐 아니라, 정무를 수행하는 데 정당성을 확보하는 중요한 수단이 된다고 누누이 강조한다. 정치가는 진정한 영예의 세 원천인 시민의 사랑, 신뢰, 칭찬이 바로 이익의 원천과 동일하다는 것을 깨달아야 한다는 것이다(『의무에 관하여』, II. 31~38).

키케로는 정치교육을 통해 권력이나 영예에 대한 야심(ambition or passion)을 통제해야 한다고 강조한다. 그는 당시 로마의 타락한 귀족들이나 장군들이 영예를 가장해 재물과 권력의 획득에만 혈안이 되어 있고, 또한 이들이 공공의 이익보다 개인의 이익을 앞세우고 있기 때문에 로마공화국의 쇠락이 촉진되고 있다는 현실을 직시하면서, 이들의 영예에 대한 야심이 교육을 통해 올바른 방향으로 발현되게끔 하는 것이 정의를 회복하기 위한 급선무라고 파악한다. 진정한 영예는 그 속성으로 도덕성을 지녀야 하며 이 영예는 정의의 실현으로 귀결된다는 것을 키케로는 정치교육의 핵심적 원칙으로 강조한다.

(2) 정의와 이익의 조화

키케로는 『의무에 관하여』 3권에서 도덕적 선과 이익(유익)이 외견상 상충하는 것처럼 보일지 몰라도 이 둘은 결코 상충하지 않음을 논증한다. 그는 제논(Zenon)이 창시한 스토아학파와 아리스토텔레스를 추종하는 소요학파가 이 점에서는 공통된다고 말한다.

> 만약에 '도덕적 불선'처럼 자연에 모순되는 것이 없고(자연은 올바르고 적절하며 일정한 것을 원하고 그 반대의 것을 거부한다), 또한 만약에 유익함처럼 자연에 걸맞은 것이 없다면, 유익과 도덕적 불선은 같은 사물 안에 공존할 수 없다. 마찬가지로, 만약에 (제논이 주장하듯이) 우리가 도덕적 선을 위해 태어났고 그 선만을 추구해야 한다면, 혹은 (아리스토텔레스가 말하듯이) 도덕적 선이 기타의 다른 선을 압도적으로 능가한다고 생각된다면, 도덕적 선은 '유일선'이든지 아니면 '최고선'이 되는 것이 필연적이다. 그리고 훌륭한 것은 분명히 유익한 것이며, 그래서 무엇이든지 도덕적으로 선한 것이면 그것은 유익하다(『의무에 관하여』, III. 35).

하지만 여기서 키케로가 더욱 선호하는 것은 도덕적 선이 유일선임을 주장하는 스토아학파의 관점이다. 스토아학파는 도덕적 선과 이익의 완전한 일치를 주장하나, 소요학파는 도덕적 선과 일치하지 않는 이익(예를 들면 건강, 재화 등)이 존재함을 인정하기 때문이다.

키케로는 자신의 논증에 힘을 싣기 위해 도덕적 선과 이익이 외견상 충돌하는 것처럼 보이는 많은 구체적 실례를 드는데, 이런 실례에 대한 해석에서 그의 실천윤리학의 성격과 정의론의 특성을 살펴볼 수 있다. 앞에서 지적했다시피 정의와 이익의 충돌 가능성을 논하는 3권은 키케로의 독창적 정치철학이 가장 두드러지게 나타난 부분이라고 할 수 있다. 많은 실례 중에서 착한 곡물 상인의 실례와 신의를 지킨 로마의 집정관 레굴루스의 실례는 각각 그리스 전통에서 유래하는 스토아의 실천윤리학의 판단과 키케로가 로마 전통에서 찾아내서 부각하는 실천윤리학의 판단을 대표적으로 잘 보여준다.

첫 번째 실례를 살펴보자(『의무에 관하여』, III. 50~53).[19] 어떤 한 사람이 곡물 부족으로 곡가가 폭등해 기아선상에서 허덕이는 로도스섬에 알렉산드리아(Alexandria)로부터 많은 곡물을 배에다 가득 싣고 왔다고 생각해보자. 그리고 이 '착한 사람'은 다수의 곡물 상인이 배에다가 곡물을 가득 싣고, 알렉산드리아를 출항해 로도스섬을 향해 오고 있다는 사실을 알았다고 생각해보자. 이럴 경우 착한 사람은 그 사실을 로도스인들에게 그대로 말해주어야 하는가, 아니면 시치미를 떼고 침묵한 채로 자신의 곡물을 가능한 한 비싼 값에 많이 팔아야 하는가가 문제가 된다. 이러한 문제에 대해 스토아 학자인 바빌로니아(Babylonia)의 디오게네스(Diogenes)와 그의 제자 안티파트로스(Antipatros)는 서로 다른 해결책을 제시한다. 디오게네스는 곡물을 실은 많은 배가 온다는 사실을 말할 필요 없이 착한 상인이 최대 이윤을 얻기 위해 높은 가격으로 팔

---

19 이 실례는 키케로가 헤카톤이 쓴 책의 영향을 받은 것으로 추측된다.

아도 도덕적으로 문제가 없다고 주장한다. 이 상인은 사실에 대해 단지 침묵할 뿐, 소비자를 속이지는 않기 때문에 도덕적이라는 것이다. 이에 반대해서 안티파트로스는 상인이 그 사실을 말하고 곡물을 비싸지 않게 팔아야 한다고 주장한다. 안티파트로스는 인간은 사회에 기여할 의무가 있고 자연적으로 유대감에 의해 결속되어 있기 때문에, 사회 전체의 이익을 위해서 착한 상인은 사실을 밝혀야 한다는 논리를 내세운다. 이 논쟁에서 키케로는 안티파트로스의 논리를 수용하면서, 공동 이익을 위한 행위가 도덕적 선과 일치한다는 것을 보여준다.

다음으로 레굴루스의 경우를 살펴보자(『의무에 관하여』, III. 99~155). 1차 포에니 전쟁 때, 두 번째로 집정관직을 수행하던 레굴루스는 전쟁에 패해 카르타고인의 포로가 되었다. 카르타고는 로마에 포로로 잡힌 자신들의 장군을 송환하기 위해, 레굴루스로 하여금 그 송환에 실패한다면 다시 카르타고에 돌아온다는 맹세를 하게 한 후, 그를 로마 원로원에 보냈다. 그는 로마에 왔을 때 조국에 남는 것, 처자식과 함께 사는 것, 전임 집정관으로서의 신분과 권위를 누리는 것이 자기에게 유리한 일이 아닐까 생각했지만, 위대한 정신과 용기를 지닌 그는 그런 것들을 단지 외양상으로만 유리한 듯이 보이는 것으로 치부하고 단호히 거부했다. 그는 원로원에 참석해서 카르타고의 포로들을 돌려보내서는 안 된다는 의견을 표명해서 석방 반대라는 원로원의 결정을 이끌어내고, 친척과 친구들의 만류를 뿌리치고, 비록 적에게 한 약속이지만 약속을 어기느니 차라리 고문을 당해서 죽는 편이 낫다고 말한 뒤, 카르타고로 되돌아가서 담대하게 죽음을 맞이했다.

키케로는 레굴루스의 삶을 도덕적 선과 이익의 싸움에서 도덕적 선이 이긴 가장 전형적인 로마의 사례로 손꼽는다. 키케로에 따르면,

레굴루스는 로마에 잡혀 있는 카르타고의 포로를 본국으로 귀환시키지 못하면 자신이 카르타고로 돌아오겠다는 맹세를 지켰고, 자신의 이익은 본국에 남아 여생을 가족, 친구들과 행복하게 보내는 것이었음에도 불구하고 잔인한 고통과 죽음이 기다리는 카르타고로 돌아가는 결단을 내리는 불굴의 용기를 보였다는 것이다. 레굴루스의 행동에서 맹세를 지키고 불굴의 용기를 보여주는 부분은 도덕적 선이 이익을 이기는 측면을 잘 보여준다. 그러나 레굴루스가 카르타고의 포로들이 귀환할 때 로마가 상실하는 국가 이익이 자신이 로마에 남았을 때 얻게 되는 개인의 이익보다 크다는 의견을 원로원에서 밝히는 것을 고려한다면, 그의 판단은 국가의 이익 또는 공동의 이익을 개인의 이익보다 우선시하는 공화주의적 정의관에 근거한 것이라고 할 수 있다. 이처럼 만약 공익과 사익의 대립이라는 이익의 차원에서 레굴루스의 결단이 충분히 해석될 수 있다면, 그의 결단을 공익과 사익의 대립이 아닌 도덕적 선과 이익과의 대결 구도로 해석하려는 키케로의 시도는 일관성이 없어 보이기도 하지만, 공동 이익을 개별 이익보다 우선하는 것이 정의이고 이 정의는 개별적 덕목으로서 도덕적 선에 포함된다는 것을 고려한다면, 레굴루스의 결단을 이익에 대한 도덕적 선의 승리라고 하는 키케로의 주장은 불완전하지만 어느 정도 타당하다고 볼 수 있다.

키케로는 레굴루스의 사례를 자세히 분석하는데, 그는 이러한 분석을 통해 한편으로는 타락한 로마의 도덕을 비판하면서 다른 한편으로는 스토아 윤리학에 입각한 새로운 로마적 실천윤리학을 수립하고자 했기 때문이다. 그는 자신의 관점을 분명히 밝히기 위해 우선 '이익을 강조하는 사람'을 내세워 레굴루스의 행동을 비판한 후, 다음으로 이 비판에 반박하면서 레굴루스의 행동을 정당화하는 방법을 택한다(『의무에 관하여』, III. 102~110). 이익을 편드는 사람들은 다음과 같은 네 가지 근거에서 레굴루스의 행동을 비판한다. 첫째, 신은 인간을 심판하거나 처벌하지 않기 때문에, 레굴루스가 맹세를 어기면 신의 분노를 살 것이라고 생각하면서 결단을 내렸다면, 그는 잘못 판단하고 있는 것이다. 둘째, 고통은 최고악이며, 또한 신뢰가 없는 자에게는 신의를 지킬 필요가 없다. 셋째, 강압에 의한 맹세는 구속력이 없다. 넷째, 뛰어나게 이로운 것은 도덕적 선이 될 수 있다. 키케로는 이러한 비판에 대해 다음과 같은 논리로 레굴루스의 행동을 정당화한다. 첫째, 신의 분노에 상관없이 신과의 약속은 신성하기 때문에 지켜야 한다. 둘째, 고통이 아니라 도덕적 불선이야말로 최고악이며, 또한 전쟁 시에 국가 간에 체결된 약속은 합법적 조약이기 때문에 반드시 지켜야 한다. 셋째, 레굴루스는 강압을 못 이겨낼 용기 없는 정치가도 물론 아니지만, 맹세를 지킬 때 초래되는 국가의 이익은 레굴루스 자신의 개인적 이익보다 크기 때문에 맹세를 지켜야 한다. 넷째, 이로운 것처럼 보이는 것이 아니라 진정한 이익만이 도덕적 선과 부합되는데, 왜냐하면 진정한 이익은 도덕적 속성을 지니기 때문이다.

여기서 이익을 강조하는 사람은 현실적으로는 로마의 타락한 정치가나 귀족을 의미하며 철학적으로는 에피쿠로스학파를 의미한다. 키케로는 이들이 로마공화정을 타락시키고 있다고 지적하면서, 도덕과 윤리를 회복하기 위해서는 단지 로마의 전통적 도덕을 재건하는 소극적인 방법이 아니라 스토아학파 윤리학에 입각해서 새롭게 도덕을 정립할 것을 요구하는 혁신적인 방법이 필요하다고 강조한다. 다시 말해 그는 전통적 도덕의 부활이 아니라 스토아 윤리의 확립을 요구하는 것이다. 그는 당대 로마에서 실천윤리학을 수립하기 위해서 신에 대한 신성성의 회복, 최고선과 최고악에 대한 확고한 스토아적 인식, 신의(*fides*) 회복, 국가 이익의 우선성, 진정한 이익은 곧 도덕적 선과 일치한다는 원칙 등을 시급하게 교육해야 할 내용으로 제시한다. 이 다섯 가지 요건 중 국가 이익의 우선성을 제외한 네 요건은 스토아학파의 윤리학과 밀접히 연관되나, 국가 이익을 개별 이익과 대립시키면서 국가 이익의 우선성을 강조하는 것은 스토아적 전통에 의존한다기보다는 키케로가 『의무에 관하여』 전편을 통해 특별하게 부각하는 특유의 정치철학적 관점이라고 할 수 있다. 정의를 지혜보다도 앞서는 덕목으로 취급하는 키케로는 실천윤리학의 가장 중요한 특징으로 국가 이익 혹은 공동 이익의 중요성을 부연해서 강조한다. 그는 『의무에 관하여』의 마지막 부분을 에피쿠로스 철학을 비판하는 데 할애하는데, 왜냐하면 에피쿠로스학파는 개인적 이익과 쾌락을 최고선이라고 주장하면서 공동의 이익을 침해하고 무시하기 때문이다. 쾌락과 정의는 상극인데, 쾌락이 지배적인 가치로 사회에 자리 잡을 경우 "정의는 사회생활에서 발견되고 인류의 동료애에서 발견되는 덕목들과 더불어 사라진다"(『의무에 관하여』, Ⅲ. 118)고 키케로는 경종을 울리고 있다.

4. 정의교육의 중요성

키케로의 『국가에 관하여』가 완전한 형태로 남아 있었다면 우리는 이상적 정치가의 모습과 그 교육 방법을 파악할 수 있을 것이다. 그러나 『국가에 관하여』는 매우 불완전한 형태로 전해지고, 더욱이 교육에 관한 부분이 대부분 망실되었기 때문에, 이 대화편을 통해서는 정치교육 프로그램을 파악할 수 없다. 다행히도 키케로는『웅변가에 관하여』에서 이상적인 정치가가 지녀야 할 웅변의 기술과 보편적 지식의 내용을 말해주며,『의무에 관하여』에서 정치가가 지녀야할 실천윤리를 말해준다.『웅변가에 관하여』에서는 별로 거론되지 않았던 정치가가 지녀야 할 도덕성의 문제는『의무에 관하여』에서는 심도 있게 거론된다. 키케로가 일반적 윤리 이론, 다시 말해 일반적 윤리 원칙에 관해서『최고선과 최고악』에서 고찰하고 있다면, 이와는 대조적으로『의무에 관하여』에서는 윤리 원칙을 단지 지혜의 차원에서가 아닌, 실천적이고 정치적 차원에서 어떻게 적용할 것인가의 문제를 다루고 있다.[20] 즉, 실천윤리학을 논하는 것이다. 이 실천윤리학은 정치가나 자유 시민이 갖추고 지향해야 될 사회적 덕목과 의무가 무엇인지를 구체적으로 잘 밝히고 있다. 키케로의 실천윤리학이 지닌 가장 큰 특징은, 정의가 의무 중에서 가장 으뜸가는 의무로 자리 잡고, 정치가나 시민들로 하여금 공공의 이익을 개인의 이익보다 앞세울 것을 요구한다는 점이다. 키케로의 정의관은 아리스토텔레스의 정의관처럼 배분에 그 강조점을 두는 것이 아니라, 공공 이익의 우선성에 그 강조점을 두고 있다. 키케로는 국가의 개입에 의한 강제적 배분을 반대하며, 공공물은 공공을 위해 사용하고 개인의 사유물은 그 개인 자신을 위해서 사용할 것을 강조한다. 개인이 남의 재산을 침탈할 때 부정의가 발생하는데, 키케로는 개인의 사유재산을 보호하는 것이 국가의 고유 기능이라고 단언한다(『의무에 관하여』, II. 78). 카이사르가 자행한 부정의에서 로마를 구하기 위해서, 키케로는

---

20 롱은『최고선과 최고악』의 3권이 끝나는 부분에 이어서『의무에 관하여』가 시작되는 것으로 생각해서 읽는 것도 좋은 방법이라고 말한다(Long, 1995: 233).

레굴루스를 모델로 삼아 도덕적 선, 특히 공공 이익을 내세우는 정의의 덕목을 교육시킬 것을 강하게 요구한다. 앞에서 논한 바대로 레굴루스의 행동을 정당화하는 네 가지 근거는 새로운 정치교육과 실천윤리학을 수립하는 데에서 중요한 지침이라고 할 수 있다.

필자는 『웅변가에 관하여』와 『의무에 관하여』에 나타난 수사학, 자유 학예, 4주덕 및 의무, 실천윤리학에 관한 내용을 결합함으로써 플라톤의 『국가』에서 논의되었던 정치교육 프로그램에 상응할 수 있는 키케로의 정치교육 프로그램을 구성해보았고, 플라톤의 철인왕에 상응하는 키케로의 이상적인 정치가의 모습도 파악해보았다. 이처럼 구성된 키케로의 정치교육 이론은 아마도 그의 『국가에 관하여』에서 기술되었을 이론보다도 내용적으로 더욱 풍부하고 더욱 발전했을 가능성이 높다고 할 수 있다. 왜냐하면 『의무에 관하여』는 그의 마지막 작품이고, 가장 정치적인 작품이며(Long, 1995b: 124), 가장 영향력이 컸던 철학적 작품으로 평가받기 때문이다(Dyck, 1996: 39).

필자는 키케로의 이상적 정치가상과 정치교육에 관한 이론은 플라톤, 크세노폰, 로크, 루소가 각각 제시한 이론과 대등한 위상을 차지한다고 생각한다. 키케로의 이론을 플라톤의 이론과 비교해본다면, 필자의 분석은 키케로가 플라톤과 확연히 구별되는 정치가상 및 정치교육론을 제시했음을 보여준다. 좋음의 이데아를 깨닫고 4주덕으로 무장한 플라톤의 철인왕과 자유 학예를 포함한 수사학을 배우고 실천적 의무로 무장한 키케로의 정치가(웅변가)는 서로 다른 이상적 정치가상을 보여준다. 키케로의 정치교육론은 보편적 교육을 통한 시민교육의 가능성을 열어주고, 또한 이것은 근대 정치교육의 가교가 되는 역할을 수행한다는 점에서 중요한 의미를 지닌다.

2부

/

헬레니즘 철학 체계의 토대

논리학과 자연학

전통적인 철학자들은 플라톤에게서 물려받은 철학의 세 분과 이론부터 시작했는데, 그 한 부분은 삶의 방법과 윤리적 성향을 다루며, 두 번째 부분은 자연과 숨겨진 주제들을 다루고, 세 번째 부분은 무엇이 참이고 거짓인지, 표현에서 무엇이 참이고 거짓인지, 그리고 무엇이 일관되고 일관되지 않은지를 다룬다.

❖『아카데미카』, 19

4장

/

논리학

1. 철학 여정의 시작

키케로는 어릴 때부터 철학에 관심이 많았다. 그는 공직에 있을 때에도 틈이 나면 철학 공부를 소홀히 하지 않았다. 그러나 그가 철학에 적극적인 관심을 두고 철학서를 집필하기 시작한 것은 공직에서 물러서고 난 기원전 45년 이후였다. 그는 젊었을 때는 공직을 통해 애국을 했었지만, 공직에서 물러나 한가로워졌을 때는 애국을 할 수 있는 중요한 방법으로 로마시민을 교육시킬 것을 생각했고, 라틴어로 좀 더 쉽게 교육시킬 목적으로 철학 작품들을 집필했다고 말한다.

키케로는 철학 여정을 팸플릿과 같은 소책자인 『호르텐시우스』로부터 시작했다. 곧이어 딸 툴리아의 죽음에서 온 슬픔을 스스로 달래기 위해서 『위안서』를 썼지만, 이 두 책은 망실되었다. 이후 키케로는 『아카데미의 회의주의』를 썼는데, 그는 이 책에서 헬레니즘 철학 체계의 출발점인 논리학 또는 인식론을 본격적으로 다룬다. 키케로는 이 책을 처음에는 총 두 권으로 출판했다가 일주일 만에 수정해서 총 네 권으로 재출판했다. 현재 전해오는 것은 『루쿨루스(*Lucullus*)』라는 이름의 초판본 2권과 재판본 1권의 일부이다. 이 책은 명실상부하게 키케로 철학 체계의 입문서이며, 우리는 이 책을 통하지 않고서는 키케로의 철학 세계에 들어갈 수 없다.

이 장에서는 헬레니즘 철학 시대에 존재했던 대표적인 네 학파인 아카데미학파, 소요학파, 스토아학파, 에피쿠로스학파의 영향을 받은 키케로가 이 학파들의 '논리학' 또는 '인식론'을 어떻게 설명하고 어떤 평가를 내리는지 살펴보고, 그의 설명과 평가가 과연 독창적인 것인지 고려해보고자 한다. 서론에 이어, 2절에서는 헬레니즘 철학의 특징을 살펴보고, 3절에서는 『아카데미의 회의주의』를 중심으로 논리학에 대한 키케로의 관점을 알아본 후, 4절에서는 키케로가 헬레니즘 철학에 있어 논리학의 발전에 독창적으로 기여하는 바가 무엇인지를 제시한다.

2. 『아카데미의 회의주의』에 나타난 헬레니즘 철학

1) 『아카데미의 회의주의』의 구성

키케로는 이 책을 원래 『카툴루스(*Catulus*)』와 『루쿨루스』의 두 권으로 출간했다. 그러나 무슨 이유인지 일주일 만에 책을 수정해서 총 네 권으로 새로 출간했다. 가장 큰 변화는 1판의 주요 화자인 카툴루스와 루쿨루스가 2판에서는 키케로 당대의 유명한 학자인 바로(Varro)로 대체되었다는 것이다. 1판에서 카툴루스(Catulus)와 루쿨루스(Lucullus)는 아카데미학파의 이론에 조예가 깊은 장군들로 묘사된다. 카툴루스는 필론이 『로마서(*Roman Books*)』를 쓰기 전에 견지한 '완화된 회의주의'의 관점을 대변하며, 루쿨루스는 신아카데미학파의 회의주의를 비판하면서 스토아주의의 도움을 받아 지식의 획득 가능성을 주장하는 구아카데미학파의 안티오코스를 대변한다. 2판에서는 안티오코스를 추종하는 학자인 바로가 이 두 사람의 역할을 대신하는 한편, 키케로가 신아카데미의 입장에서 구아카데미의 이론을 비판한다. 두 가지 판본이 간행되었음에도 불구하고 아쉽게도 현재 우리에게 전해지는 부분은 1판의 2권 부분인 『루쿨루스』와 2판의 1권 일부이다.[1] 전체적으로 볼 때 키케로가 이 작품에서 다뤘던 내용의 4분의 3 정도가 전해지는데, 학자들은 비록 작품의 일부가 망실되어 아쉽기는 하지만 남아 있는 부분에서 키케로의 철학적 의도를 충분히 파악할 수 있다고 본다.

작품의 1판에서 대화의 시대적 배경은 키케로가 집정관을 지낸 이듬해인 기원전 62년(혹은 61년)이며, 공간적 배경은 해변에 위치한 카툴루스의 집과 호르텐시우스의 집이다. 대화는 이틀 동안 행해진 것으로 묘사되는데, 전자의 집에서 행해진 대화가 『카툴루스』에, 후자의 집에서 행해진 대화가 『루쿨루스』에 기록된 형식을 취한다. 카툴루스와 루쿨루스는 모두 장군이자 정치가였는데, 키케로는 이 대화편에서는 이

---

1   이 글에서 1판 2권인 『루쿨루스』를 인용할 경우에는 출처를 '『루쿨루스』, ○○'의 형식으로 표기한다. 2판 1권을 인용할 경우에는 출처를 '『아카데미카』, ○○'의 형식으로 표기한다.

들을 철학적 소양을 갖춘 것으로 설정해 정치권력과 철학적 지혜를 겸
비한 인물로 부각한다.[2] 2판에서 일어나는 대화의 시대적 배경은 키케
로가 이 책을 집필한 당시인 기원전 45년이며, 정계에서 은퇴한 키케로
가 친구 아티쿠스와 함께 쿠마이(Cumae)에 있는 집에서 한가롭게 쉬고
있다가, 바로가 로마에서 왔다는 말을 듣고 그의 집에 찾아가서 대화를
나누는 설정을 취한다. 바로는 1판에 등장했던 카툴루스나 루쿨루스에
비하면 정말로 철학에 조예가 깊은 학자라고 할 수 있다. 키케로는 바
로를 주요 화자로 내세움으로써 『아카데미의 회의주의』에서 다루는 주
제를 철학적으로 한 차원 더 고양할 수 있는 효과를 가져왔다.

2) 『아카데미카』에 나타난 헬레니즘 철학

2판의 1권인 『아카데미카』에서 바로는 안티오코스의 추종자로서, 안
티오코스의 이론(다시 말해 구아카데미학파의 이론)을 대변한다. 그는 안
티오코스와 마찬가지로 아카데미학파, 소요학파, 스토아학파가 같은
뿌리를 지닌다고 믿는다. 안티오코스의 이론을 자세히 설명해달라는
키케로의 요청에 따라서, 바로는 구아카데미학파의 관점에서 고대 그
리스 철학의 역사를 개관한다. 그는 그리스 철학이 윤리학, 자연학, 논
리학의 세 분야로 구성된다고 말하면서, 이 세 분야의 성격을 다음과
같이 규정한다.

---

2   카툴루스와 루쿨루스는 실재했던 로마의 장군들이지만, 이들이 대화편에서 키케로
가 묘사하듯이 높은 수준의 철학적 소양을 지닌 것은 아니었다.

전통적인 철학자들은 플라톤에게서 물려받은 철학의 세 분과 이론부터 시작했는데, 그 한 부분은 삶의 방법과 윤리적 성향을 다루며, 두 번째 부분은 자연과 숨겨진 주제들을 다루고, 세 번째 부분은 무엇이 참이고 거짓인지, 표현에서 무엇이 참이고 거짓인지, 그리고 무엇이 일관되고 일관되지 않은지를 다룬다(『아카데미카』, 19).[3]

바로는 윤리학, 자연학, 논리학의 관점에서 아카데미학파, 소요학파, 스토아학파의 철학 체계를 차례차례 다룬다.[4] 우선 그는 아카데미학파의 철학 체계를 다음과 같이 정리한다(『아카데미카』, 19~32). 첫째, 윤리학의 영역에서 아카데미학파는 인간은 자연을 따라야 한다고 주장하며, 영혼의 좋음(덕), 육체의 좋음(건강), 외부적 좋음(재화)을 모두 갖추어야 인간은 행복해진다고 주장한다. 둘째, 자연학의 영역에서 아카데미학파는 사물을 능동적인 '힘'과 이 힘의 영향을 받아 움직이는 수동적인 것인 '질료'의 두 가지로 분류하고, 질료는 힘에 의해 결합되어 물체가 되며, 우주에 존재하는 모든 물체는 우주의 힘인 지성, 혹은 완전한 지혜, 혹은 신이라고 불리는 정신에 의해서 결합된다고 주장한다. 셋째, 논리학의 영역에서 아카데미학파는 진리가 수시로 변하는 감각이 아니라 변치 않는 이성에 근거해서 밝혀지는 것이라고 주장한다.

---

3   바로의 입을 통해 키케로는 철학을 윤리학, 자연학, 논리학이라는 세 분과 학문으로 구분한 사람이 플라톤이라고 말하지만, 후대의 연구자들은 이러한 구분을 크세노크라테스가 시작한 것으로 밝힌다.

4   여기서 바로가 이야기를 하지만, 바로로 하여금 이야기를 시키는 것은 물론 대화편을 쓴 키케로이다. 다양한 학파의 철학 체계를 세 분야로 나누어 파악하려는 키케로의 전형적인 방법론을 독자들은 주시해야 한다.

다음으로 바로는 소요학파를 비교적 간단하게 언급하는데, 왜냐하면 그는 소요학파가 비록 플라톤의 이데아론을 배격하는 아리스토텔레스의 입장을 수용하긴 하지만, 근본적으로는 플라톤 철학을 계승하므로 아카데미학파와 큰 차이가 나지 않는다고 보기 때문이다(『아카데미카』, 33~34).

끝으로 바로는 제논의 논의에 초점을 맞추어 스토아학파의 철학 체계에 대해 다음과 같이 설명한다(『아카데미카』, 35~42). 첫째, 윤리학의 영역에서, 제논은 오직 덕만이 행복의 근원이 된다고 주장함으로써 세 가지 좋음의 필요성을 강조하는 아카데미학파나 소요학파와는 차별성을 지닌다. 그는 건강한 육체나 재물은 행복에 영향을 미치지 않는다고 주장한다. 그는 플라톤의 영혼의 삼분설을 부인하고, 인간의 영혼은 이성만으로 구성된다고 주장한다. 그에 따르면 이성이 약화될 때 불완전한 판단인 의견이 생기고, 이 의견에 따라서 행동하려고 할 때 자발적인 감성이 생기게 된다.

둘째, 자연학의 영역에서 제논은 '지성이나 신'을 물질을 결합하는 힘으로 보았던 아카데미학파나 소요학파와는 달리, '불'을 그 결합의 힘으로 본다. 그는 물질만이 물질을 움직일 수 있으며 정신이 물질을 움직일 수는 없다는 유물론적 관점을 주장한다.

셋째, 논리학의 영역에서 제논은 감각이 지식의 원천임을 강조한다. 그에 따르면 개인의 감각을 통해 느낀 '인상(impression)'에 자신의 경험에서 우러나온 '동의(assent)'가 결부될 때 이 인상은 '자기보증적(self-warranting, *katalêptikê*)' 인상이 되며 이는 지식을 구성하는 기본 요소가 된다. 그러므로 동의를 얻지 못한 인상은 대상에 대한 바른 인식이 될 수 없다. 바로는 제논 논리학의 핵심을 다음과 같이 정리한다.

제논은 모든 인상을 신뢰한 것이 아니라 특별한 방법으로 그 대상을 드러내는 인상만을 신뢰했다. 이러한 종류의 인상은 그 자체로 구별될 수 있기 때문에, 제논은 이 인상을 '파악할 수 있는 것(apprehensible)'이라고 불렀다. …… 그러나 이 인상이 일단 수용되고 인정받게 되면, 우리가 어떤 것을 손에 잡는 것처럼 제논은 이것을 '포착(apprehension)' 또는 '파악(grasp)'이라고 불렀다. …… 그는 감각에 의해서 포착된 인상을 지각(perception) 그 자체라고 불렀다. 그리고 만약에 지각이 이성에 의해 제거될 수 없는 방법으로 꽉 잡혀 있다면, 제논은 이 지각을 '과학적 지식(scientific knowledge)'이라 불렀고 그렇지 않다면 '무지(ignorance)'라고 불렀다. 무지는 의견의 원천인데, 의견은 잘못된 인상은 물론 알려지지 않은 인상을 포함하는 미약한 상태이다.[5]

그러나 제논은 파악만이 우리의 신뢰를 보장한다고 말하긴 하지만, 파악을 좋지도 않고 나쁘지도 않은 것으로 간주하면서 과학적 지식과 무지 사이에 위치시킨다. 파악으로 인해 제논은 감각을 믿을 만한 것으로 평가하는데, 왜냐하면 그는 감각에 의해서 야기된 파악을 진실되고 신뢰할 만한 것으로 생각하기 때문이다. 다시 말해 파악은 대상의 모든 성질을 드러내기보다는 그것이 찾아낼 수 있는 것은 아무것도 빠뜨리지 않기 때문에 신뢰할 만한 것이다. 또 다른 이유는 자연이 파악을 세계에 대한 과학적 지식을 위한 표준이자 그 탐구의 출발점으로 부여했기 때문이다. 파악은 나중에 우리의 정신에 각인될 사물의 관념의 원천이며, 또한 이 사물의 관

---

5 제논은 지식을 파악하는 과정을 손의 움직임에 비유해서 설명한다. 그는 손바닥을 똑바로 펼친 상태를 '인상', 손가락을 약간 굽힌 상태를 '동의', 주먹을 쥔 상태를 '파악', 쥔 주먹을 다른 손으로 싸 감아서 꽉 쥐는 것을 '과학적 지식'이라고 말한다(『루쿨루스』, 145 참조).

넘은 이성을 발견하기 위한 출발점일 뿐 아니라 이성의 발견으로 나아가는 넓고 확실한 경로이다(『아카데미카』, 41~42).

제논은 우리가 감각을 통해 사물을 대할 때 인상이 생기며, 이 인상이 확실한 것이라고 우리가 스스로 동의할 때 자기보증적 인상이 되며, 이때 우리는 사물을 달아나지 못하게 손 안에 쥔 것처럼 파악하게 된다고 말한다. 제논에 따르면, 우리가 사물을 파악할 때 지각이 생기며, 이 지각이 이성(혹은 이성적인 논증)에 의해 부정될 수 없는 것으로 밝혀진다면, 이 지각은 과학적 지식이 된다. '파악할 수 있는 것'으로서의 지각은 인상이라고 말해지는 의견 또는 단순한 신념과 지식 사이에 위치하는데, 이것은 아직 지식이 아니기 때문에 틀릴 수 있는 가능성이 존재하며, 똑똑한 사람이나 우둔한 사람이나 모두 지각을 가질 수 있다. 하지만 지각과는 달리 지식은 오직 지혜로운 사람만이 획득할 수 있다.

제논의 인식론에서 핵심은 자기보증적 인상이다. 자기보증적 인상은 감각에 각인된 '인상'과 이에 대한 '동의'라는 두 요소로 구성된다. 단순한 인상은 의견이나 신념의 차원에 머물게 되나, 이 인상에 동의가 결부될 때 자기보증적 인상이 생성되며, 이는 지식으로 향하는 기초 자료가 된다. 자기보증적 인상에 대한 표준적 공식은 첫째, 자기보증적 인상은 '존재하고 있는 것으로부터(from what is)' 생성되며, 둘째, 이 인상은 '존재하고 있는 것'과 일치되게 각인되고, 셋째, 이 인상은 또한 '존재하지 않는 것으로부터는(from what is not)' 생성될 수 없다. 앞에서 첫 번째 조건은 자기보증적 인상은 상상이나 미몽에서 발생되는 '허황된 인상(vacuous impression)'이 아니라는 것을 말하고, 두 번째 조건은 대상과 인상 사이의 정확한 일치를 말한다. 세 번째 조건은 추가적 조건으로 볼 수 있는데, 이는 신아카데미학파가 제기하는 '불구별성(indiscriminability)'의 문제를 방지하기 위한 것이다. 예를 들어 쌍둥이 'A에 대한 인상'은 '존재하고 있는 A로부터(from what A is)' 생성되어야지, 'A 아닌 존재인 쌍둥이 B로부터(from what A is not)' 생성되는 인상에서 나와서는 안 된다는 것을 의미한다.[6] 제논을 거부하는 신아카데미학파는 과연 감각을 어떻게 믿을 수 있으며 또한 과연 동의가 어떻게 이루어질 수 있겠는가에 초점을 맞추어 제논의 인식론을 비판한다.

바로는 이와 같이 아카데미학파, 소요학파, 스토아학파의 철학 체계를 정리한 후, 키케로가 구아카데미 성향으로 출발했으나 신아카데미 성향으로 전향한 만큼, 신아카데미의 관점에서 각 학파의 철학 체계를 설명해줄 것을 요청한다. 『아카데미카』의 후반부는 키케로의 회의주의적 관점이 드러날 예정이었으나 대화편이 망실된 관계로 우리는 키케로의 관점을 정확하게 알 수 없게 되었다. 하지만 1판의 2권 부분인 『루쿨루스』를 통해 우리는 다행스럽게도 키케로의 관점을 파악할 수 있다. 『루쿨루스』에 나타난 구아카데미의 인식론과 이에 대한 신아카데미의 비판을 3절에서 분석한다.

---

6   이 세 가지 조건에 관한 자세한 설명은 Frede(2005a: 300~311)를 참조하기 바란다.

3. 『루쿨루스』에 나타난 인식론: 구아카데미 대 신아카데미

1) 핵심 논변

2판 1권인 『아카데미카』에서 바로가 그리스 철학에서부터 스토아학파의 이론을 거쳐 안티오코스의 이론에 이르기까지 철학의 발전을 개관하듯이, 1판의 2권 『루쿨루스』에서 안티오코스의 추종자인 루쿨루스는 마찬가지로 철학의 발전을 개관한다. 루쿨루스가 전하는 말에 따르면 안티오코스는 우선 자신의 스승 필론이 『로마서』에서 '완화된 회의주의' 관점에서 다시 경직된 '오류 가능주의'로 되돌아가는 것에 경악한다. 이러한 필론의 관점을 안티오코스는 그의 저서 『소수스(Sosus)』에서 비판한다. 안티오코스의 기본 관점은 지식은 획득 가능하다는 것이며, 이것이 바로 플라톤, 아리스토텔레스가 유지한 오랜 전통이라고 주장한다.

지식의 획득 가능성을 부정하는 이론은 신아카데미학파의 창시자인 아르케실라오스로부터 시작되었다. 아르케실라오스는 자신보다 두 세대 앞선 피론의 회의주의에 영향을 받았다. 제논은 플라톤과 아리스토텔레스의 전통을 받아들여 지식의 획득 가능성을 믿었지만, 특히 감각을 무시했던 플라톤과는 달리 감각을 통해 지식을 획득할 수 있다고 보았다. 그의 논리학 또는 인식론은 그래서 감각으로부터 시작한다. 그러나 회의주의 경향에 빠진 신아카데미학파는 "감각은 오류를 산출하며 감각에 근거한 판단은 의견에 불과하기 때문에 진리에 도달할 수 없다"는 점을 들어 스토아학파의 인식론을 비판하고, 그 논거로 '핵심 논변(core argument)'과 '추론적 논변(corollary argument)'을 제시한다.[7]

우선 핵심 논변은 다음과 같이 설명될 수 있다.[8]

① 일부 인상은 참이다(스토아학파의 관점).

② 거짓된 인상은 자기보증적이 아니다.

③ 만약에 참된 인상이 지닌 현상적 내용(phenomenal content)이 거짓된 인상이 지닌 현상적 내용과 잠재적으로 구별될 수 없다면, 전자는 자기보증적이 아니다.

④ 모든 참된 인상이 지닌 현상적 내용은 일부의 거짓된 인상이 지닌 현상적 내용과 잠재적으로 구별될 수 없다(아카데미학파의 주장).

⑤ 그러므로 자기보증적 인상은 존재하지 않는다.

이러한 핵심 논변은 우리가 쌍둥이를 인식하는 경우나 혹은 꿈속에서 대상을 인식하는 경우를 염두에 둔다면, 잘 이해될 수 있다. 제논에 따르면 인상은 참이거나 거짓인데, 참된 인상은 자기보증적이며 거짓된 인상은 자기보증적이 아니다. 그런데 쌍둥이의 경우처럼 참된 인상과 거짓된 인상을 구별할 수 없게 된다면, 참된 인상과 거짓된 인상은 동일한 것이 되고, 결국 자기보증적 인상은 존재하지 않게 된다. 신아카데미주의자들은 쌍둥이나 닮은 달걀은 서로 다른 것이 분명하지만, 우리가 감각에만 의지할 경우 쌍둥이 A와 쌍둥이 B는 같은 인상을 주기 때문에 이 둘을 구별할 수 없게 된다고 지적하면서, 개개의 사물

---

7   핵심 논변은 『루쿨루스』, 40~42 & 83에 잘 나타나고, 추론적 논변은 『루쿨루스』, 66~67 & 78에 잘 나타난다.

8   이 설명 방법은 Brittain(2006: Introduction, xxii~xxiii)을 따른다.

을 구별해내지 못하는 감각은 지식의 원천이 될 수 없다고 비판한다. 또한 이들 회의주의자들은 사람들이 잠자거나 취하거나 미쳐 있거나 하면 감각의 명료성이 떨어지고 약해진다는 제논의 주장에 반대해, 감각은 인간의 정신 상태에 상관없이 같은 정도로 '명료성(perspicuity)'을 유지한다고 주장한다. 즉, 잠잘 때나 깨어 있을 때나 상관없이 사물은 각 정신 상태에서 같은 정도로 감각된다는 것이다. 다시 말해 꿈속에서 느끼는 감각이나 깨어 있을 때 느끼는 감각은 그 정도에 차이가 없다는 것이다(『루쿨루스』, 84~90).

안티오코스는 쌍둥이를 혼동한다든가 꿈속의 사물과 현실의 사물을 혼동하는 데서 거짓된 인상이 생길 수 있지만, 지혜를 지닌 현명한 사람은 꼼꼼히 대상을 관찰하기 때문에 거짓된 인상에서 벗어나 쌍둥이나 닮은 달걀도 하나하나 개별적으로 구분할 수 있는 '설득력 있는 인상(persuasive impression)'을 획득하게 된다고 주장한다. 안티오코스에 따르면 사람들이 현명하지 못할 때, 신아카데미학파가 스토아학파의 문제점으로 지적하는 '불구별성'의 문제에 빠지게 된다는 것이다. 그러나 과연 스탬프를 찍어서 만든 닮은꼴의 작품 하나하나를 절대로 실수하지 않고 개별적으로 구별해낼 수 있는 현명한 사람이 존재할 수 있는가 하는 문제는 남아 있게 되며, 만약 극소수의 현명한 사람만이 존재할 수 있다면, 스토아학파의 인식론은 대다수 일반인의 경험과 유리된 편협한 이론으로 머물게 된다.

2) 연쇄법의 역설과 거짓말쟁이의 역설

핵심 논변에서 제기되는 불구별성의 문제 외에, 불구별성의 문제와 연관련 논증으로 '연쇄법의 역설(the paradox of the sorites)'과 '거짓말쟁이의 역설(the liar paradox)'이 있다. 안티오코스는 스토아학파나 구아카데미학파가 모두 수용하는 '설득력 있는 인상'을 신아카데미학파가 '연쇄법(sorites)'을 사용해 '허황된 인상'으로 만들고 지식의 가능성을 부정한다고 비난한다. '소리테스(sorites)'는 곡물 더미를 의미한다. 곡물 낱알이 모여 곡물 더미(heap)를 이루는 것은 사실이지만, 연쇄법에 따르면 낱알이 모인다고 하더라도 곡물 더미를 이루지 못하게 된다. 만약 곡물 한 알이 더미를 이루지 못하고, 두 알이 더미를 이루지 못하고, 또한 n 알이 더미를 이루지 못한다면, n알보다 한 알이 더 많은 n+1알도 더미를 이루지 못하게 된다. 더미는 존재하지만, 더미는 낱알이 모여서 이루어지지 않는다는 모순이 존재하게 된다. 또한 이의 역도 성립하는데, 더미에서 한 알씩 계속해서 뺀다고 하더라고 더미라고 할 수 있으므로, 더미는 낱알이 될 수 없다는 역설이 성립한다.[9]

제논의 이론에 따르면 신은 거짓된 설득적 인상을 만들 수 있다.[10] 신아카데미학파는 연쇄법을 사용해 다음과 같은 논리를 전개한다. 만약 제논이 옳다면, 이러한 신은 한 걸음 더 나아가 참된 인상에 가까운 잘못된 허황된 인상을 만들 수 있을 뿐만 아니라, 결국에는 가까움을 뛰어넘어서 참된 인상과 전혀 구별되지 않는 허황된 인상을 만들 수 있게 된다. 이러한 경우 참과 거짓이 동일하다는 모순된 결론이 도출되게 된다.

9　연쇄법의 역설에 관해서는 Barnes(2005: 17~173)를 참조하기 바란다.

10　꿈이나 계시를 통해 신이 보내는 인상은, 신이 보냈기 때문에 설득적이긴 하지만 명료하지 않기 때문에 거짓되다고 할 수 있다.

연쇄법의 전개에서 각 질문마다 대답을 해야 되는 스토아주의자는 연쇄법에 의해 자기의 입장과는 다른 결론에 이끌려가지 않기 위해서 상당히 조심할 필요가 있다. 만약에 "3이 작은 수인가 아니면 큰 수인가?"라는 질문이 스토아주의자에게 제기되었다고 가정해보자(『루쿨루스』, 93~94). 또한 정의상 9까지가 작은 수이고 10이상부터 큰 수라고 하고, 스토아주의자는 이러한 정의를 모른다고 가정하자. 스토아주의자가 1은 작은 수, 2(1+1=2)도 작은 수, 마찬가지로 3부터 8까지도 작은 수, 그리고 9도 작은 수라고 대답했지만, 10이 작은 수인가 하는 질문을 받고 연쇄법에 휘말려서 예상치 않은 잘못된 결론(즉, 10이 작은 수라는 결론)에 도달할 것 같은 두려움에서 대답을 하지 않은 경우를 생각해보자. 물론 스토아 학자는 상대방이 연쇄법을 사용할 때, 상대방의 논리에 휘말리지 않기 위해서 매 질문마다 신중히 대답할 필요가 있다. 그렇다면 상대방의 질문에 언제까지 대답을 해줘야 하는가가 문제가 되는데, 자신이 명확히 아는 질문에만 대답하고, 계속되는 질문에 대해 더 이상 자신이 명확한 대답을 할 수 있을지 없을지 확신이 서지 않는 가운데 대답하기를 포기한다면 스토아 학자는 판단 유보를 택하게 되는 것이고, 이러한 선택은 불명료성을 파헤치고 진리에 도달해야 한다는 스토아학파의 원칙에서 벗어나게 된다. 앞의 예에서 스토아주의자는 10이 작은 수인가 하는 질문에 대답을 회피함으로써 판단 유보에 빠지는 동시에, 진리에 대한 탐구를 포기하게 되는 결과를 초래한다.

키케로는 연쇄법이 잘못된 결론을 도출할 가능성을 가진 것은 부인할 수 없으나, 안티오코스가 활용하는 스토아학파의 논리학은 연쇄법에 의한 질문에 어디까지 답을 해야 한다는 해답을 주지 못하기 때문에 연쇄법의 오용을 막을 수 없다고 지적한다. 하지만 연쇄법이 지닌 모순은 더미가 낱알 몇 개 이상으로 이루어진다는 정의가 있으면 해소될 수 있다. n개의 낱알이 모이면 더미가 된다고 정의를 내리면 n-1개는 더미가 아니게 되며 n+1개는 당연히 더미가 된다. 그러나 스토아학파는 이런 정의를 내리지 못해서 모순에 빠지게 된다. 키케로는 연쇄법의 모순을 근본적으로 막지 못하는 스토아학파의 논리학은 진정한 지식을 산출할 수 없다고 지적한다.

또한 키케로는 '거짓말쟁이의 역설'을 이용해 인상에는 '참된 인상'과 '거짓된 인상'의 두 가지밖에 있을 수 없다는 스토아학파의 원칙과는 모순되는 결론을 안티오코스로 하여금 도출하도록 한다. 거짓말쟁이의 역설은 거짓말쟁이가 참인 얘기를 하고 있을 때, 거짓말쟁이의 얘기(예를 들어 거짓말쟁이 A가 '1+1=2'라고 말한다고 하자)가 진실인지 거짓인지 구별하기 어렵다는 것을 의미하는데, 삼단논법에 의하면 거짓말쟁이의 얘기는 거짓으로 판명되나, 안티오코스는 거짓말쟁의의 역설은 스토아학파의 논리로 '해결 불가능한(insoluble)' 예외적인 것이라고 주장함으로써, 스토아학파가 받아들이는 참과 거짓 외에 제3의 범주를 인정하는 모순을 저지르게 된다.

키케로는 자신의 주장을 증명하기 위해서 다음의 두 가지 삼단논법을 활용한다(『루쿨루스』, 96).

만약에 지금이 환하다고 한다면, 환한 것이다.
그런데 지금은 환하다.
그렇다면 지금은 환한 것이다.[11]

---

11 이 삼단논법을 영어로 표현하면 다음과 같다. If it is light, it's light. But it is light.

만약에 당신이 거짓말을 하고 있다면, 당신은 거짓말을 하고 있는 것이다.

그런데 당신은 거짓말을 하고 있다.

그렇다면 당신은 거짓말을 하고 있는 것이다.[12]

이 두 삼단논법은 똑같은 형식논리를 따르고 있으므로 첫 번째 삼단논법의 결론이 맞는다면 두 번째 삼단논법의 결론 역시 맞아야 한다. 그러나 안티오코스는 두 번째 삼단논법의 결론을 부정한다. 그는 거짓말쟁이가 옳은 말을 할 경우가 있을 수 있다면서, 거짓말쟁이의 경우 그 결론의 옳고 그름을 판단할 수 없다고 주장한다. 키케로는 참된 인상과 거짓된 인상이라는 두 범주만을 수용하는 스토아학파가, 참되지도 거짓되지도 않은 인상을 해결불가능이란 미명 아래 인정한다는 것은 논리 체계의 모순을 드러내는 것이라고 비판하면서, 스토아학파의 논리를 거부한다.

3) 추론적 논변

신아카데미학파의 핵심 논변을 보완해주는 또 다른 논변이 '추론적 논변'이다. 추론적 논변은 스토아학파의 합리성에 관한 주장, 즉 '비자기 보증적 인상(not self-warranting impression)'에 동의하는 것은 불합리하다는 주장에 근거한다. 핵심 논변의 결론(⑤)이 맞고, 스토아학파의 합

Therefore it's light.

12   이 삼단논법을 영어로 표현하면 다음과 같다. If you are lying, you're lying. But you are lying. Therefore you're lying.

리성 명제(⑥)가 맞는다면 어떠한 인상에도 동의하는 것은 불합리하다는 결론(⑦)이 도출된다.[13]

⑤ 만약에 자기보증적 인상이 없고(신아카데미의 주장)

⑥ 비자기보증적 인상에 동의를 하는 것은 불합리하다면(스토아의 주장)

⑦ 그러므로 어떠한 인상에도 동의하는 것은 불합리하다.

신아카데미학파의 핵심 논변은 이 추론적 논변의 대전제인 자기보증적 인상이 없다는 것을 증명했다. 추론적 논변은 핵심 논변에서 도출된 결론을 대전제로 삼아 출발한다. 대전제에 따르면, 인상에는 자기보증적 인상과 비자기보증적 인상이 있는데, 자기보증적 인상이 없다면 비자기보증적 인상만 남게 된다. 스토아학파가 주장하는 소전제에 따르면, 남아 있는 비자기보증적 인상에 동의하는 것은 불합리한 판단이 된다. 결론적으로 어떠한 인상에도 동의하는 것은 불합리하게 된다. 이러한 추론에 따르면 지식의 확실성을 주장하는 안티오코스의 논리, 다시 말해 스토아학파의 논리는 무너지게 된다.

키케로는 ⑤~⑦의 논리를 다음과 같이 전개한다(『루쿨루스』, 67).

⑧ 만약 현명한 사람이 무엇인가에 동의하는 일이 생긴다면, 그는 가끔 의견을 갖게 된다.

⑨ 현명한 사람은 결코 의견을 갖지 않는다.

⑩ 그러므로 그는 결코 무엇인가에 동의하지 않는다.

---

13 이 설명 방법은 Brittain(2006: Introduction, xxiii)을 따른다.

핵심 논변의 결론 ⑤는 자기보증적 인상이 없다는 것인데, 자기보증적 인상이 없는 경우 ⑧의 대전제와 같이, 현명한 사람이 동의를 하지만 의견을 갖게 되는 일이 생기게 된다. 스토아학파는 ⑨의 소전제와 같이 현명한 사람은 결코 의견을 갖지 않는다고 주장한다. 그렇다면 현명한 사람이 의견을 갖지 않기 위해서는 동의를 해서는 안 된다는 결론이 도출된다.

스토아학파는 ⑦과 ⑩의 결론처럼, 동의를 하지 못한 사람들은 판단 유보에 빠지게 되고 그 결과 어떠한 행동도 못하게 되는 일이 발생하게 된다는 '무행동 논변(inactivity argument)'을 제시해 신아카데미 회의주의자들을 공격한다. 스토아학파는 우리가 일상생활을 영위한다는 것은 우리가 매 순간마다 판단을 하고 이 판단을 행동으로 옮긴다는 것을 의미하는데, 지식을 부인하고 판단 유보를 하게 되면 인간의 삶 자체를 부인하게 되는 결과가 초래되는 것이 아니냐고 신아카데미학파에게 반문한다. 루쿨루스는 스토아학파의 관점을 수용하는 입장에서 지혜 또는 지식이 행동의 원천임을 다음과 같이 말한다.

지혜에 관해서 살펴보자. 우선 첫째로 지혜가 자신이 지혜인지 아닌지 알 수 없으면 어떻게 지혜라는 이름을 얻을 수 있겠는가? 둘째로, 지혜가 자신이 추구해야 할 것이 아무것도 없다면 어떻게 행동으로 옮길 용기를 가질 것이며, 행동과 연결되는 목적을 알 수 있을 것인가? 진실로 지혜가 최종 목적이 무엇인가에 대해 의심하고, 모든 행동의 준거점이 되는 그 목적을 모른다면 어떻게 이것이 지혜라고 불릴 수 있겠는가? 여기에 또 다른 확실한 논거가 있다. 지혜가 행동하려 할 때 따라야 할 어떤 것인가가 최초의 사물로 규정되어야만 하며, 이 최초의 사물은 우리의 본성에 부합해야 한다. 그러지 않다면 우리로 하여금 행동하게 만드는 충동, 다시 말해 우리에게 인상을 심어주려는 대상을 향한 충동은 작동할 수 없다(『루쿨루스』, 24).

이러한 스토아주의자들의 옹호 논리에 대한 신아카데미학파의 대응은 크게 급진적 회의주의, 완화된 회의주의, 오류 가능주의의 입장에서 전개된다(Brittain, 2006: Introduction, xxv~xxxi). 첫째, 클레이토마코스로 대변되는 급진적 회의주의자는 제논이 자신의 인식론에서 지식의 기초로 삼는 자기보증적 인상을 객관적인 인상과 주관적인 인상으로 나누어, 회의주의적 입장에서 객관적인 자기보증적 인상은 부인하나, 주관적인 자기보증적 인상은 존재한다고 믿으며, 나아가 이 인상이 설득력을 가질 때 우리는 동의가 아닌 승인(approval)을 통해 이 인상을 '진실인 것처럼' 믿고 행동할 수 있다고 말한다.[14] 또한 이들은 본능적인 행동이나 습관적인 행동 또는 불확실성하에서의 행동은 동의라는 절차 없이도 행할 수 있다고 본다. 간단히 말해 급진적 회의주의자들은 스토아주의자들이 강조해 마지않는 지식에 이르는 과정에서 필수적인 동의라는 절차가 없어도 행동이 가능하다는 점을 주장한다.

두 번째 입장은 완화된 회의주의로서 기본적으로 파악 불가능성은 받아들이지만 모든 동의를 거부하지는 않는다. 완화된 회의주의자는 동의를, 불합리한 것을 배척하면서 '합리적 신념(rational belief)'을 형성하는 데 필요한 절차로 받아들인다. 합리적 신념은 물론 파악과는 구별

---

14 동의를 지식 그 자체에 이르기 위한 과정이라고 한다면, 승인은 지식이라고 믿는 신념에 이르는 과정이라고 할 수 있다.

된다. 필론은 『로마서』를 쓰기 이전에 이 입장을 대변하고 있었다. 완화된 회의주의와 급진적 회의주의를 구별하는 것은 쉽지 않으나, 전자는 적절한 조건에서 충분히 강력한 증거가 있는 경우에 한해서 설득력 있는 인상에 동의를 부여해 진리로 믿는다는 점에서 후자와 차이를 보인다.

세 번째 입장은 『로마서』에 나타난 필론의 입장으로서 오류 가능주의인데, 한 마디로 진리는 존재하지만 그 진리가 오류일 가능성도 상존한다는 것이다. 필론은 진리가 존재한다는 면에서 자기보증적 인상이 존재하지 않는다는 카르네아데스의 절대적 회의주의를 거부하지만 동시에 우리의 동의를 얻은 자기보증적 인상도 틀릴 수 있다고 주장하면서, 오류 가능주의라는 새로운 형태의 회의주의로 복귀하고 있다. 안티오코스는 필론의 변절을 통렬하게 비판한다.

4) 진리의 기준에 대한 반증: 역동적인 헬레니즘 철학

키케로는 신아카데미의 입장에서 『루쿨루스』의 후반부를 마무리한다. 그는 지식을 획득하는 것은 불가능하다는 카르네아데스의 입장을 받아들인다. 그렇다고 그가 지식의 존재 가능성을 부인하는 것은 아니다. 그는 앞서 무행동 논변에서 얘기된 바와 같이, 지식이 없어도 행동할 수 있으며, 설득력 있는 인상에 근거해서 판단하고 행동할 수 있음을 주장한다. 후반부의 앞부분(『루쿨루스』, 64~111)에서는 논리적으로 스토아학파의 인식론을 공격해 진리가 없음을 주장하는 한편, 뒷부분(『루쿨루스』, 112~146)에서는 철학사를 조망하는 과정을 통해 많은 학파들의 진리에 대한 주장이 아직도 일치하지 않음을 보여줌으로써 진리를 획득하는 것이 가능하지 않다고 주장한다. 진리의 기준에 대한 상이한 주장이 존재해왔다는 것은 절대적 진리가 존재할 수 없다는 것을 보여준다는 것이다.

키케로는 헬레니즘 철학의 전통에 따라서 철학을 자연학, 윤리학, 논리학의 세 분야로 나누어 각 분야의 발전사를 조망한 후, 다음과 같은 결론을 제시한다. 첫째, 우리는 자연학의 주요 대상인 천체나 인간의 본성에 대해서 제대로 알지 못한다. 스토아학파 내에서도 이견이 존재하는데, 제논은 에테르(ether)가 최상의 선이라고 생각하는 반면, 그의 제자 클레안테스(Kleanthes)는 태양을 모든 사물의 지배자로 생각한다. 자연학 분야에서 지식 획득은 불가능하지만, 자연학은 도덕적 가치를 지닌다는 점에서 중요하다는 것을 키케로는 다음과 같이 주장한다.

> 자연에 대한 관찰이나 관조는 소위 우리의 정신과 지성에 자연적 음식을 공급한다. 우리는 일어서며, 고양된 상태에 있는 것같이, 인간사를 내려다보며, 그리고 숭고한 천상의 사물을 생각함으로써 우리의 일을 작고 보잘 것 없는 것으로 경멸한다. 최고로 위대한(혹시나 또한 최대로 숨겨진) 사물을 탐구하는 과정은 그 자체가 기쁨이다. 만약에 우리가 진리처럼 여겨지는 어떤 것을 만난다면, 우리의 정신은 완전히 고아한 기쁨으로 충만될 것이다(『루쿨루스』, 127).

둘째, 윤리학에는 다양한 의견이 존재하고, 각 학파 간에 격렬한 논쟁이 벌어지는데, 이 역시 윤리에 대한 지식이 획득하기 불가능하다는 사실을 잘 보여주고 있다. 인생의 목적과 행복한 삶이 무엇인가에 대한 정의도 학자나 학파마다 다른데, 대표적으로 에피쿠로스학파와 스토아학파는 쾌락과 덕을 각각 강조한다는 점에서 큰 차이를 보인다. 스토아학파를 추종하는 안티오코스의 행복한 삶에 대한 정의도 제논의 정의와 다르게 나타난다. 제논은 덕만이 행복을 보장할 수 있다고 주장하는 데 반해, 안티오코스는 덕 이외에도 외부적 재화가 있어야 행복할 수 있다고 주장한다.

셋째, 논리학 분야에서, 프로타고라스나 플라톤과 같은 학자, 에피쿠로스학파나 스토아학파와 같은 학파가 주장하는 진리의 기준은 각각 다르게 나타난다. 프로타고라스는 감각을 강조하나, 플라톤은 감각의 도움을 받지 않는 지성에 의해서만 진리에 도달할 수 있다고 주장한다.[15] 스토아학파의 논리학을 따를 경우, 현명한 사람을 제외한 대부분의 일반인은 진리에 도달할 수 없는데, 이럴 경우 현명하지 못한 우리는 "지금은 환하다"라는 명백한 사실도 알 수 없게 된다. 스토아학파의 경우처럼, 논리학이 있어도 우리가 꼭 진리를 알 수 있는 것이 아니며, 논리학이 없어도 필요한 지식을 얻을 수 있다. 논리학이 '체계적 기예(systemic art)'와 '기술(skill)'을 위해서 반드시 필요한 것은 아니며, 논리학이 없어도 상식적인 수준에서 우리는 지식을 추구할 수 있다.

키케로는 스토아학파의 논리학을 이론적 측면(핵심 논변, 추론적 논변, 두 가지의 역설)과 철학사적 측면을 통해 비판하는데, 전자는 내재적 비판, 후자는 외재적 비판이라고 할 수 있다. 물론 이 두 가지 비판이 서로 결합해 강력한 반대 이론을 형성하는 것은 사실이지만, 키케로가 어디에 더욱 강조를 두는가도 재미있는 질문이 될 수 있다. 키케로는

---

15 키케로는 플라톤의 이데아론에 대해 중립적으로 상당히 간략하게 소개할 뿐이며, 적극적인 옹호는 회피한다.

근본적으로 회의주의자이기 때문에 지식에 대해 적극적이고 공격적인 주장을 할 수 있는 처지는 아니었다.[16] 그는 당대에 강력하게 영향을 미치던 스토아학파의 논리학 또는 인식론에 대해 수세적 입장에서 비판을 할 수밖에 없었다. 그러므로 그가 적극적으로 활용할 수 있는 비판 방법은 외재적 비판이라 할 수 있다. 그가 외재적 비판의 방법을 활용하면 할수록, 즉 그가 더 많은 철학자의 진리 기준에 대한 주장을 드러내어 밝히면 밝힐수록, 후세의 우리는 헬레니즘 철학에 대해 더 많이 이해하게 되는 이득을 누릴 수 있다. 키케로가 우리에게 보여주는 사실은 헬레니즘 시대가 철학적으로 역동적이었다는 것이다.

4. 논리학의 위상 제고

아리스토텔레스가 죽기 전에는 고대 그리스에 진정한 회의주의적 학파가 존재하지 않았다. 고전 그리스 철학 시대에 지식에 관한 문제는 플라톤의 『테아이테토스(Theaetetos)』가 잘 보여주듯이 '지식이란 무엇인가(what is knowledge)'의 문제였다. 아리스토텔레스의 사후에 제논, 에

---

16   글루커(John Glucker)와 스타인메츠(Peter Steinmetz)는 키케로가 두 번씩 학문적 정향을 바꾼 것으로 보고 있다. 첫 번째 변화는 키케로가 젊었을 때는 필론의 추종자였고 회의주의적 아카데미주의자였으나 후에 안티오코스의 구아카데미를 받아들인 것이고, 두 번째 변화는 기원전 45년에 구아카데미에서 카르네아데스와 필론의 회의주의로 바뀐 것이다. 이 같은 주장과는 달리, 괴를러(Wodemar Görler)는 키케로가 기원전 45년에 이르기까지 영혼의 불멸성, 신의 존재, 덕의 충분성 등과 같은 교리를 믿는 교조적 경향을 지니고 있었던 것은 사실이나, 이 시기에도 근본적으로 회의주의적 입장을 견지했다고 본다 (Görler, 1995: 85~86 참조).

피쿠로스, 피론, 아르케실라오스 등의 헬레니즘 시대 철학자들에 의해 지식의 문제는 '지식이 과연 존재하는가(Is there any knowledge)' 또는 '어떻게 지식이 가능한가(How is knowledge possible)'라는 문제로 인식론적 전환이 이루어졌다(Brunschwig, 2005: 229~232). 제논과 에피쿠로스는 지식이 존재하고 획득 가능하다고 것을 보이기 위해 전문적인 철학적 용어를 조어해가면서 적극적으로 논리학을 발전시켜갔음에 비해, 아르케실라오스로부터 시작해서 회의주의적 경향에 빠진 아카데미는 논리학을 부정하기 위해 이미 만들어진 전문용어를 사용해 소극적으로 대응할 수 있었을 뿐이다. 아카데미가 기존의 전문용어를 사용했다는 것은, 이미 이들의 관점이 부지불식간에 스토아주의에 젖어 있다는 것을 의미했다.

기원전 1세기경에 끝난 헬레니즘 철학 시대의 바깥에 위치한 키케로는 플라톤주의와 아리스토텔레스주의의 부활, 신·구아카데미의 쇠퇴, 스토아학파와 에피쿠로스학파의 쇠퇴 등에 힘입어, 기존의 철학적 도그마에서 벗어나 좀 더 자유롭게 자기가 필요한 지식을 탐구할 수 있었다. 철학 작품을 저술할 때, 키케로는 자신의 논거를 그리스 작품들에서 끌어온 다음, 그 주장을 남이 흉내 낼 수 없는 방식으로 발전시키고, 자신의 다양한 경험과 박학다식에서 우러나온 예들로 설명하는 방법을 취했다. 그는 다른 모든 철학 학파의 관점에 대해 자유롭게 의문을 제기했고, 그 주장들을 하나씩 상호 비교했으며, 이성적으로 가장 일관되어 보이는 이론을 옹호했다.

키케로는 헬레니즘 철학의 유산이라 할 수 있는 논리학, 자연학, 윤리학의 철학 체계로 일단 고대 그리스 철학을 체계적으로 조망한 후, '자신의 필요'에 따라 자유롭게 다양한 학파의 이론을 선별적으로 수용하고 절충하려 했다. '자신의 필요'는 때에 따라, 자기 자신을 위로할 목적, 로마시민을 철학적으로 교육시킬 목적, 아들을 교육시킬 목적 등으로 다양하게 나타났다. 로마인의 관점에서 필요에 따라 철학 체계를 구축하려는 키케로의 시도는 편협할 수도 있지만, 그 과정에서 이 철학 체계를 '찬성과 반대라는 양쪽 측면에서' 논쟁을 거쳐 정당화함으로써 그는 좀 더 높은 수준의 객관성과 보편성을 지닌 철학 체계를 구축하는 데 성공하고 있다.

키케로는 『아카데미의 회의주의』에서 지루한 논쟁에 휩싸였던 논리학의 위상을 '찬성과 반대라는 양쪽 측면에서'의 대화를 통해 한 차원 더 격상시킨다. 격상된 논리학이 주는 메시지는 분명하다. 그것은 지식이 획득 가능하건 불가능하건 간에 인간의 삶에서 근원적이라는 것이다. 그 근원적인 의미를 알기 위해서는 이미 논리학의 울타리 안에 들어온 우리가 이제 자연학이라는 나무에 올라가야 할 것이다.

5장

/

자연학

에피쿠로스 신학과 스토아 신학에 관한 비판적 고찰

1. 헬레니즘 철학 시대의 신학

헬레니즘의 철학 체계는 논리학, 자연학, 윤리학의 세 분야로 구성되는
데, 이 철학 체계는 논리학에서 출발해 자연학을 거쳐 윤리학에서 그
정점에 도달한다. 헬레니즘 철학자들은 흔히 '논리학 → 자연학 → 윤리
학'의 상승 순서로 작품을 썼으나, 키케로는 자연학에 관한 작품을 쓰기
에 앞서서 윤리학에 관한 작품을 먼저 썼다는 점에서 차이를 보여준다.
그가 왜 그랬는지는 윤리학의 도움을 받아 애지중지하던 딸 툴리아를
잃은 슬픔에서 벗어나고자 했다는 설명이 설득력을 얻고 있다.

『신들의 본성』은 『예언에 관하여』와 『운명에 관하여』와 더불어
자연학에 관한 3부작을 구성한다. 그러나 이 세 작품은 동등한 입장에
서 3부작을 구성하고 있는 것이 아니라, 『신들의 본성』이 주가 되고 나

머지 두 작품이 종이 되는 관계를 이루고 있다. 키케로는 신의 본성이라는 주제가 상당히 난해하고 불명확하기 때문에 제대로 다루어지지 않았음을 지적하면서, 이 주제는 '인간 정신이 파악해야 할 가장 고귀한 학문 분야(the noblest of studies for the human mind to grasp)'임을 강조한다(『신들의 본성』, I. 1). 신의 존재, 신의 본성, 신의 섭리를 다루는 가장 고귀한 학문 분야에서 만약 신에 관한 헬레니즘 철학 학파 간의 다양한 논의가 충돌해 일치점이 없게 되고, 이에 따라 일반 시민이 신에 대한 예배나 종교적 의식을 수행하지 않게 되면 시민의 삶은 무질서와 혼동에 사로잡히는 결과가 초래된다. 신의 본성에 관한 논의가 중요한 이유는 "만약 신에 대한 숭배가 사라진다면 사람들 간의 신뢰와 사회적 유대감 그리고 유별나게 뛰어난 덕목인 정의가 사라지게 될 것"이기 때문이다(『신들의 본성』, I. 4). 여기서 키케로는 종교가 신뢰, 유대감, 정의의 원천임을 분명하게 강조한다.

키케로는 로마의 전통적 종교가 정치적 역할을 제대로 수행하지 못하고 있다고 판단한다. 『신들의 본성』에서 코타는 신아카데미학파를 대변하는 화자로 나오지만, 로마의 제사장으로서 로마의 전통 종교를 옹호하는 입장을 취한다. 이 전통 종교는 스토아학파의 신학과는 여러 면에서 대립되는데, 신아카데미학파를 추종하는 키케로는 같은 학파에 속해 있는 코타의 주장에 당연히 동조하기보다는 발부스가 추종하는 스토아학파의 신학에 많이 경도된 태도를 보이고 있다. 그는 자신의 태도를 『신들의 본성』에서는 "내 눈에는 발부스의 논의가 진리에 더욱 가까워 보인다"(『신들의 본성』, III. 95)라고 소극적으로 밝혔으나, 『예언에 관하여』에서는 다음과 같이 적극적으로 밝히고 있다. "천체의 질서와 우주의 아름다움은 나로 하여금 사람들의 존경과 숭배를 받을 만한 우월하고 영원한 존재가 있다고 고백하게 만든다"(『예언에 관하여』, II. 148). 키케로가 『투스쿨룸』에서 로마 교육의 개혁을 꾀한다면,[1] 『신들의 본성』에서는 로마 종교의 개혁을 꾀한다고 볼 수 있다.

　헬레니즘 시대에 출판된 많은 철학 작품이 망실되었기 때문에, 『신들의 본성』은 에피쿠로스학파와 스토아학파의 신학을 알려주는 중요한 작품으로 남아 있다. 키케로가 이 대화편을 쓰면서 당시에 그가 구할 수 있었던 작품들을 참고한 것은 사실이지만, 그가 단순히 두 학파의 신학을 전달만 하는 것은 아니다. 신아카데미학파이며 제사장인 코타를 화자로 등장시켜 '로마인 회의주의자의 관점'에서 두 학파의 신학을 자유롭게 검토하고 비판하는 것은, 그가 독창적으로 신학의 문제에 접근한다는 것을 잘 보여준다. 필자는 키케로가 이 대화편을 쓴 목적은 종교개혁을 통해 당시 로마 사회에 만연한 미신을 타파하고 좀 더 이성적인 정치 질서를 수립하고자 했던 것으로 해석하며,[2] 그 방법으로 그가 로마 종교와 스토아 신학을 절충할 것을 제시한다고 파악한다. 이러한 관점은 에피쿠로스학파와 스토아학파의 신학을 단순히 소개하는 책으로 오해되어온 『신들의 본성』에 대해 새로운 철학적 위상을 부여하고 정립하는 데 기여하리라고 생각한다.

　이 장은 6절로 구성되는데, 1절 서론에 이어, 2절에서는 『신들의

1　길든하드(Ingo Gildenhard)는 키케로가 이 책에서 새로운 로마 교육과 로마 철학을 제시한다고 설득력 있게 주장한다(Gildenhard, 2007 참조).
2　키케로가 생각한 이성적 정치 질서의 모습은 『국가에 관하여』와 『법률에 관하여』에서 찾아볼 수 있다. 그는 특히 『법률에 관하여』 2권에서 이상국가가 지녀야 할 종교에 관한 법률이 무엇인지에 대해 설명한다. 그는 이상국가의 최고 법률은 신적 지성이며, 종교에 관한 법률도 이에 근거해야 한다고 주장한다.

본성』의 대화 배경과 구조를 논하고, 3절에서는 헬레니즘 철학 체계의 자연학을 구성하는 우주론과 신학의 특징을 살펴보고, 4절에서는 에피쿠로스 신학에 대한 소개와 그 비판, 5절에서는 스토아 신학에 대한 소개와 그 비판이 다루어지며, 6절은 키케로가 종교교육을 정치를 위한 중요한 수단으로 생각했다는 주장이 제시된다.

2. 『신들의 본성』의 배경과 구조

키케로는 윤리학에 관한 작품인 『최고선과 최고악』과 『투스쿨룸』을 기원전 45년에 쓴 후 같은 해에 『신들의 본성』을 썼다. 이 작품의 후속편인 『예언에 관하여』와 『운명에 관하여』는 기원전 44년에 저술되었다. 『예언에 관하여』의 화자는 키케로와 그의 동생 퀸투스이다. 퀸투스는 1권에서 예언을 인위적 예언과 자연적 예언으로 나누어, 스토아학파의 관점에서 예언이 존재한다는 주장을 한다. 키케로는 퀸투스의 주장을 비판하면서 예언은 존재하지 않는다는 논리를 전개한다. 『운명에 관하여』의 화자는 키케로와 히르티우스(Hirtius)이다. 이 대화편에서 키케로는 운명과 자유의 관계를 논하는데, 그는 크리시포스(Chrysippos)의 주장에 따라서 보편적 인과법칙을 따르는 운명이 있음을 부인할 수는 없지만, 운명이 모든 것을 결정한다는 운명결정론에 반대하면서 인간은 자유의지를 가지고 행동하려는 좀 더 강한 성향을 지니고 있음을 보여준다.

　　『신들의 본성』은 기원전 76년의 축제 기간(*Feriae Latinae*)을 맞이해 3일 동안 네 명의 화자가 코타의 집에서 대화하는 것으로 설정된다.

대화의 참가자는 에피쿠로스학파를 대변하는 벨레이우스, 스토아학파를 대변하는 발부스, 신아카데미학파를 대변하는 코타, 그리고 이들의 논의를 경청하는 나이 30세의 젊은 키케로이다. 당시 벨레이우스는 원로원 의원이었으며, 코타는 제사장(pontifex)이었고, 발부스는 철학자였다. 여기서 '작가 키케로'는 재미있게 화자를 설정한다. 에피쿠로스학파는 정치에 참여하지 않는 것을 원칙으로 하는데 벨레이우스는 원로원 의원으로 정치에 참여하고, 신아카데미학파는 어떠한 도그마에도 강한 회의를 표방하는 것을 원칙으로 삼는데 코타는 제사장으로 로마 종교라는 도그마를 강력하게 신봉하며, 스토아학파는 공적인 활동을 하나의 의무로서 장려하는데 발부스는 이런 의무를 외면하고 철학만을 탐구하고 있는 것으로 나타난다. '작가 키케로'는 이러한 설정을 통해 이 세 사람의 주장에 각각 내재하는 모순성을 암시했다고 할 수 있다.

대화 배경에서 특이한 점은 첫째, 키케로가 주요 화자로 등장하지 않는다는 점이다. 이 대화편에 바로 앞선 대화편인 『최고선과 최고악』과 『투스쿨룸』에서 키케로는 주요 화자로 등장해서 대화를 이끌어나가지만, 이 대화편에서 키케로는 간단한 언급만 할 뿐, '공평하고 불편부당한 청중'으로 남아 있다. 어떤 특정한 도그마를 따르지 않는 것은 키케로가 추종하는 회의주의적 신아카데미학파의 기본 입장과 일치한다고 볼 수 있다. 둘째, 『최고선과 최고악』에서는 에피쿠로스학파, 스토아학파는 물론 구아카데미학파가 대표적인 세 학파로 제시되면서 각 학파의 윤리설에 대한 소개와 비판이 이루어지는 데 반해, 『신들의 본성』에서는 구아카데미학파의 종교론 또는 신학이 배제된다. 키케로는 『최고선과 최고악』에서 구아카데미학파를 옹호한 피소(Marcus Pupius Piso)가 『신들의 본성』에서 화자로 참가할 수 있는 가능성을 암시하나,

스토아학파의 주장과 구아카데미학파의 주장에 실질적인 차이가 있느냐의 여부 자체가 논란의 대상이 될 수 있기 때문에 피소를 제외하는 전략을 취한다. 신아카데미학파인 코타는 스토아학파와 구아카데미학파가 실질적인 차이가 없다고 주장하는 반면에, 스토아학파인 발부스는 이 두 학파 간에 실질적인 차이가 있다고 주장하는데, 이와 같은 코타와 발부스의 의견이 대립하는 양상은 『최고선과 최고악』 4권에서 차이를 부정하는 키케로와 그것을 부정하는 카토의 의견이 대립하는 양상과 동일하다고 할 수 있다.

『신들의 본성』은 총 세 권으로 구성되고, 각 권은 하루 동안 이루어진 대화 내용을 담는다. 1권은 키케로가 이 책을 쓴 동기와 신아카데미학파의 탐구 원칙을 밝히고, 대화편의 배경을 설명하는 서론(1~17)과 벨레이우스가 에피쿠로스학파의 신학을 개진하는 부분(18~56), 그리고 이에 대한 코타의 비판이 전개되는 부분(57~124)으로 구성된다. 2권에서는 발부스가 스토아학파의 신학을 개진하며, 3권에서는 코타가 이에 대한 비판을 전개한다. 에피쿠로스학파의 신학에 대한 소개와 비판이 한 권에서 다루어진 데 비해 스토아학파의 신학에 관한 소개와 비판이 두 권에 걸쳐서 다루어진 것은 키케로가 에피쿠로스 신학을 경시한다는 것을 방증한다.[3]

---

3   키케로는 근본적으로 에피쿠로스 철학을 반대한다.

3. 자연학의 분야로서 우주론과 신학

헬레니즘 철학 체계에서 우주론(cosmology)과 신학(theology)은 자연학을 구성한다. 우주론은 '우주의 본질(the nature of the universe or cosmos)'이 무엇인가를 탐구하는 학문이며, 신학은 신이 우주의 창조와 운행 및 인간사에 어떻게 관여하고 있는가를 탐구하는 학문이다. 여기서 우주는 천체와 지구의 시스템, 그리고 이 둘 안에 포함된 자연을 의미한다(Furley, 2005: 412). 스토아학파에 따르면 신의 존재, 본성, 섭리, 인간에 대한 배려는 신학에서 다루어져야 하는 핵심적인 네 가지 주제이다(『신들의 본성』, II. 3). 고대 그리스 철학에서 천체나 우주는 객관적인 자연이라기보다는 신성한 존재로 여겨졌고, 또한 그것은 신의 지배하에 있다고 규정되거나 신과 동일시되기조차 했기 때문에, 우주론과 신학은 그 다루는 대상이 중복되기도 했다. 스토아학파는 자연학이 궁극적으로 신학으로 귀결된다고 생각했다(Most, 2009: 314).

우주론에 관한 논의는 플라톤과 아리스토텔레스에 의해 심화되었지만 이 두 철학자에 앞서 원자론에 입각해 우주론을 거론한 사람은 데모크리토스(Democritos)이다. 플라톤은 『티마이오스(*Timaios*)』에서 데모크리토스의 관점과 대립되는 입장을 표명했으며, 한 세대 후에 아리스토텔레스는 데모크리토스의 중요 주제들을 전면적으로 거부하는 이론을 전개했다. 이 세 철학자의 관점을 다음과 같이 정리할 수 있다.

데모크리토스는 우리가 사는 세상은 무한한 우주에 존재하는 과거, 현재, 미래에 걸친 무한한 세상 중의 하나라고 주장했다. 플라톤과 아리스토텔레스는 우주를 지금 존재하고, 과거에 존재했고, 미래에 존재할 모든 것이라고 생각했다. 데모크리토스는 우리의 우주가 시간상의 시작점을 가지며, 궁극적으로 소멸할 것으로 믿었다. 우주는 사멸할 집합체이며, 우주는 그 안에서 사는 사멸할 창조물보다 궁극적으로 안정적이지 않다. 플라톤과 아리스토텔레스는 모두 우리의 우주가 영원히 동일한 것으로 남을 것이라고 믿었다. 플라톤은 우주 창조에 관해서 언급했으나, 이와는 대조적으로 아리스토텔레스는 우주에 어떤 시작이 있다는 것을 부정했다 (Furley, 2005: 413).

데모크리토스의 신은 '원자와 허공(atoms and void)'의 결합으로 생성되며, 이 신은 물질적인 세계의 질서의 구성이나 유지에 관계하지 않는다. 하지만 『티마이오스』에 나타난 데미우르고스(demiourgos)와 그 하위에 위치하는 신들은 제작자로서 세계를 창조한다.[4] 이들은 우선 우주의 영혼인 천체를 창조하고 물, 불, 흙, 공기의 4원소로 세상의 모든 물질을 구성해내며, 궁극적으로 복잡한 인간 신체를 완성해낸다. 아리스토텔레스는 플라톤을 따라서 우주의 창조는 믿지만, 우주의 질서에 시작과 끝이 있다는 관점은 배격한다. 그는 물리적 세계의 영원한 운동을 설명할 수 있는 유일한 방법으로 그 자신이 움직이지 않고, 영원하며, 비공간적이며, 비물질적인, 궁극적 운동 원인을 상정했다. 이것은 '움직이지 않는 최고의 운동자(the unmoved Prime Mover)'이며 '제일 원리(the first principle)'인데, 이것은 곧 신을 의미한다. 최고의 운동자는 우주를 창조하지만, 이것은 영원하기 때문에 우주의 시작에 관해서는

---

4 신들이 법률 제정에 어떻게 관여하는가를 다룬 대화편이 『법률』이다. 『법률』 10권은 플라톤의 신학을 뚜렷하게 보여준다.

말할 수 없게 된다.

에피쿠로스학파는 데모크리토스의 우주론을 답습하는 반면에, 스토아학파는 플라톤과 아리스토텔레스의 우주론에서 많은 영향을 받았다. 에피쿠로스는 원자에 무게라는 속성을 부여하고 원자의 이탈운동(swerving)을 새롭게 고안함으로써 데모크리토스의 원자론을 개선하고자 했지만, 왜 원자가 이탈운동을 하게 되는지를 설명하지 못했기 때문에 그가 고안한 이탈운동은 자의적 발명에 불과한 것으로 비판받는다. 스토아학파는 플라톤과 아리스토텔레스를 따라서 하나의 우주가 존재한다고 주장하며, 또한 이 우주는 아리스토텔레스의 주장과 같이 진공이 존재하지 않는 물질적 연속체이며 아울러 물질 자체는 나뉠 수 없는 원자적인 것이 아니라 무한히 나뉠 수 있는 연속적인 것임을 주장한다. 이들은 우주는 목적론적으로 구성되어서 합목적적인 질서를 갖지, 데모크리토스나 에피쿠로스의 주장처럼 우연한 충돌의 결과로 구성되는 것이 아니라고 주장한다. 아리스토텔레스는 우주는 영원히 존재한다고 믿는 데 비해, 스토아학파는 우주가 탄생과 소멸, 그리고 재탄생과 재소멸이라는 영원한 순환 과정을 겪는다고 믿는다.

스토아학파의 주장에 따르면 우주는 물질로 구성되며, 우주 전체에는 이성(logos)이 스며 있다. 광대한 우주를 관할하는 이성이 존재한다면 이러한 이성은 신일 수밖에 없고, 모든 사물의 생성 원인이 될 수밖에 없다. 스토아학파에게 이성은 근본적으로 물질적인 것이지만 정신적인 성격도 동시에 갖는다.[5] 이성은 '창조하는 불'로서 모든 사물을

---

5   이 같은 이성의 성격을 고려할 때 스토아 철학자를 유물론자라고 표현한다면 오해의
소지가 있다. 롱은 이들을 물활론자라고 표현하는 것이 낫다고 하면서 이들의 자연은 스피

만드는 원천이 된다. 불에서 가장 먼저 공기가 생겨나고, 공기로부터 물이, 그다음 물에서 흙이 생겨나며, 모든 요소는 중심으로 향하는 움직임을 자연스럽게 취한다. 이 네 요소들이 서로 혼합됨에 따라서 모든 사물이 생겨나게 된다. 일정한 기간이 지나면 온갖 사물과 우주를 단단한 형태를 이루게 만들었던 프네우마(*pneuma*)의 내적인 긴장이 마비되고, 가장 기초적인 요소인 불이 점차 세상을 정복하면서 세상을 대화재로 몰고 가서는 마침내 또 다른 세상을 만들게 된다. 창조적인 불로 시작하며 만물로 가득 찬 우주를 만들고 대화재를 거쳐, 다시 창조적 불로 우주를 만드는 순환 과정은 영원히 반복된다(호센펠더, 2011: 193~194). 영원한 순환 과정은 창조적인 불은 이성이며 신이며 우주라는 등식을 잘 보여준다.

스토아학파의 우주론이 지니는 목적론적인 성격을 파악하기 위해서는 두 가지 종류의 목적론을 구별하는 것이 유용한데, 그 하나는 플라톤적인 것이고 다른 하나는 아리스토텔레스적인 것이다.

플라톤은 『티마이오스』에서 우주는 제작 작업에 필요한 물질에 부여된 제한성이 주어진 가운데, 되도록이면 우주를 좋게 만들려는 목적을 지닌 제작자(a Maker)에 의해 만들어졌다고 주장했다. 아리스토텔레스는 자연이 목적이나 목표를 향해 작용하지만 이러한 자연의 활동은 외부의 행위자에 의해서 선택되고 강요되기보다는 자연세계에 내재한다고 주장했다. 만약 우리가 우리 스스로에게 스토아는 이 두 가지 모델 중 어느 것을 따르느냐고 묻는다면, 우리는 '둘 다 동시에'라고 대답해야 한다. 스토아의

노자의 신 또는 자연처럼 연장의 속성을 지닌다고 주장한다(롱, 2000: 281 참조).

관점에 따르면 신은 세계의 제작자이고 또한 신은 이 세계를 가능한 한 좋게 만들었지만 이 신은 동시에 세계에 내재하는 것이다. 여기서 신이 내재한다는 것은 종종 신과 세계가 일치하는 것으로 말해지기도 한다 (Furley, 2005: 448).

스토아의 신은 세계를 창조하는 제작자이기도 하지만, 세계를 초월해서 존재하는 것이 아니라 자신의 만든 세계에 내재하기도 한다. 제작자로서의 신은 능동적인 창조 원리인 섭리를 가지고 있으며, 내재하는 신은 섭리에 따라 수동적으로 작동하는 자연과 동일시된다. 궁극적으로 스토아학파에게 신, 우주, 자연, 창조하는 불, 이성, 섭리는 일치하는데, 어떠한 이름으로 불리든 간에 이들은 인간의 이익을 위한다는 목적이 있다.

4. 에피쿠로스 신학과 그 비판: 벨레이우스 대 코타

1) 에피쿠로스 신학

벨레이우스는 『신들의 본성』 1권(18~56)에서 에피쿠로스학파의 신학을 소개한다. 그 주요 내용은 첫째, 신은 자연적으로 존재하며, 둘째, '지복과 불멸(blessedness and indestructibility)'은 신이 지닌 가장 핵심적인 두 가지 본성이며, 셋째, 신은 인간의 형상을 닮았다는 것이다. 신의 존재 증명과 신의 본성론은 스토아학파도 역시 다루는 주제이나, 신인동형론은 스토아학파가 근본적으로 부정한다. 스토아학파의 주요 주제인

신의 섭리와 인간에 대한 신의 배려는 에피쿠로스 신학에서는 논의되지 않는다.[6]

　우선, 에피쿠로스는 원자와 허공의 결합으로 생성된 무한히 많은 신이 존재한다고 말한다. 이 신들은 영원하며 자기동일성을 지닌다. 우리는 신의 본성을 감각이 아닌 정신을 통해서 알게 되는데, 신에게서 나와서 우리의 정신에 침투해 들어오는 모상물은 일반사물의 모상물과 달리 아주 정교해서 우리의 감각을 통하지 않고 직접 정신에 도달하기 때문이다. 신의 자기동일성은 모상물의 유출로 생긴 공간을 같은 형태로 질서 지워진 원자가 채우기 때문에 유지되며, 이로써 신의 영원성이 보장된다. 에피쿠로스는 사람들이 감각을 통하지 않고 신의 모상물을 인식할 수 있는 것은 자연이 사람의 정신에 신이란 관념을 '선개념(preconception, *prolepsis*)'으로 심어놓았기 때문이라고 설명한다.[7] 신에 대한 선개념을 모든 사람이 자연적으로 갖고 있다는 사실은 신이 존재한다는 것을 자명하게 보여주기 때문에, 에피쿠로스는 신의 존재 증명을 위해 이것 외에 여타의 다른 증명 방법은 전혀 필요하지 않다고 단언한다.

　둘째, 에피쿠로스는 '지복과 불멸'을 신이 지닌 본성으로 제시한다(『신들의 본성』, I. 45, 68).[8] 지복하고 사멸하지 않는 신은 스스로 아무

6　두 학파의 신학에 관한 전반적인 논의는 Mansfeld(2005b)를 참조하기 바란다.

7　우리가 '말'이나 '소'라는 개념을 모를 때, 저 멀리에 서 있는 동물이 말인지 소인지를 파악할 수 없게 되는데, 이때 경험적 파악의 근거가 되는 지식이 선개념이다. 선개념이 어떻게 생기는지에 관해 에피쿠로스는 분명한 대답을 내놓지 못한다.

8　신의 본성에 관한 에피쿠로스의 언급은 그가 쓴 「메노이케우스에게 보내는 편지」에서도 찾아볼 수 있다(Diogenes Laertius, 1972: Book X, 123~124 참조).

고민이 없으며, 남에게도 고민을 일으키지 않는다. 에피쿠로스의 신은 일하지 않는 신이며, 당연히 섭리와는 무관하며, 이 신은 자신의 행복을 위해 사람들과의 관계에 초연하고 무심한 관계를 유지한다. 그는 인간의 일에 관여하지 않으며, 인간의 기도에 귀 기울이지 않으며, 인간에게 무심하기 때문에 인간을 배려하는 어떤 행동도 하지 않는다. 세네카는 이러한 신에 대해 다음과 같이 말한다.

> 그래서 신은 어떠한 이로움도 나누어주지 못한다. 그는 냉정하며, 우리에게 주의를 기울이지 않는다. 그는 세계를 중요하게 여기지 않으며, …… 이로움이나 잘못된 일에 마음이 흔들리지 않는다(롱, 2000: 101에서 재인용).

셋째, 에피쿠로스는 인간이 모든 살아 있는 피조물 가운데 가장 아름답듯이, 인간보다 뛰어난 신은 인간의 형상을 닮아 아름다울 뿐 아니라 가장 아름다운 모습을 지니고 있다고 주장한다. 신인동형론을 옹호하는 에피쿠로스의 또 다른 논리는 인간이 이성적 존재라는 데에 근거한다.

> 신이 지복하다(blessed)는 것은 덕이 없이는 불가능하다. 덕은 이성이 없으면 불가능하며 오직 인간만이 이성을 지니고 있다. 그러므로 신은 인간의 형상을 하게 되며, 인간의 형상을 지니고 있기에 가장 아름답다(『신들의 본성』, I. 48).

그에 따르면 덕과 이성을 갖춘 행복한 신은 인간의 형상을 닮았을 뿐만 아니라 가장 아름다운 인간의 모습을 갖추게 된다. 하지만 이러한 신은 육체가 아니라 유사 육체(quasi-body)를 지니고, 혈액이 아니라 유사 혈액(quasi-blood)을 지니며, 투명한 모습을 지닌다는 점에서 인간과는 구별된다.

2) 코타의 에피쿠로스 신학 비판

신아카데미학파인 코타는 에피쿠로스 신학에 대해 조목조목 반박한다. 그가 반박을 전개하는 부분(『신들의 본성』, I. 57~124)은 벨레이우스가 에피쿠로스 신학을 소개하는 부분(『신들의 본성』, I. 18~56)보다 배 가까이 긴데, 이것은 '작가 키케로'가 에피쿠로스학파를 근본적으로 거부하고 있음을 보여준다고 할 수 있다. 코타의 비판은 에피쿠로스의 신 존재론, 신 본성론, 신인동형론에 대한 반박을 포함한다. 첫째, 코타는 에피쿠로스가 신의 존재를 증명했다고 주장하는 것은 진리에 대한 진술이 아니라 의견의 표현에 불과하다고 비판한다(『신들의 본성』, I. 61). 모든 사람이 신을 자연스럽게 믿기 때문에 신이 존재한다는 주장은 '실질적이지 않을 뿐 아니라 진리가 아니다'라는 것이다(『신들의 본성』, I. 62). 다시 말해, 주장이 곧 진리를 증명하는 것이 아니라는 것이다.

둘째, 신의 본성에 대한 코타의 논의는 신의 불멸성에 대한 반박과 신의 지복에 대한 반박으로 구성된다. 우선, 신의 불멸성에 대한 논박은 더 이상 나뉠 수 없는 원자가 있고, 원자가 움직일 수 있는 공간인 허공이 있다는 데모크리토스의 원자론을 배격하는 데서 출발한다. 코타는 아리스토텔레스의 학설을 받아들여 모든 물질은 무한하게 나뉠 수 있으며, 공간은 이러한 무한한 물질로 채워져 있기 때문에 허공이 존재할 수 없다는 입장을 견지한다. 이처럼 원자와 허공의 존재가 부정된다면, 무한히 많은 세상과 사물이 원자와 진공의 결합으로 이루어졌다는 데모크리토스와 그의 추종자인 에피쿠로스의 주장은 더 이상 성립될 수 없게 된다. 에피쿠로스는 신은 원자들의 우연한 결합으로 자연적으로 생성되었다고 주장하는데, 이 주장을 받아들이게 되면, 신은 시간의 흐름 속에서 어느 순간에 생겨난 존재가 되며, 신은 순수한 원소가 아니라 결합물이기 때문에 어느 정도의 시간이 지나면 분해되고 사멸하는 존재가 될 수밖에 없다는 결론이 도출된다. 사멸하는 존재는 행복할 수 없기 때문에, 결국 신의 본성인 지복과 불멸이 부정된다. 에피쿠로스는 이러한 문제를 해결하기 위해, 신은 보통 물질과는 다른 유사 물질(즉, 유사 육체나 유사 혈액)로 구성되어서 지복과 불멸이라는 본성을 갖게 된다고 주장하지만, 코타는 이는 전혀 논리적이지 않은 자의적 설정에 불과한 것이라고 강력하게 비판한다.

다음으로 코타는 신이 덕을 지녔기 때문에 행복하다는 에피쿠로스의 주장을 반대한다. 에피쿠로스의 무위의 신은 덕의 추구라는 능동적 행위를 할 수 없고 결국 덕과는 무관한 존재이기 때문에, 행복할 수 없는 존재라는 것이다. 이에 덧붙여 코타는 에피쿠로스의 신이 행복해질 수 없는 또 다른 이유로 신이 인간처럼 쾌락을 느끼는 육체를 갖지 않는다는 점을 지적한다. 에피쿠로스는 쾌락의 원천은 육체이고 육체적 쾌락의 증가가 행복이라고 말하지만, 유사 육체를 가진 신은 인간처럼 육체적 쾌락을 즐길 수 없으므로 행복해질 수 없게 된다는 것이다. 에피쿠로스의 주장처럼 신이 행복하다는 것을 인정해보자. 그렇게 되면 행복한 신은 자신이 행복하기 때문에 인간에게 호의나 은혜를 베풀지 않게 되며, 인간 역시 그러한 신에게 호의나 은혜를 구하지 않게 된다. 그 결과 신과 인간 사이에는 무관심이 팽배하게 되고, 사랑과 우정이 존재할 수 없게 되는데, 이처럼 호의, 은혜, 사랑, 우정의 원천이 되지 못하는 신은 경배의 대상이 될 수 없게 된다. 이렇듯 사람들에게 경배받지 못하는 신은 결코 행복한 신이라고 말할 수 없으며, 신이라고도 불릴 수 없다.

셋째, 신인동형론에 관해서도 코타는 여러 가지 근거에 입각해서 비판을 계속한다. 첫째, 그가 볼 때, 인간이 아름답다고 하는 것은 인류라는 종으로서 인간의 판단에 불과하다. 동물이 짝짓기하는 행동에서 잘 볼 수 있듯이 다른 동물 역시 자신의 종만을 아름답게 생각한다. 둘째, 인간의 아름다움에 대한 판단은 서로 일치되지 않으며 상대적이다. 카툴루스는 사팔뜨기인 로스키우스(Roscius)를 아름답다고 찬탄해 마지 않았는데, 이런 예에서 볼 수 있듯이 사람마다 아름다움에 대한 판단 기준이 다르기 때문에 아름다움에 대한 보편적 기준을 찾기 어렵게 된다. 셋째, 우리가 이집트인이 동물을 신성화한다는 사실을 기억한다면, 신이 인간의 형상을 갖춘다는 것은 모든 인류에게 공통되는 보편적인 현상이라고 볼 수 없다. 넷째, 에피쿠로스는 합리적인 존재가 인간 이외에 없다면, 인간보다 뛰어난 존재인 신은 인간을 닮을 수밖에 없다고 주장하는데, 코타는 신과 인간이 이성을 공유했다고 하더라도, 여기에 근거해서 신과 인간이 같은 형상을 지녔다고 말하는 것은 논리적인 비약이라고 지적한다. 만약에 에피쿠로스의 주장대로 신이 영원하고 불멸하는 존재로서 인간보다 먼저 존재했다면, 신이 나중에 창조된 인간의 모습을 닮았다는 주장보다는, 오히려 인간이 신의 모습을 닮았다는 주장이 논리적으로 일관된 주장이라고 말한다. 다섯째, 코타는 에피쿠로스의 신은 아무것도 행하지 않는 신인데, 이러한 신에게 인간의 형상처럼 눈, 코, 입, 손, 발, 생식기 등이 필요한 이유가 무엇인지 반문한다.

신은 보지 않고도 알고, 듣지 않고도 아는 존재이기 때문에, 인간처럼 어떤 특정한 기능을 수행하는 신체가 필요하지 않다는 것이다.

결론적으로 코타는 에피쿠로스가 신의 존재를 인정하는 것처럼 보이는 발언을 하지만, 이것은 신의 존재를 부정하는 데서 기인하는 대중의 악의를 회피하기 위해 입에 발린 거짓말을 하는 데 불과하다고 강력하게 비난한다(『신들의 본성』, I. 123). 코타는 에피쿠로스가 실질적으로 신의 존재를 부인한다고 주장하면서 인간에게 은총을 베풀지 않는 에피쿠로스의 신은 우리 인간에게는 더 이상 소용이 없는 신이라고 강조한다.

5. 스토아 신학과 그 비판: 발부스 대 코타

1) 스토아 신학

발부스는 스토아학파를 대변해 신학을 개진한다. 이 신학은 네 가지 주요 주제를 다루는데, 신의 존재, 신의 본성, 신의 섭리, 인간에 대한 신의 배려가 바로 그것이다. 2권에서는 발부스가 스토아 신학을 소개하며, 3권에서는 코타가 이를 비판한다.

(1) 신의 존재에 관하여

발부스는 신이 존재하는 것은 하늘이 존재하는 것만큼 '확실하고 분명하다(so obvious and clear)'고 주장한다(『신들의 본성』, II. 4). 그는 로마를 포함해서 모든 국가에서 '예배 의식과 종교적 관습'이 질적으로나 양적으로 계속 향상되는 중요한 이유로, 첫째, 신이 인간들에게 가끔 모습을 보인다는 점, 둘째, 미래의 일에 대한 예언이 존재한다는 점을 제시한다. 발부스는 전쟁터에서 신이 백마를 타고 현현하는 등의 일화를 들어 첫째 이유를 설명한다. 둘째 이유와 관련해서는 만약 신의 계시가 없다면 예언이나 점술은 존재할 수 없지만, 점술가가 현실적으로 존재한다면 신은 존재할 수밖에 없다는 설명을 제시한다.

발부스는 대표적인 스토아 학자인 클레안테스와 크리시포스의 논지를 끌어들여 신 존재 증명을 강화한다. 클레안테스는 네 가지 논거를 들어 신의 존재를 증명한다(『신들의 본성』, II. 13~15). 첫째, 미래에 대한 '예지(foreknowledge)'가 있다면 신이 존재하는 것이다. 둘째, 인간이 온화한 기후나 풍요한 토지와 같은 축복을 누린다면 신이 존재하는 것이다. 셋째, 우리를 두렵게 만드는 자연현상들(번개, 폭풍, 비구름, 눈, 우박, 황폐화, 역병, 지진 등)은 신이 존재한다는 것을 보여준다. 넷째, 천체에 질서와 규칙, 아름다움이 있다는 것은 이것을 관장하는 신이 존재하고 있음을 보여준다. 여기서 첫 번째 논거는 발부스가 제시한 논거와 비슷하다고 할 수 있다. 신이 존재하지 않고는 예지가 존재할 수 없는 것이며, 예지는 운명을 미리 아는 것이기 때문에 운명이라는 주제와 밀접히 연관된다. 이 네 가지 논거 중에서 가장 중요한 것은 네 번째 논거라고 할 수 있다. 천체 운동의 규칙성, 아름다움에서 우선 신의 이성과 섭리가 존재함을 찾고, 한 걸음 더 나아가 천체의 운동에 신이 내재함을 밝히고, 궁극적으로 천체와 신을 동일시하는 데까지 나아가는 것은 스토아 신학의 핵심이라고 할 수 있다.

크리시포스가 개진하는 신학의 내용은 크게 다섯 가지로 나누어 생각해볼 수 있다(『신들의 본성』, II. 16~44). 첫째, 그는 존재론적으로 신의 존재를 증명한다. 즉, 인간이 만들지 않은 우주가 존재하고, 그 우주를 관할하는, 인간보다 지적으로 뛰어난 존재가 있다면 그것은 신일 수밖에 없다는 것이다. 둘째, 크리시포스는 이성이 우주를 구성하는 흙, 물, 불, 공기를 능가하는 뛰어난 능력이라면, 이러한 이성을 갖춘 신은 존재해야 한다고 주장한다. 스토아학파의 창시자인 제논은 삼단논법을 사용해 신이 이성을 지닌다는 것을 다음과 같이 증명한다. "이성을 사용하는 존재는 그렇지 않은 존재에 비해 '더 훌륭하다(better)'. 우주보다 더 우월한 것은 없다. 그러므로 우주는 이성을 사용한다"(『신들의 본성』, II. 21). '더 훌륭하다'라는 개념에 근거해서 전개되는 제논의 삼단논법을 '현명함', '행복함', '영원함'이라는 속성에 각각 적용하면, 이러한 속성을 지닌 존재는 그렇지 않은 존재보다 우월하며, 우주보다 더 우월한 존재는 없기 때문에, 우주는 현명하고, 행복하고, 영원하다는 결론이 도출된다. 이렇듯 모든 좋은 속성을 갖춘 우주는 곧 신의 다른 표현이라고 할 수 있다. 셋째, 크리시포스는 우주가 살아 있는 존재라고 주장한다. 스스로 움직이는 열을 가지고 있을 때 모든 생물이 살아 있는 존재가 되듯이, 우주 역시 열을 가지는 구성 성분으로 채워져 있고 이 구성 성분들은 지배 원칙(ruling principle, *hegemonikon*)인 우주의 영혼에 의해 연결되어 있으므로 우주는 살아 있는 존재가 된다는 것이다. 넷째, 크리시포스는 우주를 구성하는 한 부분인 인간이 이성과 감각을 지니고 있다면, 인간을 포함하고 있는 전체인 우주는 완전한 이성과 감각을 지니며 그렇기 때문에 우주는 신적인 것이라고 주장한다. 다섯째, 식물, 동물, 인간 간에 존재의 위계질서가 있고 앞의 순서대로 존재의 수준이 높아진다면, 인간보다 높은 곳에 존재하는 신은 완전한 존재이며 완전한 이성을 갖춘 존재일 수밖에 없다고 크리시포스는 주장한다.

발부스는 크리시포스의 신학을 확장해, 우주가 지닌 신성함(divinity)이 천체의 별들에게도 적용된다고 주장한다. 그에 따르면 별들은 다른 원소가 혼합되지 않은 가장 순수한 에테르 상태에서 발생하기 때문에 불멸성을 지니며, 또한 별들의 자발적이고 규칙적인 운동이 잘 보여주듯이 완전한 이성을 지닌다. 이처럼 스토아학파는 불멸하며 이성을 지닌 존재인 별들에게도 신의 지위를 부여한다.

(2) 신의 본성에 관하여

발부스는 신의 본성에 관해 크게 네 가지 주제를 거론한다. 첫째, 그는 우선 에피쿠로스학파의 신인동형론에 맞서서 신은 인간의 형상을 닮은 것이 아니라, 천체나 별처럼 구형의 모습을 갖추었다고 주장한다. 이것은 플라톤의 주장을 답습하는 것이다. 고대로부터 원이나 구는 완전한 모습으로 여겨져 왔으며, 구의 모습을 하고 원의 궤도를 돌고 있는 별들은 완전한 질서에 따라 움직이는 완전한 존재, 즉 신으로 생각되어왔다. 스토아학파는 태양, 달, 다섯 행성, 그리고 항성들을 포함한 모든 별을 신으로 생각했다.

둘째, 발부스는 질서를 만드는 원천으로서 자연을 강조한다. 제논에 따르면 자연은 '생성으로 향하는 경로를 따라 나아가는 창조적인 불(the creative fire advancing on its path towards generation)'이다(『신들의 본성』, II. 57). 창조적인 불로서의 자연은 우주의 사물을 창조하는 기술(art)이기도 하다. 이러한 자연의 본성을 잘 보여주는 예가 식물의 씨앗이다. 씨앗은 성장 과정을 거쳐 꽃을 피우게 되는데, 바로 이러한 성장 과정을 가능하게 하는 것이 창조적인 자연의 힘이다. 스토아학파는 창조의 힘은 자연도 갖추지만 우주도 갖춘다고 본다. 우주와 자연은 창조적인 본성을 지닌다는 점에서는 동일하지만, 자연이 '기술'로서 창조하는 능력을 지닌다면 우주는 '창조자'로서의 능력을 지닌다는 점에서 자연보다 뛰어나다고 규정된다. 창조자로서의 우주는 그 자신이 행동을 선택하고 결정하는데, 이러한 판단을 수행하는 것은 창조자의 영혼, 다시 말해 우주의 정신이며, 이 우주의 정신은 지혜(Prudence) 혹은 섭리(Providence)라는 용어로 규정된다. 스토아학파에 따르면 신은 자연에 내재하기도 하고 제작자로서 존재하기도 하는데, 자연에 내재할 경우 신과 우주와 자연은 동일시되지만, 제작자의 관점이 부각될 때는 '기술로서의 자연'은 제외되고 신과 우주만이 동일시된다.

셋째, 발부스는 스토아학파가 중요한 개념에 신성을 부여했다고 말한다. 이에 따라 신뢰, 정신, 덕, 영예, 부, 안전, 화합, 자유, 승리 등의 개념은 물론 욕망, 쾌락, 성적 즐거움 등과 같이 '악하고 부자연스러운' 개념도 신성화되었고, 신성화된 개념을 모시는 사원도 존재하게 되었다는 것이다.

넷째, 발부스는 인류에게 큰 혜택을 베푼 사람에게는 그가 인간임에도 불구하고 신의 지위가 부여되었음을 지적하고 그 대표적인 예로 헤라클레스(Heracles)와 로물루스(Romulus)를 제시한다.

다섯째, 발부스는 어원적으로 자연의 경이로운 힘을 나타내는 용어가 인격화되고 신격화되어 신으로 인정받는다고 지적한다. '도움을 주는 아버지'라는 의미가 있는 유피테르(Jupiter), '토지의 힘'을 나타내는 케레스(Ceres), '바다의 힘'을 뜻하는 넵투누스(Neptunus)를 대표적인 예로 든다(『신들의 본성』, II. 64~67). 발부스는 시인들이 자연이 지닌 경이로운 힘을 설화를 통해 미신으로 만들어온 경우가 많았다고 지적하면서, 신을 제대로 이해하기 위해서는 미신과 종교를 구별해야 한다고 강조한다(『신들의 본성』, II. 71~72). 그에 따르면 '미신적(superstitious)' 이라는 용어는 자손들이 자기보다 오래 살기를 열심히 기원하는 사람들을 일컫는 'superstitiosi'라는 용어에서 유래한다. '종교적(religious)' 이라는 용어는 '검토한다(review)'는 뜻을 가진 동사인 'relegere'에서 유래한다. 신성한 예배와 관련된 모든 종교 의식을 신중하게 연습하고 항상 새롭게 배우는 사람을 종교적인 사람이라고 일컫는 데서 찾아볼 수 있듯이, 종교적인 사람은 검토를 통해 계속 이성적인 선택을 하는 사람이다. 종교적인 사람은 무조건 기원을 통해 자신의 욕망을 달성하려는 미신적인 사람과 분명하게 구별된다.

(3) 신의 섭리에 관하여

발부스에 따르면 신의 섭리에 관한 스토아학파의 논의는 전통적으로 세 가지 주제로 나뉜다. 첫째, 신이 존재한다면 신의 섭리는 존재하고 이것에 의해 세계가 질서를 갖추게 된다. 둘째, 모든 사물은 지각력 있는 자연(sentient nature)의 통제를 받으며 이에 의해 우주는 가장 아름답게 된다. 셋째, 창조의 경이로움과 아름다움은 칭송된다.

우선, 첫 번째 주제와 관련해서 우주에 질서가 있고 이러한 우주를 관할하는 최고로 뛰어난 존재가 있다면 이것은 신이 아닐 수 없고, 또한 신은 자연에 종속되지 않고 모든 자연을 지배한다고 발부스는 말한다. 신의 통치는 인간의 통치와 유사하다.

신들이 존재하기 때문에(모두가 인정하듯이 신들이 존재한다는 가정 아래), 그들은 필연적으로 살아 있다. 그리고 살아 있을 뿐만 아니라, 이성을 갖추고, 우리가 시민적 조화 혹은 동료애라고 부르는 것으로 서로 결합되어 있어서, 이 신들은 마치 연합된 국가나 도시와 같이, 하나의 단일체로서 우주를 통치한다. 이것으로부터 신들은 인류가 소유한 것과 동일한 합리적 능력을 소유했다는 점과 신들과 인간은 공히 동일한 진리와 아울러 옳은 것을 추천하고 나쁜 것을 배척하는 동일한 법을 추종한다는 점이 도출된다. 이러한 점에서 우리는 지혜와 지능이 모두 신으로부터 인간에게 전해졌다는 것을 알 수 있다(『신들의 본성』, II. 78~79).

두 번째 주제와 관련해서 자연이 무엇인가에 대한 정의가 부각된다. 발부스는 자연에 대한 세 가지 정의를 설명한다. 소요학파는 자연을 '기계적 우주(mechanical universe)'로, 스토아학파는 '지적인 우주(intelligent universe)'로, 에피쿠로스학파는 '존재하는 모든 것'으로 파악한다(『신들의 본성』, II. 81~82). 에피쿠로스는 자연이 원자, 허공, 원자와 허공의 결합으로 구성된다고 본다. 발부스가 자연을 지적인 우주와 동일시할 때, 그 자연은 단순히 '기술로서의 자연'이 아니라 '지각력 있는 자연', 다시 말해 제작자로서의 자연을 의미한다. 이 자연의 지각력은 신이 섭리에 따라 부여하는 것인데, 이 경우 지각력 있는 자연은 신의 섭리와 동일한 것이 된다.

세 번째 주제를 다루기 위해서 발부스는 수사학과 시를 활용한다. 발부스는 태양과 달을 포함하는 천체가 경이롭고 아름답다는 것을 수사학적으로 기술한 후, 키케로가 번역한 바 있는 아라스투스(Arastus)의 시를 인용해 좀 더 구체적으로 별들의 운행과 별자리의 아름다움을 기술한다. 이어서 그는 신의 섭리가 모든 사물에 어떻게 정교하게 작용하는지를 장황하게 보여준다. 그에 따르면 신의 섭리는 식물로부터 시작해서 동물, 물고기, 새의 다양한 생존 방식에서 드러나고, 종의 유지를 가능하게 하는 자기 보존의 본능, 성적 결합의 본능, 자식에 대한 사랑 등 자연적 작동 원칙에서도 드러나며, 또한 인간에게 풍부한 식량을 제공하는 자연의 혜택에서도 드러난다. 비록 신의 섭리가 곳곳에서 드러나지만, 발부스는 신의 섭리의 극치는 신이 인간에게 이성을 부여했고 아울러 완전한 기능을 수행할 수 있게끔 인간의 신체 조직을 설계했다는 데에 놓여 있다고 본다.

(4) 인간에 대한 신의 배려에 관하여

발부스는 스토아 신학을 구성하는 중요한 한 축이 신이 끊임없이 인간에 대해 배려를 하고 있다는 목적론임을 주장한다. 스토아학파는 세상의 모든 사물은 인간을 위해 존재한다는 아리스토텔레스의 목적론을 수용한다. 발부스가 주장하는 목적론에 따르면 첫째, 우주는 신들과 인간의 이익을 위해 만들어졌으며, 둘째, 태양과 달, 별을 포함하는 천체의 운동은 인간에게 아름다운 광경을 제공한다. 셋째, 모든 식물과 동물, 기타의 사물은 인간에게 많은 유익함을 제공하기 위해 존재하는 것이며, 넷째, 신은 예언을 통해 인간에게 미래에 대한 지식을 전해줌으로써 인간을 이롭게 한다.

이러한 목적론에서는 인간이라는 범주가 문제가 될 수 있다. 발부스는 신의 은총이 단계적으로 확장된다고 말한다. 우선 신의 은총은 인류 전체에게 적용되지만 다음 단계에서는 좀 더 작은 단위인 국가의 시민, 그다음으로 소규모 집단, 그리고 궁극적으로 개인에게 적용된다는 것이다. 하지만 신의 은총이 개인에게 무차별적으로 베풀어지는 것은 아니다. 발부스에 따르면 신은 전쟁 영웅과 탁월한 인간을 선호하며 이들에게만 은총을 베푼다. 신은 또한 인간에 관한 모든 문제에 똑같이 신경 쓰지 않는데, 중요한 문제에만 신경을 쓸 뿐 사소한 문제는 경시한다. 이처럼 스토아학파의 신은 모든 개인에게 은총을 베풀고 만인에게 평등한 그러한 신이 되지 못한다.

2) 코타의 스토아 신학 비판

(1) 신의 존재에 관한 비판

코타는 장황하게 신의 존재를 증명하려는 발부스의 노력을 오히려 쓸데없는 짓이었다고 비판한다. 코타는 신이 존재한다는 것은 모든 사람이 보편적으로 믿고 또한 로마의 종교가 전통적으로 인정해온 사실이기 때문에 명백하고 당연한 사실에 대해 합리적 논증을 시도하는 것은 어리석은 일이며 더 많은 의심을 낳게 된다고 비판한다. 그는 명백한 이슈에 관해서는 합리적 논증이 필요하지 않고, 오히려 이러한 논증은 이슈 자체를 사소하게 만든다고 주장한다.

코타는 발부스가 신의 존재를 증명하기 위해서 사용했던 신들의 현현에 관한 에피소드를 부녀자들이나 즐길 옛날이야기로 치부하면서, 에피소드에 갈음해서 합리적 논증이 필요하다고 지적한다. 또한 예언의 존재를 통해 인간에 대한 신의 배려를 밝히고 그에 따라 신의 존재를 증명하려는 스토아학파의 시도는 무의미한데, 왜냐하면 운명이 피할 수 없는 것이라면 예언을 통해 운명을 미리 아는 것이 아무 소용이 없기 때문이라는 것이다. 코타는 다음과 같은 결론을 내린다.

발부스, 지금까지 너의 설명은 신들이 존재한다는 것을 나에게 설득시키지 못하고 있다. 사실 나는 신들이 존재한다고 믿는다. 그러나 스토아주의자는 그것을 증명하지 못하고 있다(『신들의 본성』, III. 15).

(2) 신의 본성에 관한 비판

발부스는 '더 훌륭하다(better)'는 개념에 근거해서 우주보다 더 아름다운 것은 없다는 제논의 주장은 받아들일 수 있어도, 우주보다 더 현명한 것은 없다는 주장은 받아들일 수 없다고 말한다. 그는 눈으로 확인할 수 있는 '더 아름답다'는 개념은 이해할 수 있어도, 정신을 통해 파악할 수 있는 '더 현명하다'는 개념은 이해할 수 없다는 관점에서 제논의 삼단논법이 지닌 문제점을 지적한다. 발부스는 "아무것도 우주보다 더 훌륭한 것은 없다(nothing is better than the universe)"는 제논의 명제에 나타나 있는 '더 훌륭한'이란 개념이 아주 막연한 개념이라는 것을 지적한다. 제논의 삼단논법은 다음과 같은 형식을 갖춘다.

이성을 사용하는 존재는 그렇지 않은 존재보다 더 훌륭하다.
아무것도 우주보다 더 훌륭한 것은 없다.
그러므로 우주는 이성을 사용한다.

코타는 이 삼단논법이 지닌 문제점을 보이기 위해 '이성을 사용하는 존재' 대신에 '책을 읽는 존재'를 대입한다.

책을 읽는 존재는 그렇지 않은 존재보다 더 훌륭하다.
아무것도 우주보다 더 훌륭한 것은 없다.
그러므로 우주는 책을 읽는다.

코타는 삼단논법이 이와 같은 방식으로 계속 활용된다면 우주는 웅변가, 수학자, 음악가, 또한 궁극적으로 철학자가 되며, 이것은 우주에 대한 정의가 될 수 없다고 비판한다. 그는 '더 훌륭한'이라는 개념에 근거해서 신의 본성을 밝힐 수 없다고 주장하면서, 우주가 현명하며 살아 있다는 스토아학파의 명제를 정면으로 거부한다. 이 명제 대신 코타는 "우주는 신이 아니며, 우주의 질서는 신의 작품이 아니라 자연의 작품이다"라는 주장을 제시한다(『신들의 본성』, III. 23~24).

코타는 신이 제작자로서 우주를 창조했다는 크리시포스의 논리도 부정한다. 크리시포스는 "만약에 아름다운 집이 있으면 그것을 지은 사람이 있듯이, 아름다운 우주가 있다면 그것을 제작한 신이 존재한다"라는 논리를 전개한다(『신들의 본성』, III. 26). 그의 논리는 구체적으로 다음과 같이 표현된다.

> 만약 사람이 획득할 수 없는 것이 있다면, 이것을 획득하는 존재는 인간보다 더욱 훌륭하다. 그런데 인간은 우주를 구성하는 요소를 창조할 수 없다. 그러므로 이 요소를 창조하는 존재는 인간보다 우월하다. 그러나 신 외에 누가 인간보다 우월할 수 있겠는가? 그러므로 신은 존재한다(『신들의 본성』, III. 25).

소크라테스 역시 우주의 영혼이 제작자의 역할을 한다고 주장했다. 하지만 코타는 소크라테스와 스토아학파의 주장에 반대해 우주는 신이 창조한 것이 아니라, 자연의 작용에 의해 만들어지고 유지된다고 강력히 주장한다.

코타는 신아카데미주의자로서 스토아학파 비판에 가장 앞장섰던 카르네아데스의 논리를 인용해 또 한 번 강력한 반론을 제시한다.

어떤 물체도 불멸하지 않는다면, 어떤 물체도 영원하지 않다. 그러나 불멸하는 물체는 없는데, 왜냐하면 어떠한 물체도 더 이상 분리될 수 없거나 분해할 수 없을 정도로 불가분하지 않기 때문이다. 또한 모든 살아 있는 존재는 느낄 수 있는 본성을 지니고 있기 때문에, 외부의 자극에 따라야 할 필연성을, 다시 말해 고통과 인내라는 필연성을 피하는 존재는 없다. 만약에 모든 살아 있는 존재가 이와 같다면 어떤 존재도 불멸하지 않는다. 마찬가지로, 만약에 모든 살아 있는 존재가 나누어지고 분리될 수 있다면, 어떤 것도 불가분하지 않고 영원하지 않다. 모든 살아 있는 존재는 외부의 힘에 영향을 받고 그 힘을 감내하는 성향을 지니는데, 그러므로 모든 살아 있는 존재는 사멸하고, 분해되고 분리될 수밖에 없다(『신들의 본성』, III. 30~31).

이 인용문에 잘 나타나듯이 물체가 계속 나뉠 수 있다는 것은 영원할 수 없다는 것을 의미한다. 영원한 것은 변화하지 않아야 하는데, 나뉠 수 있다는 것은 계속 변화할 수 있다는 것을 의미하기 때문이다. 또한 살아 있는 존재는 감각을 지니고 외부의 자극에 따라 필연적으로 쾌락과 고통이라는 반응을 하는데, 이런 존재는 종국적으로 사멸할 수밖에 없다.

코타는 스토아학파가 신봉하는 4원소설을 부정한다. 스토아학파는 만물은 4원소의 결합으로 이루어지고 이러한 만물로 구성된 우주는 영원하다고 주장하는데, 코타가 지적하듯 결합된 사물이 궁극적으로 분해되고 사멸할 수밖에 없다면 스토아학파의 주장은 그 타당성을 잃게 된다. 코타는 4원소조차도 불가분적인 것이 아니고, 계속 나누어질 수 있기 때문에 불멸할 수 없다고 말한다. 스토아학파의 주장대로 불이 혼합되지 않은 순수한 원소라고 하더라도, 불은 생명의 원천으로서 우리 몸에 내재하기 때문에 감각을 지니게 되는데, 이처럼 감각을 가진 불은 사멸할 수밖에 없다고 코타는 지적한다.

코타는 신이 4주덕을 지녔다는 스토아학파의 주장도 반박한다. 왜냐하면 신 자체가 전혀 악하지 않다면 선과 악을 구별할 '지혜'가 필요 없기 때문이다. 또한, '정의'는 사회생활을 하는 인간들 사이에서 발생하는 덕목이므로 신들에게 적용될 여지가 없고, 쾌락을 추구하지 않는 신에게 '절제'의 역할은 요구되지 않으며, 고통에 시달리지 않는 신에게는 '용기'가 필요하지 않기 때문이다.

다음으로 코타는 신과 신 사이에서 출생한 자식은 물론 신과 인간 사이에서 태어난 자식에게도 신성을 부여하는 스토아학파의 관점을 비판한다. 이러한 신격 부여 방식은 신과 인간의 경계를 애매하게 만들고 신에 대한 정의의 일관성을 해친다는 것이다. 유피테르 신의 출생에 관한 다양하고 상충되는 설화는 유피테르에 대한 확고한 관념을 심어주지 못하며, 별들에게 그 족보에 따라서 신성을 부여하거나 인간을 신격화하고 덕목을 신성화하는 것은 신에 대한 스토아학파의 이해가 부족하다는 것을 보여준다고 지적한다. 신이 지닌 가장 중요한 본성은 불멸성인데, 신들 간의 혈연관계에 의해 신의 지위를 인정한다는 것은 불멸성과 무관하게 신성을 인정하는 것이며, 사멸하는 인간을 신성화하고 이런 인간의 덕목을 신성화하는 것은 불멸성의 원칙에 어긋난다는 것이다.

(3) 신의 섭리에 관한 비판

코타는 신의 섭리를 부정한다. 신의 섭리라는 주제는 스토아학파 신학에서 중심적 위치를 차지하지만, 『신들의 본성』에서 이 부분은 망실되어 있다. 그러나 이 주제에 관한 코타의 기본 입장은 다음 문장에 잘 나타난다.

> 모든 사물을 구성하는 물질적 재료가 신에 의해 창조되었다는 것은 맞지 않아 보인다. 이런 주장보다는 물질적 재료는 자신의 역동성과 본성을 지닌다는 것이 더욱 타당해 보인다. 건물을 세우려고 시도하는 기술자가 그 건물 자재를 직접 만들지 않고 기존의 자재를 사용하듯이(밀랍으로 모델을 만드는 기술자도 마찬가지이다), 스토아학파가 말하는 신의 섭리는 그 자신이 만든 재료가 아니라 그의 손으로 굴러들어온 재료를 가지고 있어야만 한다. 만약에 신이 이러한 재료를 만들지 않았다면, 그는 흙, 물, 공기, 불을 만들지 않았다(『신들의 본성』, III. 65).

코타는 만물은 신의 섭리에 의해 만들어진 것이 아니라 자연의 작동에 의해 만들어진 것이라는 주장을 재차 강조한다. '기계적인 자연'은 이성을 지닐 수 없고 어떤 목적 또한 가질 수 없다는 것이다.

(4) 인간에 대한 신의 배려에 관한 비판

스토아학파는 신이 이성을 지녔으며, 이러한 이성을 인간에게 부여했고 인간으로 하여금 이성을 사용해 복지를 추구하도록 했다고 주장한다. 그러나 코타는 신이 이성을 주었다고 하더라도, 인간이 이성을 올바르게 사용하는가 아니면 나쁘게 사용하는가 하는 여부는 인간 자신에게 달려 있다고 말한다. 이성을 제대로 사용하면 인류 전체에게 이익이 되지만, 잘못 사용할 경우 많은 해악이 생긴다는 것이다. 코타는 신이 인간에게 이성뿐만 아니라 악의도 준다고 지적한다.

> 만약에 신들이 인간에게 이성을 주었다면, 그들은 또한 인간에게 악의도 주었는데, 왜냐하면 악의란 해악을 행하려는 교활하고 기만적인 의도이기 때문이다. 그리고 마찬가지로 신들은 인간에게 사기, 범죄, 그리고 다른 형태의 나쁜 행동을 부여했는데, 이러한 모든 것은 이성을 사용하지 않고는 착수되고 지속될 수 없다(『신들의 본성』, III. 75).

코타가 지적한 바와 같이, 잘못된 이성의 사용을 고려한다면 모든 만물이 인간을 위해 존재한다는 목적론은 타당성을 잃게 된다.

코타는 사람들이 이성을 사용해 덕을 행하는 것이 아니라, 악의를 품고 이성을 사용해서 자기에게는 이득이 되지만 인류에게는 해악을 끼친 경우가 많았다고 지적한다. 선량한 많은 사람이 악의에 의해 죽었으며, 소크라테스의 죽음 역시 그러한 예를 극적으로 보여준다. 만약에 우리가 사는 세상에 좋은 이성이 충만하다면 디오니시우스(Dionysius)와 같은 독재자는 천벌로 벼락을 맞아 죽는 것이 당연하나, 세상에는 이성이 존재하지 않는다는 것을 보여주기나 하듯이 천수를 누렸다.

코타는 사람들이 유피테르를 '위대하며 최선인 존재'라고 부르는 이유를 사람들이 그에게서 정의, 절제, 지혜와 같은 도덕적인 가치를 구하기 때문이 아니라 부, 명예, 안전과 같은 세속적인 가치를 얻을 수 있기 때문이라고 본다(『신들의 본성』, III. 87). 코타는 4주덕이란 신이 부여하는 선물이 아니라 인간이 자기 자신에게서 찾아야 하는 덕이라고 본다. 신이 인간을 정의롭거나 절제하거나 현명하게 만들 수는 없다는 것이다. 또한 코타는 신은 작은 일에는 신경 쓰지 않는다는 스토아학파의 주장에 대해서, 인간의 사소한 일에도 신경 쓰지 못하는 신은 국가나 인류 전체에도 신경 쓰지 못한다고 비판한다. 이런 신은 결국 인간을 경멸하는 것이나 다름없다는 것이다.

6. 종교교육을 통한 정치 개혁의 모색

키케로는 『신들의 본성』과 『예언에 관하여』의 저술 목적이 미신과 종교를 구분하고, 사람들의 약함을 악용해 그들의 정신에 주술을 거는 미신을 뿌리째 뽑아 종교를 바로 세우는 데에 있다고 말한다. 그는 로마 시민에게 미신과 종교를 구분할 수 있는 지식을 주고 계몽해서 '진정한 종교'를 알게끔 한다면, 시민적 유대감을 향상할 수 있고 정의로운 국가를 만들 수 있으며 그 결과 국가의 영광과 명성이 한층 고양될 것이라고 믿는다.

키케로의 윤리학 작품인 『최고선과 최고악』과 『투스쿨룸』의 주요 목적은 덕을 지니면 행복해진다는 것을 보여주는 것이었다. 그러나 신학 작품인 『신들의 본성』에서는 행복에 관해 언급하지 않는다. 키케로는 신을 알게 되면 행복해진다는 식으로 말하지 않는 대신 신에 관한 올바른 지식은 사회적이고 정치적인 덕목인 신뢰, 유대감, 정의를 형성하는 데에 기여한다고 주장한다. 키케로는 로마의 점성술에 관한 법이 처음에는 예언에 관한 믿음에서 시작했지만, 나중에는 '정치적 편이성'을 고려해서 유지되고 보존되어왔다고 말한다(『예언에 관하여』, II. 76).[9]

키케로는 당대의 로마 청년들이 도덕적 해이로 혼란에 빠져 있고, 그들을 올바른 길로 이끌기 위해서는 종교에 대한 교육이 가장 긴급하게 요구된다고 강조한다(『예언에 관하여』, II. 4). 그에게 종교교육은 정치교육의 일환으로 나타난다. 그가 지향하는 종교는 점성술에 기반을 둔 로마의 전통적인 종교가 아니다.[10] 그는 로마 종교를 근본적으로 부인하지는 않지만, 로마 종교가 좀 더 합리적이고 이성적인 스토아 신학에 의해 인도되기를 기대했다.

절충주의자 키케로의 모습은 로마 종교와 스토아 신학을 절충하려는 데에서도 역시 나타난다. 하지만 이 둘을 절충하려는 시도는 단순한 물리적 결합이 아니라 화학적 결합을 지향한다. 키케로의 절충 시도가 에피쿠로스 신학과 스토아 신학에 대한 그 나름의 철저한 분석에 근거해서 이루어진 만큼, 그의 시도는 독창적인 것이라고 말할 수 있다. 그러나 그는 새로운 로마 종교가 어떤 구체적 내용을 담아야 하는가에 관해서는 말을 아낀다. 신아카데미학파의 회의주의를 따르는 그는 적극적 종교 교조를 제시할 수 없는 한계를 지니고 있는 것이다. 그는 가장 고귀한 학문 분야인 신학에서도 옳고 그름에 대한 최종적 판단은 독자인 로마시민에게 맡겨놓는다. 그의 신학은 결과적으로 로마공화국의

---

9   로마의 점성술에 관한 두 가지 견해, 즉 정치적 수단이라는 견해와 미래를 예언하는 기술이라는 견해에 대한 언급은 『법률에 관하여』, II. 30~33에서도 찾아볼 수 있다.

10   로마의 종교는 다신교였고, 체계적인 신학이 결여되어 있었다고 볼 수 있다. 키케로는 당시 유행했던 에피쿠로스학파의 신학과 스토아학파의 신학을 검토함으로써 '조상들의 전통'의 한 축을 구성하는 전통 종교에 대한 반성과 개혁의 계기를 만들고자 했다. 그는 로마 종교가 지닌 문제를 일일이 지적하지 않는다. 그는 아카데미 회의주의자로서, 로마시민이 스스로 자신의 종교를 판단할 신학적 기준을 제공하고 있을 뿐이다.

덕을 부활시키는 데 성공하지 못했다. 그러나 그의 신학에 관한 논의는 초기 기독교 호교론자에 의해 이교도를 개종시키고 기독교의 유일신론을 옹호하는 강력한 수단으로 사용되었다.

3부

/

헬레니즘 철학 체계의 정점

윤리학

내 주제는 덕이다. 이 주제는 이전부터 그래왔고 이후에도 자주 그럴 것이다. 왜냐하면 대부분의 윤리적 탐구는 덕을 그 원천과 출발점으로 여기기 때문이다. 그렇다면 덕은 영혼의 일관되고 조화로운 상태이며, 그 소유자를 칭송의 대상으로 만들며, 그 유용성을 고려하지 않더라도 그 자체로서 칭송받을 가치가 있다. 덕으로부터 모든 명예로운 행위가 나온다. 이 명예로움은 의지, 연설, 행동, 올바른 추론에서 나타난다. 진실로 가장 정확한 형식에서 덕은 올바른 이성이라고 규정지어 말할 수 있다.

❖ 『투스쿨룸』, IV. 34.

6장
/
에피쿠로스 윤리학 비판

1. 최고선과 윤리학

키케로는『최고선과 최고악』에서 당시 로마에서 큰 영향력을 미치던 세 가지 철학 학파, 즉 에피쿠로스학파, 스토아학파, 구아카데미학파의 윤리학설을 소개하는 한편, 비판한다. 당시 철학의 전반적 목적은 사람들을 행복한 삶으로 인도하는 것이라고 인식되었고, 사람들은 바로 이 목적 때문에 철학에 관심을 가졌다. 행복에 관한 다양한 관념이 존재했기 때문에 여러 철학 학파가 난립하게 되었는데, 이 중에서 헬레니즘 시대를 풍미한 학파는 에피쿠로스학파와 스토아학파였다.

키케로의『최고선과 최고악』은 총 다섯 권으로 구성되지만, 실질적으로는 세 종류의 대화가 진행된다. 첫 번째 대화는 에피쿠로스의 윤리학설에 관한 것인데, 1권에서는 에피쿠로스의 윤리학을 설명하며, 2

권에서는 스토아학파의 관점에서 에피쿠로스의 윤리학을 비판한다. 두 번째 대화는 스토아학파의 윤리학설에 관한 것인데, 3권에서는 스토아학파의 윤리학을 설명하고, 4권에서는 안티오코스의 관점에서 스토아주의 윤리학을 비판한다. 세 번째 대화를 다루는 5권에서는 구아카데미학파를 창건한 안티오코스의 윤리학이 설명되고 그것을 신아카데미학파의 관점에서 비판한다. 키케로는 에피쿠로스학파의 윤리학을 첫 번째 대화에서 다루긴 하지만, 일찌감치 에피쿠로스의 윤리학이 최고선에 관한 이론으로는 부적합한 것으로 판정을 내린다. 인간의 본성에서 이성과 덕이 차지하는 중요성을 신봉하는 키케로는, 인간의 본성을 감각과 쾌락을 중심으로 파악하는 에피쿠로스학파의 윤리학설을 우선적으로 배척했다. 그가 관심을 갖는 것은 스토아학파와 구아카데미학파의 이론적 경합 관계이다. 스토아학파는 자신들의 윤리학이 구아카데미학파와 구별되는 고유한 것이라고 주장하는 데 반해, 구아카데미학파는 스토아학파가 자신들의 윤리학을 모방했다고 주장한다. 각 주장의 논리성에 관해 키케로는 신아카데미의 회의주의 전통에 따라 '찬성과 반대라는 양쪽 측면에서' 예리하게 분석한다.

이 글에서는 세 종류의 대화를 둘로 나누어 첫 번째 대화인 에피쿠로스 윤리학에 대한 비판을 6장에서 다루고, 두 번째와 세 번째 대화인 스토아학파의 윤리학과 안티오코스의 윤리학에 대한 비판을 7장에서 다룬다. 이 장은 여덟 절로 구성되는데, 1절 서론에 이어, 2절에서는 이론 전개에서 서론의 중요성과 대화편의 배경을 기술하고, 3절에서는 에피쿠로스 철학 체계를 설명한다. 에피쿠로스의 윤리학설에 대한 본격적인 논의는 4절부터 7절까지 이루어진다. 4절에서는 달콤하고 감각적인 쾌락인 동적 쾌락과 고통의 부재인 정적 쾌락의 관계를 살펴보고, 5

절에서는 카르네아데스와 키케로의 윤리학설 분류법에 근거해 에피쿠로스 윤리학설의 위상을 파악한다. 6절에서는 4주덕과 우정이 유쾌한 삶과 어떤 관계를 맺는지 다루며, 7절에서는 육체적 쾌락과 정신적 쾌락의 관계를 다룬다. 마지막 8절에서는 최고선으로서 아타락시아(*ataraxia*)가 지닌 한계점을 지적한다.

2. 『최고선과 최고악』1~2권의 서론과 배경

키케로는 『최고선과 최고악』을 시작하기에 앞서 브루투스(약 85~42 B.C.)[1]에게 보내는 헌정사 형식으로 '서론'을 썼다.[2] 서론은 그리스의 뛰어난 철학자들이 이미 다루었던 최고선이라는 주제를 키케로 자신이 왜 라틴어로 다시 쓰려고 하는지에 대한 입장을 밝히고 있다. 그는 자신의 철학적 탐구에 대해 네 가지 부류의 사람이 비판할 것이라고 생각한다. 첫 번째 부류는 철학 자체를 부정하는 사람이다. 두 번째 부류는 철학을 용인하지만 어느 정도 수준 내에서 철학을 할 것을 요구하는 사람이다. 세 번째 부류는 그리스어에 해박하고 라틴어를 경멸하는 사람으로, 라틴어 번역본을 거부하고 그리스 원본을 읽을 것을 고집하는 사람이다. 네 번째 부류는 키케로가 자신의 성격과 지위에 어울리지 않는 철학 작품을 저술하기보다는 다른 문학 분야에서 작품 활동을 하기를

---

1   로마공화정의 유명한 정치가로 기원전 44년 카이사르 암살에 참여했다.

2   키케로는 하나의 이론은 우선 무엇에 관한 것인가를 밝히는 '서론'으로 시작해야 한다고 강조한다. 그에 따르면 플라톤은 『파이드로스』에서 이러한 서론의 형식을 사용했다. 키케로의 대화편 대부분은 이러한 서론을 갖추고 있다.

바라는 사람이다.

키케로는 이와 같은 네 부류의 비판자들의 관점이 잘못되었다고 지적한다. 첫째, 키케로는 철학을 부정하는 사람들에 대해서 자신이 이미『호르텐시우스』에서 철학을 옹호하고 칭송했다는 것을 밝힌다. 둘째, 키케로는 철학하는 즐거움은 말할 수 없이 크기 때문에 철학에 한번 빠지면 헤어 나올 수 없다고 주장하면서, 철학을 어느 정도껏 할 것을 요구하는 사람들은 철학을 잘못 알고 있는 것이며, 이들은 철학을 아예 부정하는 첫 번째 부류보다 오히려 못한 사람들이라고 평가한다. 셋째, 키케로는 그리스어로 쓰인 명작보다는 오히려 서툴지만 라틴어로 번역된 작품이 시민들의 지적 계몽에 크게 기여할 것이라고 주장하면서, 지적 편견에 빠진 그리스 사대주의자를 비난한다. 넷째, 키케로는 최고선과 최고악에 관한 철학적 탐구는 우리의 삶에서 가장 중요한 가치를 지닌 것이며, 이 주제는 최고의 철학자들이 다루어왔던 주제임을 주장하면서, 최고선에 대한 탐구는 자신의 격에 어울리며 자신이 수행했던 다른 주제에 대한 탐구보다 더욱 가치 있다고 강조한다(『최고선과 최고악』, I. 1~12).

서론을 통해 키케로는 철학에서 가장 중요한 분과인 윤리학에 관한 이론을 라틴어로 써서 시민들이 읽기 쉽게 함으로써, 철학에 대한 부정적인 편견을 깨는 동시에, 그들을 계몽해 행복에 도달하게 하는 것이『최고선과 최고악』을 쓰는 목적이라고 밝힌다. 서론에 이어 키케로는 에피쿠로스의 윤리학, 스토아학파의 윤리학, 구아카데미학파의 윤리학 중에서 먼저 에피쿠로스의 윤리학에 대한 검토를 시작한다. 에피쿠로스의 윤리학을 먼저 다루는 이유는 대중이 이 윤리학을 가장 잘 알고 있고, 또 키케로는 이 윤리학 이론이 다른 윤리학 이론에 비해 쉽다고 생각했기 때문이다(『최고선과 최고악』, I. 13). 키케로는 『최고선과 최고악』을 기원전 45년에 썼는데, 에피쿠로스 윤리학을 다루는 1권과 2권은 기원전 50년 쿠마이에 있는 키케로의 시골집을 배경으로 한다. 주요 대화자는 키케로, 토르콰투스(Lucius Manlius Torquatus), 트리아리우스(Caius Triarius) 세 사람이다. 대화편의 '저자로서의 키케로'는 이 세 사람으로 하여금 대화하게 만들지만, 여기에 등장하는 '화자로서의 키케로'는 에피쿠로스의 윤리학설을 주로 비판하는 역할을 맡고 있다.[3] 토르콰투스는 귀족 출신으로서 대화 당시인 기원전 50년에는 집정관에 버금가는 관직인 법무관의 자리에 있었다. 트리아리우스는 스토아학파에 경도된 청년으로 아주 신중하고 배우기를 즐기는 성격이다. 그는 대화에 적극적으로 참가하지는 않지만, 키케로와 토르콰투스 사이에 벌어진 논쟁의 심판자라고 할 수 있다. 그는 대화가 마무리되는 2권의 끝부분에서 에피쿠로스주의에 설득되기보다는 더욱 비판적 관점이 생겼다고 말함으로써 '덕과 쾌락' 논쟁에서 키케로의 승리를 인정한다.

3. 에피쿠로스의 철학 체계

에피쿠로스를 포함해 그를 추종하는 사람들이 많은 작품을 썼다는 것은 역사적 사실임이 분명하지만, 이들이 직접 쓴 작품은 대부분 유실되

---

3 '저자로서의 키케로'와 '화자로서의 키케로'의 관계는 플라톤 대화편에서 플라톤과 소크라테스의 관계와 비슷하다고 할 수 있다. 플라톤과는 달리 키케로는 자신을 대화편에 직접 등장시키는 데에 그다지 주저하지 않는다.

어 원문 형태로 남겨진 것은 별로 없다. 우리가 에피쿠로스의 철학 체계를 파악하기 위해 사용하는 중요한 2차 전거로는 루크레티우스(Titus Lucretius Carus), 키케로, 디오게네스 라에르티오스, 세네카, 플루타르코스 등을 들 수 있다. 하나하나 살펴보면 먼저, 로마의 시인 루크레티우스의 『사물 본성론(*De rerum natura*)』은 흔히 가장 중요한 2차 자료로 간주되는데, 사물의 기본을 이루는 요소, 원자의 운동, 신체와 마음의 구조, 감각과 사고의 원인과 본성, 인간 문화의 발전, 자연 현상에 관해 에피쿠로스가 다룬 논증을 아주 자세히 다룬다(롱, 2000: 61).[4] 키케로는 『최고선과 최고악』, 『투스쿨룸』, 『신들의 본성』 등에서 에피쿠로스의 철학 체계를 언급한다. 디오게네스 라에르티오스는 『그리스 철학자 열전(*Vitae philosophorum*)』 10권에서 에피쿠로스의 생애와 작품 목록을 소개하며, 또한 에피쿠로스가 쓴 세 편의 편지와 후대에 편찬된 「핵심 교설」의 내용을 그대로 전달해준다(Diogenes Laertius, 1972). 첫 번째 편지는 헤로도토스(Herodotos) 앞으로 쓴 것이고, 자연학을 다룬다.[5] 두 번째 편지는 피토클레스(Pythocles)에게 보낸 것이고, 천문 현상을 다룬다. 세 번째 편지는 메노이케우스(Menoeceus)에게 보낸 것이고, 인간의 삶을 다룬다. 「핵심 교설」은 행복한 삶의 지침을 40개의 항목으로 요약한다. 세네카는 루킬리우스(Lucilius)에게 보내는 『도덕 서한(*Epistulae Morales ad Lucilium*)』에서 에피쿠로스의 격언을 권한다. 플루타르코스는 에피쿠로스주의에 반대하는 입장에 서 있는데, 몇 편의 논문에서 에

---

4   그렇지만 이 책에는 윤리학에 대한 체계적인 설명이 없다.
5   여기서의 헤로도토스는 기원적 5세기 때의 그리스의 역사가인 헤로도토스와는 다른 사람이다.

피쿠로스의 말을 인용한다. 이 외에 200년경에 디오게네스(Diogenes)라는 노인이 오늘날 터키 지역에 있는 '오이노안다(Oinoanda)'라는 장소의 돌 벽에 새긴 비문과, 많은 격언을 담은 『바티칸 명제(*Vaticanae sententiae*)』는 중요한 자료로 사용된다.[6]

앞에서 열거한 2차 전거 중에서, 에피쿠로스의 윤리학 연구와 관련해 특별히 중요한 전거는 디오게네스 라에르티오스와 키케로라고 할 수 있다. 디오게네스 라에르티오스는 에피쿠로스의 주요 작품의 내용을 우리에게 전달해준다는 의미에서 중요하며, 키케로는 에피쿠로스 윤리학을 체계적으로 분석해서 우리에게 알려준다는 의미에서 굉장히 중요하다. 앞의 전거 중 키케로 외에 어느 누구도 분석을 시도한 사람은 없다.

키케로는 에피쿠로스의 윤리학에 논쟁의 초점을 맞추기에 앞서, 논쟁을 활성화하기 위해서 '부정적인 측면'에서 논리학, 자연학, 윤리학으로 구성된 에피쿠로스의 철학 체계가 지닌 문제점을 각 학문 분야별로 간략하게 비판한다(『최고선과 최고악』, I. 17~26). 키케로는 에피쿠로스가 자연학 분야에서 원자론을 왜곡한다는 점과 논리학 분야에서는 변증법을 무시한다는 점, 그리고 윤리학 분야에서 쾌락설에 근거해 인간의 본성을 잘못 파악한다는 점을 각각 비판의 초점으로 삼는다. 그 비판의 내용은 다음과 같다.

첫째, 자연학 분야에 관하여 키케로는 에피쿠로스의 자연학이 데모크리토스의 원자론을 모방하고 있으며, 독창적으로 개선하려는 부분

---

6   전거에 대한 자세한 설명으로 Mansfeld(2005a: 5~13), 롱(2000: 59~62), 호센펠더(2011: 237~241)를 참조하기 바란다.

에서 오히려 왜곡이 일어나고 있다고 비판한다. 데모크리토스는 무한 수의 원자가 꼭대기, 밑바닥, 중간, 내부 핵심, 외부 가장자리 등의 구별이 존재하지 않는 무한대의 허공에서 운동하고 있으며, 원자들의 임의적인 충돌의 결과로 우리가 볼 수 있는 물질이 생긴다고 주장한다. 에피쿠로스는 원자에 '무게'라는 속성을 부여하고 원자의 이탈운동을 새롭게 상정함으로써 데모크리토스의 원자론을 개선하고자 했다. 그는 원자는 무게를 가짐으로써 직선으로 하강하는 운동을 하게 되는데, 모든 원자가 직선 운동을 하게 되면 원자 간에는 충돌이 있을 수 없게 되고, 그에 따라 물질이 생성될 수 없게 되므로, 원자가 직선에서 이탈하는 운동을 한다는 것을 상정해야만 원자 간의 충돌이 생기고 물질이 생성된다는 논리를 제시했다.

키케로는 원자의 이탈운동을 에피쿠로스의 '자의적 발명'에 불과한 것으로 두 가지 점에서 비판한다. 먼저, 에피쿠로스 역시 데모크리토스와 마찬가지로 원자가 최초로 이탈운동을 하게 되는 원인을 제시하지 못한다는 점에서 자의적이다. 다음으로, 설혹 원자의 이탈 운동을 인정하더라도, ① 모든 원자가 동시에 똑같이 이탈한다면 직선 운동과 마찬가지로 원자 간에 충돌이 있을 수 없게 되며, ② 이러한 결과를 피하기 위해 어떤 원자는 이탈하고 어떤 원자는 직선으로 하강한다고 가정한다면, 이는 더 이상 나눌 수 없는 원자를 두 종류로 모순되게 나누는 셈이 되며, ③ 이러한 원자들 간의 임의적인 충돌에서 질서가 잡혀 있는 우주가 생성되길 기대하긴 어렵다는 점을 고려한다면 에피쿠로스식으로 이탈 운동을 가정하는 것은 또한 자의적이다.

키케로는 한 걸음 더 나아가 데모크리토스나 에피쿠로스가 불가분의 단위로서 원자를 인정하는 것은 근본적으로 잘못된 것임을 지적한다. 기하학을 아는 사람이라면 누구나 분할이 계속된다는 것을 아는데, 분할이 안 되는 단위가 있다는 것을 인정하는 것은 기하학의 원칙에 어긋난다는 것이다. 키케로는 이 점에서 아리스토텔레스와 스토아학파를 따른다. 아리스토텔레스는 연속체는 불가분적인 것으로 구성될 수 없고, 만약 최소한의 양이라는 개념이 도입된다면 수학은 붕괴된다고 말한다. 스토아학파도 역시 물체를 무한히 분할할 수 있음을 인정한다 (Cambiano, 2005: 588). 이처럼 물체의 연속성이 인정될 때 원자설은 부정된다.

둘째, 논리학 분야에 관하여 키케로는 에피쿠로스가 논리학 분야에서 정말로 형편없다고 짤막하게 지적한다.

> 그는 정의(definition)를 내리지 않았으며, 분할과 분류에 대해 아무것도 가르치지 않았다. 그는 논쟁을 수행하고 결론을 맺는 시스템을 전수하지 않았으며 궤변을 다루는 방법이나 모호성을 벗어나는 방법을 남기지 않았다. 그는 '실재(reality)'에 대한 판단을 감각(sense)에 맡겼다(『최고선과 최고악』, I. 22).

한마디로 말하면, 에피쿠로스는 논리를 전개하는 데에 변증법을 사용하지 않았다는 것이다.

에피쿠로스는 감각은 결코 속이지 않는 진리 판단의 기준인 데 비해 이성은 오류의 원천이라고 주장한다. 에피쿠로스는 자신의 인식론을 '규준론(Canonic)'이라고 새롭게 명명했는데, 대상을 인식하는 기준으로 감각적 지각(sense perceptions), 선개념, 쾌·불쾌의 느낌(feeling)의 세 가지를 제시한다. 감각적 지각은 에피쿠로스 인식론의 토대이다. 감각적 지각은 '외부 대상의 표면에서 유출되는 한 덩어리의 원자(*eidola*)'를 우리의 감각기관이 수용할 때 생긴다. 감각적 지각은 우리에게 대상의 정의(definition)를 말해주지 못한다. 대상에 대해 판단할 수 있기 전에, 우리는 오감을 통해서 수용된 '감각적 인상(presentation)'을 분류하고 그러한 인상에 등급을 매겨 서로 구분해야 한다. 선개념은 우리 안에 이미 저장된 보편적인 생각으로, 우리는 이것을 기준으로 감각적 인상을 판단한다. 감각적 지각과 선개념은 인식론적인 판단의 기준이다. 우리는 쾌락과 고통의 느낌에 따라 행위를 하게 되는데, 느낌은 실천적인 판단의 기준이다. 규준론에 잘 나타나듯이, 이성은 감각적 지각에 완전히 종속되기 때문에 진리 판단을 할 수 있는 독자적인 능력을 갖추지 못한다. 그러므로 에피쿠로스의 인식론에는 이성에 근거한 정의가 들어설 여지가 없다.

셋째, 윤리학 분야에 관하여 키케로는 에피쿠로스가 인간은 본성적으로 쾌락을 추구하고 고통을 회피한다는 원칙에 근거해 행동한다고 주장하는데, 이 원칙은 이미 아리스티포스와 키레네학파에 의해 주장되었던 것임을 지적한다. 키케로는 토르콰투스의 조상들의 용감한 행위를 예로 들면서, 이러한 행위는 쾌락을 위한 행위가 아니라 덕을 위한 행위라고 설득한다. 키케로는 대중들이 에피쿠로스를 신봉하는 이유도 그가 쾌락보다 도덕을 가르친다고 믿었기 때문이라고 지적한다.

대화의 상대자인 토로콰투스는 키케로의 자연학과 논리학에 대한 비판에 일일이 반론을 제기하지는 않는다. 그의 주된 관심은 윤리학에 있기 때문이다. 그는 윤리학이라는 정점을 지향하는 자연학과 논리학의 체계를 다음과 같이 설명한다.

에피쿠로스는 자연학을 대단히 중요하게 생각했다. 용어의 의미, 언설의 성격, 추론의 규칙과 모순율은 자연학을 통해서 이해된다. 사물의 본성을 알면 우리는 미신에서 벗어날 수 있으며 죽음의 공포에서 해방된다. …… 더욱이 우리가 만약에 확실한 과학적 지식을 소유하고, 또한 우리가 모든 사물을 이해할 수 있게 하고 판단의 기준으로 작동하는 소위 하늘이 부여한 기준(criterion)에 충실하다면, 우리의 관점은 결코 어떤 사람의 수사학에 의해서도 좌지우지되지 않을 것이다. 그러나 만약 우리가 우주의 본성을 명확하게 파악하지 못한다면, 우리는 감각의 판단을 옹호할 수 있는 아무런 방도도 가지지 못하게 된다. 우리의 정신에 나타나는 모든 사물은 그 기원이 감각적 지각에 있다. 에피쿠로스의 시스템이 가르치듯이, 만약 모든 감각적 지각이 진실이라면, 지식과 이해는 궁극적으로 가능해진다. …… 그러므로 자연학은 죽음의 공포를 무시하는 용기를 주며, 종교적 공포와 싸울 수 있는 강한 의지를 부여한다. 자연학은 우주의 신비를 둘러싸고 있는 무지의 베일을 들어 올림으로써 마음의 평화를 제공하며, 또한 욕망의 본성과 다양성을 설명함으로써 자기통제를 제공한다. 끝으로, 내가 보여주었듯이 자연학은 지식의 기준을 제공하며, 그 결과 판단이 토대를 얻게 되는데 이런 면에서 또한 진리와 오류를 구별하는 방법도 제공한다(『최고선과 최고악』, I. 63~65).

이 인용문에 잘 나타나듯이, 에피쿠로스는 자연학과 논리학을 특별히 구분하지 않는다. "용어의 의미, 언설의 성격, 추론의 규칙과 모순율은 자연학을 통해서 이해된다"라는 문장과 "자연학은 지식의 기준을 제공하며, …… 또한 진리와 오류를 구별하는 방법도 제공한다"는 문장이 잘 보여주듯이, 에피쿠로스에게 자연학은 논리학을 포함하는 포괄적 분야로 나타난다. 이러한 자연학은 "우주의 신비를 둘러싼 무지의 베일을 들어 올림으로써 마음의 평화를 제공하며, 또한 욕망의 본성과 다양성을 설명함으로써 자기통제를 제공"하여 결국 윤리학에 봉사하게 된다. 에피쿠로스는 인간을 행복하게 만드는 데 기여하지 못하는 철학은 가치가 없다고 말했는데, 그의 철학 체계에서 자연학은 윤리학의 중요한 수단 학문으로서 가치 있는 철학 분야로 자리매김한다.

4. 쾌락의 정의: 정적 쾌락과 동적 쾌락

에피쿠로스 철학 체계에 대해 키케로가 전반적 비판을 제기하자, 토르콰투스는 윤리학의 측면에서 에피쿠로스를 옹호하고자 한다. 1권에서 토르콰투스는 질문과 대답으로 연결되는 변증법보다는 질문을 허용하지 않는 연속적인 강의, 즉 수사학을 사용해 에피쿠로스 이론을 개진한다. 에피쿠로스는 이성에 근거해서 개념과 결론에 대해 세밀하게 분석하는 행위, 즉 변증법을 활용하는 것은 윤리적 실천에 아무런 쓸모가 없는 것으로 보았다(호센펠더, 2011: 297). 그렇다고 에피쿠로스가 수사학을 옹호한 것도 아니었다. 그가 호의적으로 받아들이는 수사학은 이성적 논리에 입각한 '법정연설'이나 '정치연설'이 아니라, 즉흥적인 '식장연설'에 가깝다고 할 수 있다(Schenkeveld and Barnes, 2005: 217). 그의 수사학은 대중을 손쉽게 교육하는 데 활용된다.

에피쿠로스는 윤리적 가르침의 전파와 보존을 위해서는 그 내용이 간결하고 쉽게 접근할 수 있는 핵심적인 문장으로 기본 원칙들을 요약하는 것과 실제 대중을 지도하는 경우 전체적인 가르침을 간단히 종합하는 것, 그리고 대중이 쉽게 암기할 수 있도록 함으로써 언제든지 스스로 찾아내고 깨달을 수 있도록 하는 것이 중요하다고 보았다(호센펠더, 2011: 297).

에피쿠로스는 갓 태어난 동물이나 갓난아이는 아직 타락하지 않은 순수한 본성을 지니는데,[7] 이들은 본성적으로 쾌락을 추구하고 고통을 회피한다고 주장하면서, 이러한 본성은 누구에게나 명백한 진실이기 때문에 이에 대한 세련된 논증(즉, 변증법)은 필요 없다고 말한다(『최고선과 최고악』, I. 30). 에피쿠로스는 "고통과 쾌락 사이에는 중간 상태가 존재하지 않고, 고통의 부재가 진정한 쾌락이며 최고의 쾌락"이라는 주장[8]과 "고통의 부재가 쾌락의 한계를 규정하며, 이 한계를 넘어서서는 쾌락이 다채로워지고 다양해질 뿐, 그 양이 증가되거나 확장되지 않는다"는 주장을 내세운다(『최고선과 최고악』, I. 38).

키케로는 에피쿠로스의 핵심 개념인 '쾌락'이라는 용어에 대해 변

---

[7] 갓난아이에게서 인간의 본성을 찾아보자는 학설을 '요람설(cradle argument)'이라고 한다.

[8] 플라톤은 『국가』에서 다음과 같이 고통과 쾌락 사이에는 평온이라는 중간 상태가 존재한다고 말한다. "고통의 반대는 쾌락이다. 그러나 괴롭지도 않고 즐겁지도 않은 어떤 중간상태가 존재하는데 이것은 혼의 평온이다. 고통을 겪고 있는 사람은 고통에서 벗어나는 것(즉, 평온 상태)을 쾌락이라고 생각하고, 즐거움을 느끼고 있는 사람은 이 즐거움에서 벗어나는 것(즉, 평온 상태)을 고통이라고 생각한다. 괴로운 것과 비교하면 평온이 즐거워 보이고, 그리고 즐거운 것과 비교하면 그 평온이 괴로워 보인다. 이것은 일종의 기만 현상이다. 결론적으로 괴로움에서 벗어나는 것을 순수한 즐거움으로, 즐거움에서 벗어나는 것을 순수한 괴로움으로 우리가 믿는 일은 없어야 한다"(Plato, 1968: 583c~584c). 『필레부스(Philebus)』 42c~44a에도 비슷한 언급이 있다.

증법을 활용해 비판한다. 그에 따르면 "변증법은 하나의 통일된 기술로서 사물의 본질을 밝히고, 속성을 드러내며, 논의를 합리적이고 체계적으로 수행하는 완벽한 방법"(『최고선과 최고악』, II. 18)으로, 이 변증법은 개념 정의로부터 시작한다. 하지만 키케로는 에피쿠로스가 변증법을 무시하고 쾌락이라는 용어를 정의하지 않은 채 윤리학설을 시작해서 결과적으로 그의 학설이 체계성을 결여하게 되었다고 지적한다. 여기서 키케로가 활용하는 변증법은 더욱 정확하게 말하면 '철학적 수사학'이다.[9] 그가 이 방법을 사용하는 이유는 변증법에 익숙하지 않은 토루콰투스가 이 대화 방법을 사용할 것을 자신에게 요청했기 때문이다.

키케로와 토르콰투스의 다음과 같은 대화는 쾌락 개념이 지닌 문제점을 논하는 출발점이 된다.

키케로가 말했다. "목마른 사람의 경우 물을 마시는 것은 쾌락이 아닌가?" 〔토르콰투스가 대답했다〕 "누가 그것을 부정하겠는가?" 〔키케로가 말했다〕 "그것은 갈증이 해소된(having a quenched thirst) 상태의 쾌락과 같은 쾌락인가?" 〔토르콰투스가 대답했다〕 "아니다. 그것은 다른 종류이다. 해소된 갈증은 정적 쾌락(static pleasure)이며, 반면에 갈증을 해소하는 과정에서 생기는 쾌락은 동적 쾌락(kinetic pleasure)이다." 〔키케로가 말했다〕 "그렇다면 너는 왜 똑같은 용어를 서로 다른 사물에 사용하는가?" (『최고선과 최고악』, II. 9)

---

9   변증법은 짧은 질문과 이에 대한 짧은 대답으로 연속되어가는 문답 형식이며, 수사학은 질문의 여지 없이 한 편의 긴 연설로 구성되는 형식이다. 철학적 수사학이란 짧은 질문과 긴 대답으로 연속되어가는 문답 형식이다. 철학자의 수사학은 철학(변증법)과 수사학이 결합된 스타일로 '이상적인 웅변술'에 가깝다고 할 수 있다.

키케로는 쾌락에 대한 정의를 통해 에피쿠로스가 진정으로 의미한 쾌락은 "먹고 마시고 달콤한 소리를 듣는 데서 오는 쾌락과 음란한 성적 쾌락"임을 밝히고 이러한 정의에 대한 토루콰투스의 동의를 얻어낸다(『최고선과 최고악』, II. 7). 이처럼 에피쿠로스는 쾌락을 원래 동적 쾌락의 의미로 썼는데도 불구하고, 그가 최고선을 규정할 때는 고통의 부재, 즉 정적 쾌락을 사용하고 있는 것은 그의 비논리적이고 비일관된 관점을 여실히 보여주는 것이라고 키케로는 지적한다.

에피쿠로스의 윤리학설에서는 동적 쾌락과 정적 쾌락의 관계에 대해 많은 논쟁이 촉발되어왔다. 동적 쾌락은 정적 쾌락에 도달하기 위한 수단이며 과정이라는 설이 정합적인 것으로 주장되기도 했으나,[10] 정합적일지 몰라도 논리적 일관성을 지니는 것은 아니다. 앞의 인용문에서 갈증을 해소하기 위해 물을 한 모금씩 마셨다면, 물을 마시는 과정에서 쾌락이 점차로 증가할 것이다. 갈증을 해소한 후 우리는 갈증의 부재라는 정적 쾌락을 느끼게 된다. 그러나 갈증이 해소됐음에도 불구하고 만약 예를 들어 시원한 냉커피를 마시고 싶어서 마셨다면 더 이상 쾌락의 증가는 없는 것인지가 문제가 된다. 에피쿠로스의 대답은 냉커피는 동적 쾌락을 제공하지만 쾌락의 다채로움을 가져올 뿐 쾌락의 증가를 가

---

10 호센펠더는 다음과 같이 동적 쾌락과 정적 쾌락을 재구성한다. "에피쿠로스는 '쾌락'을 '몸의 안정된 상태'라고 정의한다. 이 정의하에서 우리는 몸의 모든 원기 왕성한 기능들의 자연스럽고 건강한 상태를 생각할 수 있다. 그러므로 '쾌락'은 이러한 건강한 상태의 느낌과 다르지 않다. …… 이 '자연스러운 상태'가 결국 본래적인 가치 기준이요, 본래적인 쾌락이 충만한 상태이다. 불쾌감에서 '불쾌감으로부터의 해방'으로 '넘어감'으로서의 가치, 혹은 그런 '과정'으로서의 가치는 이에 반해 단지 하나의 파생적인 의미로서의 행복이다. 곧 목적을 위한 매개체로서 느끼는 행복이라는 것이다"(호센펠더, 2011: 254~5).

져오지 않는다는 것이다.[11]

에피쿠로스의 관점과 이에 대한 키케로의 비판을 이해하기 위해 비근한 예로 목이 말라 스포츠 음료를 마셔서 갈증을 해소한 경우를 생각해보자. 이 경우 한 모금씩 마시는 스포츠 음료는 동적 쾌락을 증진시키며, 계속 마셔서 갈증이 해소될 경우 우리는 정적 쾌락을 느끼게 된다. 이때 느끼는 정적 쾌락이 물로 갈증을 해소했을 때 느끼는 정적 쾌락과 그 양에서 차이가 있는지가 문제가 된다. 에피쿠로스의 대답은 그 쾌락의 양은 동일하고 단지 쾌락의 다채로움이 다르다는 것이다. 과연 그런지 좀 더 극단적인 예를 들어보자. 허기가 져서 라면으로 배를 채운 경우와 스테이크로 배를 채운 경우를 생각해보자. 과연 두 경우 모두 정적 쾌락은 동일하고 단지 쾌락의 다채로움만 다르다고 말할 수 있는 것인가? 또 허기가 해결된 다음 디저트로 아이스크림을 먹을 경우 아이스크림은 쾌락이 증가하는 데 아무런 기여도 하지 않고 단지 쾌락을 다채롭게 하는 데 기여할 뿐인가? 모든 사람이라고 말할 수는 없지만 대부분의 사람들은 밥보다 스테이크를 먹어서 더욱 든든한 포만감을 느끼고, 아이스크림을 먹으면서 달콤한 쾌락을 느낀다. 우리의 경험이 에피쿠로스의 대답과 부합하지 않는다면, 에피쿠로스의 동적 쾌락과 정적 쾌락에 대한 정의는 설득력이 낮다고 할 수 있다.

식후에 먹는 디저트처럼, 정적 쾌락이 달성된 이후에 동적 쾌락이

---

11   쾌락의 다채로움은 우리가 아이스크림 가게에서 다양한 아이스크림을 선택해서 먹을 때 느낄 수 있다. 바닐라 아이스크림, 스트로베리 아이스크림, 초콜릿 아이스크림 중 어떤 것을 선택해서 먹든 대체적으로 쾌락의 양은 일정하며 단지 선택에 따라 쾌락의 다채로움이 달라진다고 할 수 있다. 물을 마실 때와 스포츠 음료를 마실 때의 쾌락의 양이 다르다면, 물이나 스포츠 음료의 선택이 단지 쾌락의 다채로움에만 영향을 미친다고 할 수 없다.

쾌락의 양을 갖게 된다는 것은 고통의 부재에서 오는 쾌락의 최고치라는 한계를 부정하는 것과 다름없다. 그렇다면 에피쿠로스의 쾌락설은 무한한 동적 쾌락의 추구를 허용하는 아리스티포스의 쾌락설과 동일하게 되며, 정적 쾌락이라는 최고선은 존재할 수 없게 된다.

이에 덧붙여 개념상의 모순이 지적될 수 있다.[12] 에피쿠로스에 따르면, 정적 쾌락에 이르는 과정에서 동적 쾌락은 '쾌락의 양'을 가지지만, 정적 쾌락에 도달한 이후의 동적 쾌락은 쾌락의 양을 가지지 못하고 단지 다채로움만 가지게 된다. 같은 동적 쾌락이 서로 다른 속성을 지니게 되는 모순된 일이 생기는 것이다. 또한 갈증의 해소라는 정적 쾌락에 이르는 과정에서 스포츠 음료를 마실 때의 동적 쾌락은 쾌락의 양과 쾌락의 다채로움을 동시에 갖는 데 비해, 물을 마실 때의 동적 쾌락은 단지 쾌락의 양만 갖게 된다. 스포츠 음료로 갈증이 해소된 경우 정적 쾌락은 고통의 부재라는 쾌락과 다채로움으로 구성되며, 물로 갈증이 해소된 경우 정적 쾌락은 고통의 부재라는 쾌락으로만 구성된다. 동일해야 할 정적 쾌락이 그 구성에서 두 가지로 분류되는 모순된 결과가 발생하는 것이다.

키케로는 정적 쾌락과 동적 쾌락에 관한 논의를 마무리 짓기 위해 요람설로 다시 돌아간다.

갓난아이는 최고선과 최고악을 결정하기 위해서 정적 쾌락과 동적 쾌락 중 어떤 것을 사용하겠는가? 만약에 정적 쾌락이라면, 분명히 갓난아이의 자연적 본능은 자기 보존을 목적으로 하는데, 나는 이것을 인정한다. 만

---

12 이것은 키케로의 지적이 아니라 필자의 지적이다.

약에 동적 쾌락이라면, 너 토르콰투스가 주장하듯이, 어떠한 방탕한 쾌락도 경험하는 것이 인정될 것이다.[13] 더욱이 새로 태어난 아기는 네가 고통의 부재에서 생긴다고 여기는 그러한 최고의 쾌락에서 삶을 시작하지 못할 것이다(『최고선과 최고악』, II. 31).

만약에 갓난아이가 정적 쾌락을 추구한다면 이는 인간의 본성은 자기 보존을 추구한다는 말과 다름이 없다. 이는 바로 스토아학파의 입장이다. 만약에 갓난아이가 '동적 쾌락'을 추구한다면 이는 인간의 본성은 모든 방탕한 쾌락을 추구한다는 것과 갓난아이의 삶은 고통의 부재에서 오는 쾌락을 추구하는 것으로 시작하지 않는다는 것을 말해준다. 키케로는 토르콰투스가 동의했듯이 '동적 쾌락'만이 인간의 행동을 자극할 수 있으며, 에피쿠로스도 이런 의미로 쾌락을 사용했다고 주장한다. 그리고 인간의 본성이 동적 쾌락을 추구하는 한편, 다른 한편으로 최고선은 정적 쾌락에서 구한다는 에피쿠로스의 주장이 논리적으로 모순이라는 판단을 내린다. 결론적으로 키케로는 인간의 본성은 쾌락에 의해 자극받는다는 에피쿠로스의 인간 본성론을 폐기하고, '자기애(self-love)'에 의해 자극받는다는 스토아학파나 구아카데미학파의 인간 본성론을 따를 것을 주장한다.

---

13   토르콰투스는 키케로와의 논쟁 가운데, 동적 쾌락이 쾌락의 본래 의미임을 받아들인다.

5. 카르네아데스의 윤리학설 분류법과 키케로의 윤리학설 분류법

키케로는 '쾌락'의 정의에 근거해서 에피쿠로스의 쾌락설이 지닌 모순을 밝혀낸 후, 카르네아데스의 윤리학설 분류법과 자신의 분류법에 의거해서 에피쿠로스 윤리학의 위상을 드러낸다. 여기서 키케로는 카르네아데스의 윤리학설 분류법을 에피쿠로스학파를 비판하기 위해 사용하지만, 『최고선과 최고악』 3권(30~31)에서는 카토가 스토아학파를 옹호하기 위해서, 5권(16~23)에서는 피소가 구아카데미학파를 옹호하기 위해서 각각 이 분류법을 사용한다.[14] 2권에서 특기할 점은 키케로가 '자신의 관점에서 각 윤리학설을 분류하고 평가한다'는 것이다.

카르네아데스는 인간의 본성을 자극하는 궁극적인 요소로 쾌락, 고통의 부재, 자연적 재화(natural goods)의 세 가지를 말한다. 이 세 가지의 본성적 요소에 근거하지 않는 최고선에 관한 논의는 설득력이 없다는 것이다. 이 세 가지 요소는 당장 획득의 대상이 될 수 있는가, 아니면 그 획득을 위한 장기적인 추구의 대상이 될 수 있는가의 범주로 분류해볼 수 있다. 쾌락과 고통의 부재는 직접적 획득의 대상이 될 수 있을 뿐, 미래의 목표로 유예될 수 없다. 자연적 재화(예를 들면 지성과 건강)는 직접적 획득의 대상이 될 수 없으며, 장기적인 추구의 대상이 될 수 있을 뿐이다. 하지만 카르네아데스는 학설 분류를 위해 자연적 재화가 직접적 획득의 대상이 될 수 있다고 가정하고 자신을 그 추종자로 자처했다. 자연적 재화가 장기적 추구의 대상의 될 때, 이것을 추구

---

14 카르네아데스의 분류법에 관한 좀 더 자세한 설명은 7장을 참조하기 바란다.

하는 노력이 지속적으로 필요하게 된다. 스토아학파는 '자연재를 추구하는 노력(attempt to get natural goods)'이 바로 '도덕'이며, 이 도덕이 바로 최고선이라고 주장한다. 카르네아데스의 분류를 따르면, 최고선을 단일한 본성적 요소와 연관시키는 윤리학파에는 네 종류가 있다. 아리스티포스는 쾌락을, 히에로니무스(Hieronymus)는 고통의 부재를, 카르네아데스는 자연적 재화의 획득을, 스토아학파는 덕을 각각 최고선이라고 주장한다.

카르네아데스는 세 가지 본성적 요소에 도덕을 결합시킨 세 가지 윤리학파가 있다고 지적한다. 칼리포(Callipho)는 도덕에 쾌락을 결합시켰고, 디오도로스는 도덕에 고통의 부재를, 아카데미학파인 폴레몬(Polemon)과 소요학파는 도덕에 자연적 재화를 결합시켰다. 카르네아데스는 타당한 윤리학설을 가려내기 위해 '지혜와 덕의 조력을 받는 이성'이라는 기준을 내세운다. 이성에 근거해 판단할 때, 쾌락이나 고통의 부재에 근거하는(즉, 감각에 근거하는) 윤리학설 및 이것과 도덕의 결합을 주장하는 윤리학설은 타당하지 못한 학설로 거부되며, 또한 카르네아데스가 자처한 가설적 입장도 거부된다. 그렇다면 남는 것은 덕을 강조한 스토아학파와 덕과 자연적 재화의 결합을 강조한 구아카데미학파의 윤리학이다. 이처럼 카르네아데스의 분류법을 따르면, 에피쿠로스의 윤리학은 처음부터 타당하지 못한 이론으로 분류되어 구체적 논의의 대상이 되지 못한다.

키케로는 에피쿠로스의 윤리학을 논쟁 대상으로 부각하기 위해 '이성'을 판단 기준으로 내세워 제반 윤리학설에 대한 재평가를 시도한다. 그가 말하는 이성이 카르네아데스의 이성과 어떻게 다른지는 분명하지 않지만 하나 확실한 것은 그의 이성은 "덕을 고려하지 않는 단일 요소에 근거한 최고선 이론을 제외할 것을 가정한다"는 점이다(『최고선과 최고악』, II. 39). 키케로는 다음과 같이 제반 윤리학설을 분류하고 평가함으로써 '쾌락과 덕의 싸움', 즉 '에피쿠로스학파와 스토아학파의 싸움'을 유도한다.

우선, 쾌락만을 중시하는 아리스티포스의 입장은 아리스토텔레스가 주장하듯 인간의 중요한 측면, 즉 '사고하고 행동한다'는 면을 고려하지 않기 때문에 근본적 결함을 지닌다. 다음으로, 고통으로부터의 해방을 최고선으로 보는 히에로니무스의 관점은, 고통이 악이라 하더라도 악을 벗어난 상태가 좋은 삶을 위해 충분한 조건이 되지 못한다는 것을 간과하고 있다. 자연적 재화의 획득을 주장하는 카르네아데스의 입장은 가설적이어서 제외되지만, 자연적 재화에 덕을 결합시킨 소요학파의 윤리학은 어느 정도 이론적 중요성을 갖는다. 쾌락과 덕의 결합을 시도하는 윤리학파나 고통의 부재와 덕의 결합을 시도하는 윤리학파는 모두 조화될 수 없는 조합을 시도하는 것에 불과하다. 이성이라는 기준으로 타당하지 않은 윤리학설을 제거하고 나면 결국 남는 것은 에피쿠로스의 윤리학과 스토아학파의 윤리학이다. 에피쿠로스는 '교묘하게' 두 가지 종류의 쾌락을 결합하고, 또한 "가장 저급한 권위이지만 가장 큰 힘을 지닌 대중"의 인기를 얻고 있기 때문에, 최후의 리스트에 남아 있게 된다. 두 윤리학 간의 대립은 결국 '쾌락과 덕의 싸움'이 된다. 키케로는 스토아 학자인 크리시포스 역시 이러한 싸움을 만만치 않게 보고 있다고 말한다(『최고선과 최고악』, II. 39~44).

키케로는 에피쿠로스학파를 비판하기 위해 자기 나름의 윤리학설 분류법을 제시하지만 그의 분류법은 크리시포스의 분류법과 별로 차이가 나지 않는다. 스토아 학자인 크리시포스는 덕, 쾌락, 그리고 덕과 쾌락의 결합을 각각 강조하는 세 가지 윤리학을 주요 윤리학으로 분류한다. 그는 고통으로부터의 해방을 주장하는 윤리학, 고통으로부터의 해방과 덕의 결합을 주장하는 윤리학, 자연적 재화와 덕의 결합을 주장하는 윤리학 등 세 가지 윤리학은 그 윤리적 근거가 미약하다고 배척한다. 크리시포스는 주요 윤리학 간의 대립은 궁극적으로 '덕과 쾌락의 싸움'으로 환원되는데, 쾌락은 인류애, 사랑, 우정, 정의의 근거가 될 수 없기 때문에 덕만이 최고선이 될 수 있다고 주장한다(『루쿨루스』, 138~140). 키케로가 변증법을 사용해 쾌락 개념이 지닌 정의상의 문제점을 비판하는 것이 1라운드였다면, '쾌락과 덕의 싸움'이라는 관점에서 내용상의 문제점을 비판하는 것이 2라운드이다.

6. 지혜·절제·용기·정의의 4주덕과 우정

토르콰투스는 의학이 그 기술 자체를 위해서가 아니라 그것이 우리에게 가져오는 건강 때문에 가치를 지니는 것처럼 덕도 그 자체를 위해서가 아니라 우리에게 주는 쾌락 때문에 가치를 지닌다고 주장한다. 지혜, 절제, 용기, 정의의 4주덕도 쾌락을 위한 수단으로 추구된다는 것이다. 그는 4주덕을 다음과 같이 설명한다(『최고선과 최고악』, II. 42~54).

첫째, 지혜는 우리에게 공포와 욕망을 제거하며 쾌락을 향한 확실한 안내자가 된다. 인간에게는 세 가지 욕망, 즉 자연적이며 필요한 욕망, 자연적이며 불필요한 욕망, 허황된 욕망이 있는데, 우리는 지혜를 통해 허황된 욕망을 제거할 수 있다. 둘째, 절제는 선과 악에 대한 이성의 판단을 계속해서 굳건하게 유지하고 실천하기 위해 필요하다. 절제는 좀 더 큰 쾌락을 위해서는 고통도 참아내야 한다는 것을 가르쳐준다. 셋째, 용기는 우리를 죽음과 고통의 공포에 맞서게 해서 마음의 평화를 찾게 해준다. 절제가 쾌락의 유혹을 이기는 힘이라면, 용기는 공포와 고통을 이기는 힘이다. 넷째, 정의는 남에게 결코 해악을 주지 않을 뿐 아니라, 그것이 지닌 힘과 본성을 통해서 정신을 안정시킨다. 양심의 가책에서 오는 마음의 불안정으로 인한 손해는 부정의에서 오는 이득보다 더욱 크다.

에피쿠로스에게 지혜, 절제, 용기, 정의의 네 덕목 가운데 가장 중요한 것은 '공포와 욕망의 원인을 알게 해주며 쾌락을 향한 확실한 안내자'로서의 지혜이다. 하지만 지혜를 포함한 4주덕은 독자적인 가치를 지니지 못하고, 개인의 쾌락을 위한 수단으로 존재한다. 키케로는 에피쿠로스의 4주덕에 대한 설명을 부정한다. 동물들은 본능적으로 쾌락을 추구하는 것으로 보이지만, 동물의 어미가 새끼를 기르기 위해 헌신하는 경우를 생각해본다면 쾌락설은 그 타당성이 약화되며(『최고선과 최고악』, II. 109), 동물과 다르게 '자연이 준 이성과 지성'을 지닌 인간의 경우에는 말할 것도 없이 쾌락설은 그 기반을 잃게 된다고 키케로는 주장한다. 플라톤의 추종자로서 이성의 힘을 신봉하고 있는 키케로는 4주덕을 다음과 같이 정의한다.

〔지혜에 관해〕 자연은 우리에게 진리를 알고자 하는 욕망을 심어놓았다. 이 욕망은 우리에게 여가가 있을 때 가장 잘 표출된다. …… 이러한 욕망의 초기 단계로부터 우리는 일반적 진리를, 즉 믿을 만하고 공개되고 일관된 모든 사물을 사랑하게끔 인도되며, 〔정의에 관해〕 마찬가지로 우리는 기만적이고, 거짓되고, 오해를 불러일으키는 것, 즉 사기, 위증, 악의,

부정의를 혐오하게끔 인도된다. 〔용기에 관해〕 우리 자신의 이성은 그 자체 속에 고결하고 고상한 요소를 가지고 있는데, 이것은 명령을 수행하기보다는 명령을 내리는 데 좀 더 적합하다. 이것은 인간의 모든 불행을 견딜 수 있는 것으로 여길 뿐 아니라 사소한 것으로 여긴다. …… 〔절제에 관해〕 네 번째 품성은 질서와 억제의 품성이다. …… 이 품성은 사려 없음을 걱정하고, 무례한 말이나 행동으로 사람에게 해악을 끼치는 것을 회피하며, 용기가 결여된 것처럼 보이는 어떤 것도 행하거나 말하려 하지 않는다(『최고선과 최고악』, II. 46~47).

키케로의 4주덕에 대한 정의는 에피쿠로스가 덕을 설명하며 근간으로 삼는 '공포, 욕망, 쾌락'과는 무관하게 제시되며, 각 덕목은 쾌락을 위한 수단으로 전혀 가치를 지니지 않고 덕목 나름의 독자적인 가치를 지닌다는 것을 잘 나타낸다. 지혜는 진리를 사랑하는 덕목으로, 정의는 부정의를 혐오하는 덕목으로, 용기는 불행을 견딜 수 있는 힘을 지닌 덕목으로, 절제는 앞의 세 덕목이 반대의 방향으로 흐르려는 것을 억제하는 덕목으로 정의된다.

키케로는 "사람은 도덕적으로 살지 못하면 유쾌한 삶을 살지 못한다"(『최고선과 최고악』, II.49)라는 에피쿠로스의 주장에 주목해, 에피쿠로스가 원했던 것은 도덕적인 삶, 다시 말해 올바름과 영예로움이 추구되는 삶이지 쾌락의 삶이 아니었다고 말한다. 즉, 도덕적인 삶이 쾌락을 수반한다는 것이지, 쾌락적인 삶이 도덕성을 수반한다는 것은 아니라는 것이다. 에피쿠로스가 진정으로 도덕적 삶을 지향한다면, 그의 4주덕에 대한 규정은 키케로가 제시한 4주덕에 대한 규정으로 대체되어야 한다. 그렇게 하지 않는다면 에피쿠로스의 논리는 모순에 처하고 말

것이다.

에피쿠로스는 인간이 행복하게 살 수 있도록 하기 위해서 "지혜가 획득할 수 있는 모든 사물 가운데, 우정보다 풍요롭고 달콤한 것은 없다"(『최고선과 최고악』, I. 65)라고 말한다. 그러나 그에게 우정은 4주덕이 그런 것처럼, 쾌락을 위한 수단으로 존재할 뿐이며, 우리가 그것 없이는 인생의 즐거움을 안정적이고 지속적으로 누릴 수 없기 때문에 가치를 지닌다. 그의 우정관은 자기 자신을 사랑하는 이상으로 친구를 사랑할 수 없다는 관점에 근거한다(『최고선과 최고악』, I. 66~70). 자신만큼 친구를 사랑할 수 있지만, 그 사랑은 자신의 쾌락에 봉사해야 하며, 친구를 위해 자신의 쾌락을 희생할 수 없다는 것이 에피쿠로스의 우정관이 지닌 한계라고 할 수 있다.

키케로는 우정을 쾌락의 수단이 아니라 그 자체로 도덕성을 지니는 것으로 파악한다. 그는 우정은 사랑에서 파생된 용어로서, 사랑은 이득의 합리적인 계산으로 생성되지 않고 자발적으로 생겨난다는 점, 그리고 우정과 이득은 서로 결합하기 힘들다는 점을 들어 에피쿠로스 학파의 우정관을 부정한다. 키케로는 우정이 지닌 도덕성은 자기 이득을 희생하면서까지 남을 자기보다 더 사랑할 수 있을 때 실현되는 것으로 본다. 키케로는 에피쿠로스가 주장하는 우정이 이득을 위한 것이라면, 친구보다 오히려 땅이나 건물을 갖는 것이 낫다고 말한다(『최고선과 최고악』, II. 78~84).

7. 육체적 쾌락과 정신적 쾌락

에피쿠로스는 쾌락은 육체에서 시작하며 정신적 쾌락은 육체에서 기원한다고 말한다(『최고선과 최고악』, I. 55). 그에 따르면, 쾌락을 판단하는 것은 인간의 감각이다. 인간이 감각적으로 좋다고 느끼는 것은 쾌락이며, 그렇지 못한 것은 쾌락이 아니다. 에피쿠로스는 쾌락을 말할 때 플라톤이 주장한 육체와 영혼의 이원론을 염두에 두지 않는다. 그에게 육체와 정신은 물리적으로 서로 접촉한다.[15] 즐거운 감각은 육체적 사건이지만, 마음에 쾌락이나 기쁨을 불러일으키기도 한다. 그러나 정신적 쾌락은 비록 육체에서 기원하지만, 육체적 쾌락에 비해 인간의 행복에 미치는 영향이 상당히 크다고 규정된다. 왜냐하면 인간의 육체는 순간의 경험에 한정되는 데 반해, 정신은 현재는 물론 과거, 미래의 경험에도 작용하기 때문이다.

> 육체의 경우, 우리가 느끼는 일체의 것은 현재 우리 앞에 존재하는 것이다. 마음과 관련해서 과거와 미래가 우리에게 영향을 미친다. 확실히 우리가 육체적 고통을 느끼고 있을 때, 우리는 계속해서 고통을 느낀다. 그

---

15   에피쿠로스는 "영혼은 물체인데, 그 부분은 미세하며, 전체 집적물에 골고루 흩어져 있다. 그것은 열이 섞인 호흡과 가장 비슷하다"(Diogenes Laertius, 1972: Book X, 63)고 말한다. 그는 플라톤이나 그 밖의 이원론자와는 반대로, 영혼이 신체와 무관하게 존재할 수 없으며, 생명체는 신체와 영혼의 결합이라고 주장했다. 영혼은 신체에 담겨야 하며, 영혼만으로 혹은 신체만으로 생명체를 구성할 수 없다. 죽음은 영혼으로부터 육체가 해체되는 것을 가리키며, 결국 육체가 영혼의 원자들을 더 이상 붙잡을 수 없어 마침내 그들이 공중에 흩어지는 것을 의미한다. 롱(2000: 112~114)과 호센펠더(2011: 345)를 참조하기 바란다.

러나 만약 우리가 영원하고 무한정한 악이 우리를 기다린다고 믿는다면 그 고통은 굉장히 증폭될 수 있다. 이러한 것은 쾌락에도 적용된다. 우리가 그러한 악을 두려워하지 않는다면 쾌락은 더욱 커질 수 있다. 그러므로 우리의 삶이 행복한가 아니면 불행한가에 좀 더 크게 영향을 미치는 것은 정신적 쾌락이나 고통이지, 같은 기간에 느끼는 육체적 고통이나 쾌락이 아니라는 것은 이미 분명해졌다(『최고선과 최고악』, I. 55~56).

에피쿠로스에 따르면 정신적 쾌락은 육체적 쾌락에 비해 상당히 크며, 행복은 육체적인 고통에서의 해방을 의미하는 아포니아(aponia)에 의존하기보다는 정신적인 근심에서 벗어난 상태인 아타락시아에 더욱 많이 의존하게 된다.[16] 그는 현자들은 미래의 즐거운 전망과 과거의 즐거운 추억에 기뻐할 수 있고, 또한 과거의 나쁜 기억을 망각해버릴 수 있는 능력을 지니고 있기 때문에, 그러지 못하는 대중에 비해서 아타락시아에 손쉽게 도달할 수 있다고 말한다.

그러나 플라톤의 이원론을 추종하는 키케로는 우선 모든 정신적인 쾌락이 육체에서 기원하는 것은 아니라고 주장한다. 시나 연설문을 읽고 쓰는 것, 역사나 지리학 연구, 조각이나 회화, 아름다운 경관, 놀이나 사냥에서 느끼는 스릴, 루쿨루스의 시골집 등 이러한 모든 것은 육체와 상관없이 그 자체로 정신적 쾌락을 제공한다는 것이다(『최고선과 최고악』, II. 107). 이어서 정신적 쾌락이 육체적 쾌락보다 크다는 주장은 받아들이기 어렵다고 다음과 같이 지적한다.

---

16 'aponia'는 영어로 'freedom from pain'으로, 'ataraxia'는 영어로 'freedom from mental disturbance'로 번역된다.

너희 에피쿠로스학파는 정신은 과거, 현재, 미래를 관할하지만 육체는 현재의 순간만을 의식한다는 이유에서 정신적인 쾌락과 고통이 육체적인 쾌락과 고통보다 크다고 주장해왔다. …… 이 주장은 내가 느끼는 만족 이상으로 타인이 내 일에 만족한다는 주장처럼 설득력이 없다. 너는 현자의 행복이 현명한 사람들은 정신적으로 최대한의 쾌락을 경험한다는 관념과 이러한 쾌락은 육체적 쾌락에 비교할 수 없을 정도로 상당히 크다는 관념에 근거하고 있음을 보여주고자 한다. 그러나 이것은 네가 예측하지 못한 결과를 산출하는데, 이것은 즉, 현자가 경험하는 정신적 고통이 육체적 고통보다 비교할 수 없을 정도로 상당히 크다는 결론이다. 그러므로 네가 행복하길 바라는 현명한 사람은 종종 불쌍해진다. 진실로 네가 쾌락과 고통에 입각해서 모든 것을 판단하는 한 너는 현명한 사람이 항상 행복하다는 것을 결코 증명할 수 없다(『최고선과 최고악』, II. 108).

에피쿠로스가 정신적 쾌락을 육체적 쾌락의 우위에 두는 입장은 그가 임종 전에 제자에게 보낸 편지에 잘 나타난다.

나의 방광과 위장은 더 이상 나빠질 수 없을 정도로 병들어 있다. 그러나 이러한 고통은 내가 이룩한 이론과 발견을 회상하는 기쁨으로 상쇄된다. 만일 네(헤르마르코스)가 젊었을 때부터 나와 철학에 대해 보여준 선의에 따라서 계속 삶을 영위하고자 한다면, 메트로도로스의 자녀들을 잘 돌봐주기 바란다(『최고선과 최고악』, II. 96).

이 편지에는 죽음을 의연하게 맞이하는 현자 에피쿠로스의 모습이 잘 나타난다. 그는 몸은 병고로 힘들어하지만 과거의 즐거움을 회상함으로써 행복하게 죽음을 맞이하고 있다고 말한다. 하지만 여기에서 키케로는 에피쿠로스가 과거에 즐거움을 느꼈던 것은, 물론 육체적 쾌락도 아니고 육체적 쾌락에서 기원하는 정신적 쾌락도 아닌, 자신이 이룩한 '이론과 발견을 회상하는 기쁨'에서 오는 정신적 쾌락이라고 지적한다. 에피쿠로스에 따르면 정신적 쾌락은 육체적 쾌락에서 기원한다. 만약 에피쿠로스가 과거의 어느 한때, 아주 맛있게 먹은 음식에 대한 즐거운 추억이 있고, 이 추억을 회상함으로써 현재의 병고를 이기고 있다면, 그의 유언은 이론적 일관성을 보여준다고 할 수 있다. 그러나 이 편지에서 그가 회상하고 있는 것은 육체적 쾌락과 전혀 상관이 없는 자신의 이론과 발견일 뿐이다.

8. 에피쿠로스 윤리학의 비일관성

키케로는 『최고선과 최고악』을 로마 시민을 철학적으로 교육하기 위해 저술했다. 그의 다른 철학 작품도 같은 목적을 지닌다. 그는 정치활동을 통해서 로마 시민에게 봉사했지만, 그에 못지않게 자신에게 여가가 생겼을 때는 철학활동을 통해서 로마 시민에게 봉사했다고 말한다(『투스쿨룸에서의 대화』, I. 5). 키케로는 에피쿠로스 윤리학이 지닌 본질적 성격과 문제점을 좀 더 쟁점화하기 위해서, 첫째, 쾌락의 정의에 주목하고, 둘째, '쾌락과 덕의 싸움'이라는 관점을 부각한다. 이러한 두 쟁점화를 통해 '동적 쾌락과 정적 쾌락의 관계'와 '육체적 쾌락과 정신적 쾌락의 관계'가 핵심적 이슈로 부상한다.

키케로는 '동적인 육체적 쾌락'을 출발점으로 삼는 에피쿠로스의 윤리학이 최고선으로 '정적인 육체적 쾌락'(즉, 아포니아)과 '정적인 정신적 쾌락'(즉, 아타락시아)을 제시하는 것과, 아포니아보다도 아타락시아를 더욱 중요한 행복의 원천으로 보는 것은 일관되지 않다고 비판한다. 키케로는 에피쿠로스가 출발점인 동적인 육체적 쾌락에 충실하게 논리를 전개했다면, 결국 아리스티포스와 같은 결론에 도달했을 것이라고 말한다.

키케로는 아타락시아를 인정하지 않지만, 일단 아타락시아를 에피쿠로스의 중요한 가르침이라고 인정해보자.[17] 스토크스(Michael Stokes)는 에피쿠로스가 아타락시아에 도달할 수 있는 원천으로 지적인 원천과 도덕적인 원천을 제시한다고 지적한다. 지적인 원천은 우주를 이해하고, 또한 신과 죽음의 공포에서 마음을 해방할 수 있도록 그러한 공포를 이해하는 것이며, 도덕적인 원천은 정의롭게 사는 것이다. 여기서 정의는 타인이 주는 공포에서 벗어나게 한다. 스토크스는 에피쿠로스가 정의 외의 다른 덕도 아타락시아에 기여하는 것으로 본다고 지적한다(Stokes, 1995: 168). 그렇다면 아타락시아의 주된 원천은 지혜와 정의를 중심으로 한 4주덕이 된다. 하지만 에피쿠로스가 아타락시아의 원천으로 4주덕, 특히 지혜(혹은 사려분별)를 강조하면 할수록 그는 덕에 기반을 둔 아파테이아(*apatheia*)를 중시하는 스토아학파의 입장과 닮아가게 된다.

유쾌한 삶을 만드는 것은 끊임없는 음주나 잔치, 또는 남색이나 여색, 또

---

17   이 가능성에 대해 키케로는 논의하지 않는다. 후대 학자들은 흔히 에피쿠로스의 논리보다 아타락시아를 내세우는 그의 가르침을 중시한다.

는 생선이나 다른 값비싼 음식을 즐기는 것이 아니라, 모든 선택과 회피의 원인을 샅샅이 밝혀내며 영혼을 아주 큰 혼란에 빠지게 만드는 의견을 쫓아내는 진지한 추론(sober reasoning)이다. 이런 추론의 출발점이자 최대의 선은 사려분별(prudence)이다. 그러므로 사려분별은 철학보다도 더욱 가치 있으며, 다른 모든 덕목의 자연적 원천이다. 이것은 분별 있고 영예롭고 정의롭게 살지 않으면 즐겁게 사는 것이 불가능하다는 것을 가르치고 있으며, 즐겁게 살지 못하면 분별 있고 영예롭고 정의롭게 사는 것이 불가능하다는 것을 가르치고 있다. 덕은 자연적으로 즐겁게 사는 것과 연관되어 있으며, 즐겁게 사는 것은 덕과 분리될 수 없다(Diogenes Laertius, 1972: Book X, 132).

에피쿠로스의 윤리학은 논리적으로 일관되지 않으며, 논리적 일관성을 추구하게 되면 아리스티포스의 주장과 다름없게 된다. 또한 그 논리적 비일관성에 상관없이 아타락시아를 최고선으로 받아들인다면, 그 입장은 궁극적으로 아파테이아를 강조하는 스토아학파의 입장과 다름없게 된다. 덕과 쾌락의 싸움에서 에피쿠로스는 쾌락의 패배를 인정해야 하는 것이다. 그러나 이러한 패배에서 기인하는 덕의 승리는 완전한 것이 아니다. 덕의 편에 서 있는 스토아학파와 구아카데미학파는 『최고선과 최고악』 3~5권에서 검토와 비판의 대상이 된다. 키케로는 이 대화편을 통해 행복이라는 최고선을 향한 (로마)시민들의 철학적 여정이 쉽지 않음을 잘 보여준다.

7장

/

스토아학파의 윤리학과
구아카데미학파의 윤리학 비판

1. 윤리학의 핵심 주제

키케로는 『예언에 관하여』에서 『최고선과 최고악』에 대해 스스로 다음과 같이 평가한다. "철학의 토대는 선과 악의 구별에 있기 때문에, 나는 이 주제를 다섯 권의 책에서 철저하게 다루었으며 또한 상이한 철학자들의 갈등적 관점을 드러내는 방식으로 다루었다"(『예언에 관하여』, II. 1). 키케로에 따르면 철학이 다루는 근본 문제는 '선과 악(good and evil)'을 구별하는 것이다. 그는 자신의 철학 작품 가운데 『최고선과 최고악』을 다른 어떤 작품보다 중요한 것으로 여긴다.

왜냐하면 살아가는 데에서 일반적으로 철학을 탐구하는 것보다 가치 있고, 특별하게 이 작품에서 제기된 다음과 같은 문제를 탐구하는 것보다 가치 있는 것은 없기 때문이다. 어떻게 잘 살고 어떻게 올바르게 행동할 것인가에 대한 우리의 심려가 지향해야 하는 궁극적이고 최종적인 목적은 무엇인가? 자연이 추구하는 최고선은 무엇이며, 자연이 회피하는 최고악은 무엇인가(『최고선과 최고악』, I. 11).

6장에서 논의되었듯이, 키케로는 쾌락을 최고선으로 내세우는 에피쿠로스의 윤리학설이 방법론상으로 틀렸을 뿐만 아니라, 내용상으로도 논리적 일관성을 결여했다고 신랄하게 비판한다. 그는 스토아학파와 구아카데미학파의 윤리학을 '찬성과 반대의 양 측면'에서 비판적으로 검토하면서 최고선을 찾아보려고 했지만, 궁극적으로 최고선이 무엇이어야 하는지에 대한 해답을 내리지 않는다. 이것은 신아카데미 회의주의자인 키케로의 철학적 한계라고 할 수 있다.

이 장은 2절에서 『최고선과 최고악』 3~5권의 배경을 설명한 후에, 두 번째 대화와 세 번째 대화에서 이루어지는 스토아학파와 구아카데미학파의 윤리학에 관한 키케로의 설명과 비판을 중심으로 두 학파의 특징을 철학 체계(3절), 카르네아데스의 윤리학설 분류법(4절), 인간 본성과 도덕발전론(5절), 최고선과 행복(6절)의 네 가지 주요한 관점에서 비교·분석하는 것이 목적이다. 이러한 관점은 키케로가 『최고선과 최고악』에서 전달하려는 윤리학의 의미를 분명히 하는 데 도움이 되리라고 생각한다.[1] 7절에서는 '필요에 따라' 다양한 교조를 융통성 있게 절

---

1   『최고선과 최고악』은 키케로의 철학 작품 중 가장 정교한 작품이다. 정교한 만큼 이해하기 쉽지 않은 작품이라고 할 수 있다.

충하는 키케로의 관점이 강조된다.

2. 『최고선과 최고악』 3~5권의 배경

키케로는 『최고선과 최고악』을 기원전 45년에 썼지만, 작품 속 세 대화의 시대적·공간적 배경은 각각 다르게 나타난다. 스토아학파의 윤리학에 대한 논의가 이루어지는 3권과 4권의 배경은 기원전 52년, 젊은 루쿨루스의 집에 있는 도서관이다.[2] 키케로는 루쿨루스의 도서관에 아리스토텔레스가 쓴 책을 찾으러 왔는데, 때마침 스토아에 관한 책을 읽고 있던 카토(95~46 B.C.)를 우연히 만나게 되어 두 사람 사이에 대화가 시작된다. 키케로는 54세, 카토는 43세로 각각 자신의 철학적 관점에 조예가 깊은 나이라고 할 수 있다. 아리스토텔레스의 책을 찾던 키케로는 구아카데미학파 학자인 안티오코스의 입장을 대변하게 된다. 스토아주의자인 카토는 대화에서 변증법을 사용하고, 신아카데미학파인 키케로 역시 변증법을 사용하기 때문에 두 사람의 대화는 논리적이며, 자신들의 관점에서 서로 한 치도 물러서려 하지 않는다. 두 사람의 대화가 마무리되는 4권의 끝부분에서 카토는 키케로의 스토아학파 비판에도 불구하고 자신이 지닌 스토아주의적 신념에는 전혀 변화가 없다고 말하면서, 오히려 키케로가 스스로 스토아학파의 입장을 수용하고 있

---

2   젊은 루쿨루스의 아버지는 『아카데미의 회의주의』의 한 부분을 구성하는 『루쿨루스』에 등장하는 주요 화자이다. 아버지 루쿨루스는 안티오코스의 인식론을 옹호하는데, 안티오코스가 스토아학파 인식론에 의존하는 만큼, 루쿨루스의 옹호는 곧 스토아학파 인식론에 대한 옹호로 나타난다.

는 것이 아니냐고 주장한다. 이에 대해 키케로의 반론 없이 대화편은 마무리된다. 결국 키케로가 스토아학파의 윤리학에 어느 정도 호감을 가졌는가를 판단하는 것은 독자의 몫이지만, 이 대화편을 쓴 키케로가 말년에 스토아주의 윤리학에 경도되었다는 것은 많이 지적되었다. 키케로는 가끔 스토아주의자로 불리기도 한다. 이러한 평가가 공식적으로 잘못된 것이긴 하지만, 그가 말년에 쓴 윤리적인 작품인『노년에 관하여』,『우정에 관하여』,『의무에 관하여』는 스토아주의에 강하게 경도된 그의 관점을 잘 보여주기도 한다(Long, 2009: 199).

안티오코스의 윤리학, 다시 말해 구아카데미학파의 윤리학이 논의되는 5권의 배경은 기원전 79년의 아테네이다. 이때 키케로는 27세로, 공부하기 위해서 아테네에 머물고 있었다. 당시 아테네는 플라톤이 만든 '아카데미' 학당이나 아리스토텔레스가 만든 '리시움' 학당 모두 이미 제도적으로 쇠락한 상태였으며, 이름만 남은 학당에서 플라톤 철학과 아리스토텔레스 철학을 가르치던 상태였다. 대화에 참여하는 화자는 다섯 명으로 키케로, 피소, 키케로의 동생 퀸투스, 사촌 루키우스, 키케로의 친구 폼포니우스(아티쿠스)이다. 이들은 모두 향학열에 불타오르는 젊은 사람들로서, 젊은 기분에 대담하게 논쟁을 벌일 수 있는 사람들이다. 또한 이들은 젊기 때문에 철학적 입장이 유연하며 설득의 대상이 될 수도 있다. 주요 화자는 신아카데미학파인 키케로와, 구아카데미를 창건한 안티오코스를 추종하고 그의 윤리학을 5권에서 피력하는 역할을 맡은 피소이다. 폼포니우스는 에피쿠로스학파에 속하는데, 이 대화편에서 역할은 거의 없다. 퀸투스는 특정한 학파의 추종자는 아니나, 피소의 이론에 설득당해 대화편 끝부분에서는 구아카데미학파로 기운다. 루키우스는 안티오코스와 카르네아데스에 모두 관심을 가진 인물로 등장한다. 피소는 루키우스를 안티오코스의 추종자로 만들 목적으로 논의를 개진하는데, 이 과정에서 카르네아데스의 신아카데미를 대변하는 키케로와 안티오코스의 구아카데미를 대변하는 피소 사이에 논쟁이 벌어진다. 두 사람의 논쟁 끝에, 수사학에 능숙한 피소는 루키우스는 물론 퀸투스, 폼포니우스를 어느 정도 설득해 안티오코스의 윤리학에 공감을 불러일으키는 데 성공한다. 4 대 1로 키케로는 논쟁에서 수적으로 열세를 면하지 못하지만, 그가 변증법을 활용해 지적한 구아카데미의 논리상 치명적인 결점에 대해 피소가 대답을 회피한다는 점에서 논리적인 면에서는 키케로가 우세를 점한다고 말할 수 있다. 키케로는 5권의 대화가 끝나는 부분에서도 피소의 주장이 논리적으로 보강되어야 한다고 강조한다. 4 대 1이라는 설정을 통해 확실한 결론을 피하면서 대화편은 끝나는데, 작가 키케로는 독자가 어떤 편에 설지를 그들의 판단에 맡겨놓는다.

3. 스토아학파와 구아카데미학파의 철학 체계

키케로가 기원전 45년 이후에 쓴 대부분의 철학 작품들은 로마시민에게 그리스 철학을 소개하고 철학적 교육을 하는 것이 목적이다. 『최고선과 최고악』은 바로 철학적 교육을 위한 대표적인 작품이라고 할 수 있다. 여기서 키케로는 에피쿠로스학파, 스토아학파, 구아카데미학파를 전반적으로 소개하기 위해서 각 학파마다 논리학, 자연학, 윤리학으로 구성되는 철학 체계를 설명하는 것을 빼놓지 않는다. 〈표 7-1〉은 세 학파의 철학 체계의 특징을 잘 보여준다.[3]

표 7-1 에피쿠로스학파, 스토아학파, 구아카데미학파의 철학 체계

	에피쿠로스학파	스토아학파	구아카데미학파(소요학파 포함)
방법론	변증법 거부	변증법에 기초	변증법과 수사학 결합
자연학	데모크리토스에 기초	헤라클레이토스에 기초	아리스토텔레스에 기초
	반(反)목적론	목적론	목적론
	원자론자	연속론자	수학론자
	기계론	범신론	자연론
	다수의 세계 존재	하나의 세계	하나의 세계
	신의 간섭 부인	신의 섭리 주장	플라톤: 신의 섭리 주장
			아리스토텔레스: 신의 섭리 부인
윤리학	쾌락주의	덕의 윤리학	덕과 외부적 재화 중요시
	정치적 최소주의	정치적 최대주의	정치적 최선주의

〈표 7-1〉를 염두에 두고 다음에서는 키케로가 카토와 피소를 통해 각 철학 체계를 어떻게 정리하는지 살펴보도록 한다.

1) 스토아학파의 철학 체계

카토는 헬레니즘 시대의 학자답게 스토아학파의 윤리학적 입장을 마무리 짓는 『최고선과 최고악』 3권의 끝부분에서 논리학, 자연학, 윤리학의 관계를 언급한다. 한 치의 논리적 오류나 결점을 허용하지 않고 논리적 완벽성을 기하는 스토아주의자에게는 철학의 전체 체계에 대한 언급은 필수적이라 할 수 있다. 이미 윤리학에 대한 논의가 끝난 상태

---

3   〈표 7-1〉에서 에피쿠로스학파와 스토아학파와의 비교는 Brunschwig and Sedley (2009: 163)에서 인용한 것이며, 구아카데미학파 부분은 세 학파의 비교를 위해 필자가 추가한 것이다.

이기 때문에, 카토는 윤리학에 대한 부연 설명 없이 윤리학과 논리학, 자연학의 관계를 다음과 같이 말한다.

스토아학파는 논리학과 자연학을 우리가 앞에서 논의한 덕목〔정의, 지혜, 절제, 용기, 우정 등〕에 덧붙이며, 이 두 학문을 각각 덕이라고 부른다. 논리학은 덕인데 왜냐하면 논리학은 우리가 오류에 동의하거나 그럴듯한 가능성에 의해 기만당하는 것을 막아주는 추론의 방법을 제공하기 때문이다. 논리학은 또한 우리로 하여금 좋음과 나쁨에 관해서 배운 모든 것을 보호하고 보존하게 만든다. 이러한 기술 없이는 어느 누구나 진리에서 벗어나 오류로 인도된다고 스토아학파는 생각한다. 모든 경우에서 성급함과 무지가 악이라고 인정된 가운데, 이러한 악을 제거하는 기술을 스토아학파가 덕이라고 부르는 것은 옳다.

덕이라는 똑같은 명예가 정당한 이유로 자연학에도 부여되고 있다. 자연과 일치해 살고자 하는 사람에게 출발점은 전체로서의 우주와 우주의 지배이다. 더욱이 사람들은 자연의 전체 체계 및 신들의 삶의 체계는 물론, 인간의 본성이 우주의 본성과 조화를 이루고 있는지 여부를 이해하기 전에는 선과 악에 관해 정확한 판단을 내릴 수 없다. "올바른 경우를 존중하라", "신을 따르라", "너 자신을 알라"와 같은 고대 현자들의 가르침은 자연학적 지식이 없이는 충분히 파악할 수 없다. 오직 자연학만이 정의를 장려하고 우정과 기타 유대감을 보존하는 그런 자연의 힘을 밝혀낼 수 있다. 신에 대한 경건함과 우리가 얼마만큼 신의 은총에 빚질 수 있는가 등에 관한 이해는 자연세계에 대한 설명 없이는 가능하지 않다(『최고선과 최고악』, III. 72~73).

스토아학파에 따르면 논리학과 자연학은 철학일 뿐 아니라, 우리를 악, 무지, 오류 등에서 구해주는 덕이다. 이 두 가지 덕의 도움 없이 윤리학은 정립될 수 없다. 논리학은 스토아주의자에게 자신의 윤리적 입장을 옹호하고 반대되는 입장을 논박할 수 있게 해주며, 자연학은 우주, 자연, 인간 본성에 대한 형이상학적 탐구를 함으로써 윤리학을 좀더 근원적으로 이해할 수 있게 도와준다. 윤리학에서 다루는 가장 중요한 덕목인 정의나 우정도 자연학의 도움 없이는 그 근본적 이해가 불가능한 것으로 나타난다.

이와 같은 특징을 띠는 스토아학파의 철학 체계가 지닌 문제점을 지적하기 위해서 키케로는 『최고선과 최고악』 4권의 앞부분에서 플라톤과 아리스토텔레스의 철학을 아우르는 전통 철학의 전체 체계에 대해서 논의한다. 키케로는 플라톤과 플라톤의 후계자인 스페우시포스(Speusippos), 아리스토텔레스, 크세노크라테스와 또한 이들의 제자인 폴레몬, 테오프라스토스(Theophrastos)가 세련된 사상 체계를 갖추고 있다고 치켜세우면서 이들의 철학 체계를 다음과 같이 설명한다(『최고선과 최고악』, IV. 5~13). 첫째, 윤리학에 대한 본격적인 논의는 뒤로 미루고, 키케로는 윤리학과 깊은 관련을 지닌 정치학과 법학에 대해 먼저 언급한다. 키케로는 아카데미학파와 소요학파가 이 분야에서 중요한 업적을 많이 남긴 데 비해 스토아학파의 업적은 초라하며 단지 기존의 업적을 모방하고 있을 뿐이라고 지적한다. 스토아학파의 수사학에 관한 업적에도 키케로는 같은 평가를 적용한다.

다음으로 논리학과 자연학에서도 스토아학파는 새롭게 제시한 것이 전혀 없다고 키케로는 잘라서 말한다. 스토아학파가 한 일은 복잡한 용어를 고안해내서 이해하기 어렵게 설명하는 것뿐이라는 것이다. 논리학에 관해서 키케로는 앞서 언급한 전통 철학자들의 논리는 연역적이며, 그들은 분명한 명제에서 출발해 체계적인 과정을 거쳐 올바른 결론에 도달하지만, 스토아학파는 궤변론적인 삼단논법으로 상대방을 흠집 내는 데 주력할 뿐이라고 지적한다. 또한 스토아학파의 인식론 역시 전통 철학자의 수준에 미치지 못한다고 평가한다. 자연학에 관해서 키케로는 우주를 올바르게 이해하는 데 필요한 학문으로서의 중요성을 강조한다. 키케로는 자연학을 통해서 신에 대한 두려움이나 미신에 대한 두려움을 없앨 수 있을 뿐 아니라,[4] 절제감과 정의감도 얻을 수 있다고 말한다. 자연학의 분야에서도 스토아학파가 신은 존재하며 우주는 네 가지 요소로 구성된다는 소요학파의 관점을 거의 그대로 받아들인다는 것을 지적하면서, 스토아학파의 창시자인 제논에 대해 소요학파의 문하생에 불과하다고 평가한다.[5]

2) 구아카데미학파의 철학 체계

『최고선과 최고악』 5권에서 안티오코스를 대변해서 구아카데미학파의 윤리학을 설명하는 피소는 구아카데미학파의 기본적인 철학적 입장을 다음과 같이 밝힌다.

---

4   에피쿠로스학파는 자연학을 연구함으로써 이 두 결과를 얻을 수 있다고 강조한다.
5   키케로는 『아카데미의 회의주의』의 일부분을 구성하는 『루쿨루스』, 116~146에서 자신이 파악하는 철학 체계를 자연학, 윤리학, 논리학의 순서로 설명한다. 여기 본문 내용이 스토아학파와의 비교를 목적으로 쓰인 데 비해, 『루쿨루스』에서는 각 학문 분야가 좀 더 상세히 설명된다.

안티오코스가 말하기를 구아카데미는 아카데미학파로 알려진 스페우시 포스, 크세노크라테스, 폴레몬, 크란토르(Krantor)와 기타 사람들을 포함할 뿐 아니라 아리스토텔레스를 수장으로 하는 초기 소요학파 사람들을 포함한다(『최고선과 최고악』, V. 7).

피소는 윤리학에 관한 본격적인 논의에 앞서 논리학, 자연학, 윤리학으로 구성되는 헬레니즘 철학 체계에 맞춰 소요학파의 특징을 설명한다(『최고선과 최고악』, V. 9~11).[6] 첫째, 자연학의 관점에서 보면, 소요학파는 수학적 추론의 힘으로 자연을 면밀히 탐구한다. 둘째, 논리학의 관점에서 보면 소요학파는 변증법을 사용할 뿐 아니라 수사학도 사용한다. 수사학은 논쟁의 양면을 파악하는 데 도움이 되며, 변증법은 각각의 측면을 사실적으로 드러내는 데 도움이 된다. 셋째, 윤리학의 관점에서 보면, 소요학파는 사적인 영역에서 개인의 행위(즉, 윤리학)에 관심을 가질 뿐 아니라, 공적인 영역에서의 행위에 관해서도 관심을 가지며, 이런 이유에서 최고의 지도자, 최선의 정치체제를 다룬다. 또한 소요학파는 정치적 삶보다는 명상의 삶이 최상의 삶이라고 주장한다.

피소가 설명하는 철학 체계에 대해서 키케로는 아무런 반론도 제시하지 않는다. 피소의 설명이 키케로가 스토아학파의 철학 체계를 비판하기 위해 사용한 전통 철학의 체계에 대한 이해와 별로 다름이 없기 때문이다. 피소 역시 키케로와 마찬가지로 스토아학파가 새로운 철학 체계를 구축하지 못하고 전통 철학을 모방한다고 지적한다. 하지만 키케로가 전통 철학과 스토아 철학을 구분하려는 데 반해, 구아카데미학

---

6   구아카데미학파의 철학 체계는 대부분 소요학파의 철학 체계를 답습한다.

파는 자신의 철학 체계에 아카데미학파와 소요학파는 물론 스토아학파도 포함된다고 말한다.

구아카데미학파가 스토아학파를 포괄하려는 노력은 많은 문제점을 노정한다. 구아카데미학파는 스토아학파의 인식론(논리학)을 수용하는데, 키케로가 이 인식론을 비판하는 대화편이『아카데미의 회의주의』이다. 또한 전통 철학과 스토아학파의 윤리학을 결합하려는 구아카데미학파의 노력은 뒤의 6절에서 논의되듯이 심각한 논리적 문제점을 야기한다.

4. 카르네아데스의 윤리학설 분류법

키케로가 각 학파의 윤리학을 본격적으로 다루기 위해서 사용하는 준거틀이 바로 카르네아데스의 윤리학설 분류법이다. 이 분류법은『최고선과 최고악』에서 에피쿠로스학파를 다룰 때도 나오고(II. 34~44), 스토아학파를 다룰 때도 나오며(III. 30~31 & IV. 49~50), 구아카데미학파를 다룰 때도 나온다(V. 16~23).[7] 카르네아데스는 이 분류법을 스토아학파를 비판하기 위해 만들었지만,[8]『최고선과 최고악』에 등장하는 화자들

---

7   이 외에도『아카데미의 회의주의』를 구성하는『루쿨루스』, 131에서 언급되며,『투스쿨룸』, V. 84~85에서도 언급된다. 본문의 카르네아데스의 분류법에 관한 설명은 주로『최고선과 최고악』5권에 의존하고 있다.

8   신아카데미 학자인 카르네아데스의 윤리학설 분류법은 스토아 철학자 크리시포스의 영향을 많이 받았다. 크리시포스는 윤리학설 간의 대립은 궁극적으로 '덕과 쾌락의 대립'으로 환원되면, 이 대립에서 덕만이 최고선임을 주장하는 스토아학파의 윤리학이 최종 승

은 자신이 신봉하는 윤리학을 옹호하고 경쟁 상대가 되는 윤리학을 비판하기 위해 이 분류법을 활용한다.

카르네아데스는 다양한 윤리학설이 이론으로서의 지위를 부여받기 위해서는 다음 세 가지 조건을 만족시켜야 한다고 주장한다. 첫째, 윤리학설이 추구하는 목표를 달성할 수 있는 기술이나 전문 지식이 있어야 하며, 이 전문 지식은 배울 수 있고 지적인 내용을 지녀야 한다. 의학이 환자를 위해서 존재하듯이, 윤리학적 전문 지식은 그것 자체가 아니라 그것과 구별되는 대상을 위해 존재해야 한다. 둘째, 윤리학은 인간 본성에 내재해 인간의 욕망을 자극하는 요소에 호소해야 한다. 카르네아데스는 이것을 세 가지 요소로 정리하는데, 쾌락, 고통으로부터의 해방, 육체와 정신에 좋음을 부여하는 자연적 재화(예를 들면 아름다움, 지성 등)가 그것이다. 셋째, 윤리 이론은 올바른 행동을 할 수 있는 선택의 기준과 행동의 지침을 제시해야 한다(『최고선과 최고악』, Annas' edition, 2001: Introduction, xxiii).

첫 번째 조건은 윤리학이 지적인 체계와 구조를 갖출 것을 요구한다. 이러한 조건을 갖추지 못한 것이 에피쿠로스의 윤리학인데, 왜냐하면 이 이론은 이성이나 사고보다는 감각에 근거하기 때문이다.

두 번째 조건에 맞는 윤리학설을 카르네아데스는 다음과 같은 순서로 분류한다. 우선 세 가지 요소(쾌락, 고통으로부터의 해방, 자연적 재화)의 획득과 관련해, 이 세 요소를 '실질적으로 획득하려는' 윤리학설

자가 된다고 본다. 이와는 달리 카르네아데스는 덕만을 강조하는 스토아학파의 윤리학과, 자연적 재화와 덕의 결합을 동시에 강조하는 전통 학파(아카데미학파와 소요학파)의 윤리학이 궁극적으로 주된 경쟁 이론으로 남는다고 지적한다.

과 '획득하려는 목표'를 지닌 윤리학설이 있다고 가정한다. 그런데 우선 세 가지 요소는 실질적으로 개인이 획득해서 행복을 느낄 수 있어야만 의미가 있지, 단지 획득을 목표로 하는 것은 전혀 의미가 없기 때문에, 일단 이 요소들의 실질적 획득에서 최고선을 찾는 윤리학설만이 윤리 이론으로서 자격을 부여받는다. 이러한 윤리학에는 쾌락의 획득을 주장한 아리스티포스의 이론, 고통으로부터의 해방을 주장한 히에로니무스의 이론, 자연적 재화의 획득을 주장한 카르네아데스의 이론이 포함된다. 카르네아데스는 회의주의적인 신아카데미에 속하기 때문에 원칙적으로 자신의 고유한 윤리적 입장을 가질 수 없으나, 논의의 전개를 위해 자신을 자연적 재화를 옹호하는 학자로 분류한다. 그러므로 이 이론을 실질적으로 추종한 윤리학파는 존재하지 않는다.

'획득하려는 목표'라는 관점에서 볼 때, 쾌락의 획득이나 고통으로부터의 해방을 목표로 삼는 윤리학은 현실적으로 존재할 수 없기 때문에, 자연적 재화의 획득을 목표로 삼는 스토아학파의 윤리학만이 존재할 수 있다. 스토아주의자는 행동의 결과보다는 자연에 부합되는 사물을 추구하려는 의도에 맞춰 행동하는 것을 좀 더 중요시하며, 이러한 의도를 충실히 따라가는 것이 바로 도덕이라고 생각한다.

순수하게 세 가지 요소를 주장하는 윤리학 이외에, 이 요소에 각각 도덕성을 결합해 윤리학설을 주창한 학자들이 있는데 칼리포와 디노마쿠스(Dinomachus)는 도덕성에 쾌락을, 디오도로스(Diodoros)는 도덕성에 고통으로부터의 해방을, 아카데미학파와 소요학파는 도덕성에 '기본적인 자연적 재화'를 결합하고 있다.

세 번째 조건을 갖추지 못해서 윤리학설에서 이미 그 자취를 감춘 것이 피론, 아리스톤(Ariston), 에릴루스의 윤리학설이다. 이들 세 철학자는 올바른 행동을 선택할 수 있는 지침을 제시하지 못한다고 비판받는다. 피론은 아무것도 명예롭거나 비천하지 않고 정의롭거나 부정의하지 않으며, 마찬가지로 모든 경우에 아무것도 진리가 아니라고 주장한다. 아리스톤은 덕과 악덕의 구별 외에는 사물 간에는 다른 차이는 없다고 주장한다. 피론과 아리스톤은 사물 간에 차이가 없어서 평등하다는 면에서 관점이 일치한다. 이들은 아주 건강한 상태와 중병을 앓는 상태 간에는 아무런 차이가 없다고 극단적인 주장을 한다(『최고선과 최고악』, II. 43). 에릴루스는 지식만이 최선이고 지식 이외의 어떤 것도 바람직하지 않다고 주장한다. 지식 이외의 모든 것은 평등하다는 것이다. 에릴루스의 입장은 지식이 최고선이 될 수 없다는 점에서,[9] 또한 지식이 윤리적 행동의 지침을 제공할 수 없다는 점에서 근본적인 문제점을 지닌다. 덕은 가치를 선택할 수 있는 데 존재하는데, 궁극적으로 사물 간의 평등을 주장하는 앞의 세 학자의 윤리학설은 이러한 선택을 근본적으로 배제하므로, 윤리 이론으로서의 존재 기반을 상실하며 카르네아데스 당대에 이미 그 효력을 상실한 이론으로 간주된다.

안티오코스의 윤리학을 옹호하는 피소의 관점에서 볼 때, 첫 번째 조건과 세 번째 조건에 의해서 에피쿠로스의 윤리학과 피론, 아리스톤, 에릴루스의 윤리학설은 일단 제외되므로, 문제가 되는 것은 두 번째 조건에 맞는 일곱 가지의 윤리학설이다. 피소는 이 중에서 첫째, 도덕성을 무시하고 순수하게 세 요소의 획득을 각각 강조하는 윤리학설은 올바른 윤리 이론으로 수용될 수 없으며, 둘째, 도덕성과 쾌락, 도덕성과

---

9   에릴루스가 강조하는 지식은 최고선의 세 가지 대안인 쾌락, 고통으로부터의 해방, 덕에 포함되지 않기 때문에 비록 선은 될지언정 최고선은 될 수 없다.

고통으로부터의 해방을 결합시킨 윤리학설 역시 이렇게 결합하는 과정에서 도덕성이 손상되므로 마찬가지로 수용될 수 없다고 주장한다. 다섯 가지 윤리학설을 제외하면 남는 것은 스토아학파의 윤리학, 그리고 아카데미학파와 소요학파로 대변되는 전통 철학의 윤리학이다. 그런데 스토아학파의 윤리학은 근본적으로 전통 철학의 윤리학을 모방하고 있으며 쓰는 용어만 다를 뿐 동일한 주장을 되풀이하고 있기 때문에, 최종적인 윤리학으로 남게 되는 것은 전통 철학의 윤리학뿐이라고 피소는 결론을 내린다.

『최고선과 최고악』 3권에서 스토아학파의 윤리학을 옹호하는 카토는 다음과 같은 논리로 스토아학파의 윤리학이 강력한 대안임을 주장한다. 첫째, 카토는 정신적 덕을 최고선으로 강조하는 윤리학은 육체적인 덕으로서의 쾌락, 고통으로부터의 해방, 자연적 재화의 획득을 최고선으로 주장하는 윤리학설이나 이 세 요소를 도덕성과 결합시킨 윤리학설보다 우월하다고 말한다. 둘째, 기타의 윤리학설은 카르네아데스가 말하는 세 번째 조건에 의해 제외된다.[10] 셋째, 그러므로 유일하게 남는 대안은 "최고선은 자연적 질서에 관한 지식을 적용하고, 자연에 부합되는 것을 선별하고 자연에 어긋나는 것을 배척하면서 살아가는 것이다"(『최고선과 최고악』, III. 31)를 원칙으로 삼는 스토아학파의 윤리학이다.

피소는 스토아학파의 윤리학을 구아카데미학파의 윤리학과 경쟁

---

10 카토는 여기서 피론, 아리스톤, 에릴루스의 이름을 거론하지 않는다. 하지만 그의 비판은 이들을 향해 있음을 알 수 있다. 한 가지 특이한 점은 현상을 거부하고 '이데아'를 강조하는 아카데미학파를 카토가 비판한다는 것이다. 그것은 이데아가 초월적이므로 현실적으로 올바른 행동의 지침이 될 수 없기 때문이라고 볼 수 있다.

상대가 될 정도로 상당히 신중하게 대우한다. 하지만 카토는 구아카데미의 윤리학을 열등한 이론으로 여겨서 긴 설명 없이 단번에 거부해버린다. 『최고선과 최고악』 3권과 4권의 대화의 핵심은 스토아학파의 윤리학이 전통 철학의 윤리학을 모방하는가 아닌가 하는 것이다. 카토는 끝까지 스토아학파의 윤리학이 전통 철학의 윤리학과 다르다고 강조하는데, 이를 위해서 전통 철학의 윤리학의 위상을 일단 격하하는 것이 필요했을 것이다.

5. 인간 본성과 도덕발전론

윤리학의 출발점은 인간의 본성에 대한 이해에 놓여 있다. 에피쿠로스가 윤리학 이론을 전개할 때 타락되지 않은 갓 태어난 아이의 순수한 본성에서 출발하듯이, 카토와 피소 모두 갓 태어난 아이의 본성에 관한 언급으로 각자의 윤리학을 설명하기 시작한다. 인간은 태어나면서부터 최고선을 파악하는 존재가 아니기 때문에, 인간이 덕을 갖추기 위해서는 성장과 더불어 '도덕적인 진보'를 이루어야 한다. 스토아학파나 구아카데미학파 모두 인간 본성의 핵심을 자기 보존을 위한 자기애로 본다는 점에서 동일하나, 스토아학파는 자기애의 확장 과정을 '오이케이오시스(*oikeiōsis*)'라는 용어를 사용해 설명한다는 점에서, 자기애라는 용어를 고수하는 구아카데미학파와 차이를 보인다. 또한 도덕의 발전 과정을 설명하는 데서 스토아학파는 '적절한 행동(appropriate action)'이라는 용어에 강조를 두어 도덕의 발전을 단계별로 뚜렷이 구별해 설명하는 데 비해, 구아카데미학파는 적절한 행동이라는 용어에 별로 비중을 두지 않으면서 도덕의 발전을 단계별로 구별하지 않고 완전성을 향해 나아가는 연속적인 과정으로 설명한다는 점에서 차이를 보인다.

1) 스토아학파의 주장

스토아학파에 따르면 인간 본성에서 가장 핵심적인 것은 '오이케이오시스'이다. 오이케이오시스는 '친숙함', '친밀함', '애착' 등으로 번역될 수 있는데, '자기의 것, 자기에게 친숙한 것을 사랑한다'는 의미를 지닌다.[11] 친숙함에는 자기 자신을 사랑하고 자신에게 관련된 것을 사랑하는 개인적 친숙함(personal *oikeiōsis*)과 자신 자신에 대한 사랑을 넘어 남을 사랑하는 사회적 친숙함(social *oikeiōsis*)이 있다.

우선 인간은 개인적 차원에서 자신에게 친숙한 것을 사랑한다. 인간이 최초로 친숙하게 되는 것은 자기 자신이다. 그래서 인간은 자기 자신을 사랑하며 자기 보존에 힘쓴다. 어릴 때에는 감각을 기준으로 자기 보존에 도움이 되는 것에 친숙해지고 애착을 갖게 되나, 성장하고 이성이 발달하면서 합리성을 기준으로 친숙해지는 대상을 추구하게 되는데, 최종적으로 덕을 추구하게 된다. 그러나 이 덕이 지혜와 절제 같은 개인적인 덕목으로 머물지 않고 타인을 위한 덕목으로 발전하기 위해서는 인간의 사회성이 요구된다. 스토아학파는 이를 해결하기 위해 인간이 사회적 친숙성을 자연적으로 지닌다고 주장한다. 스토아학파에 따르면 사회적 친숙성의 출발점은 부모가 자식을 사랑하는 것이다. 부모는 자식을 자신의 일부로 생각하고 사랑하며 자식에 대한 사랑은 남

---

11   이 개념의 상세한 의미는 Wright(1995: 171~178)를 참조하기 바란다.

에 대한 사랑으로 확대되고 나아가 인류에 대한 사랑으로 확대된다는 것이다. 여기서 사랑의 확장은 우리가 합리적인 사람으로 성숙해가며 가능해진다. 합리적인 사람들 사이에는 남에 대한 배려의 덕인 정의가 존재한다. 그러므로 이 두 가지 친숙함이 함께 결부되어야만 우리는 지혜, 절제, 용기, 정의라는 4주덕을 갖출 수 있게 된다.

인간이 생존을 유지하기 위해서는 살아가면서 계속해서 '자연에 부합하는 사물(things according to nature)'을 '선별(selection)'해야 한다. 적절한 행동은 바로 선별을 올바르게 하는 행동이다. 스토아학파는 적절한 행동의 발전 과정을 도덕의 발전 과정으로 보는데 카토는 이 과정을 다섯 단계로 나누어 설명한다.

① 첫 번째 적절한 행동(appropriate action)은 자연이 우리에게 부여한 본성 속에서 자기 자신을 보존하는 것이다. ② 두 번째는 자연과 일치하는 사물을 취하고 그 대립되는 것을 버리는 것이다. 이러한 선별과 배척 (selection and rejection)의 과정이 발견된 이후에는, ③ 선별은 적절한 행동을 동반한다. ④ 다음으로 이러한 선별이 계속적으로 수행된다. ⑤ 끝으로 절대적으로 일관되고 자연과 완전히 일치하는 선별이 나타난다. 바로 이 시점에 처음으로 진정으로 좋음이라 불릴 수 있는 것이 존재하기 시작하며 이해되기 시작한다.

인간이 지닌 최초의 관심은 자연에 부합하는 것을 향한다. 그러나 사람이 약간의 이해 혹은 관념(스토아주의자들은 'ennoia'라고 부른다)을 획득하고, 자신이 수행해야 되는 일들의 질서나 소위 말하는 조화를 알게 되면, 그는 이 조화를 첫 번째 애정의 대상들보다도 더욱 높게 평가하게 된다. 그러므로 사람은 학습과 이성을 통해서 조화 속에 인간의 최상의 선, 다시 말해 그 자체를 위해서 칭송되고 추구되는 그러한 선이 있다는 결론을 내린다(『최고선과 최고악』, III. 20~21).

스토아학파에게 가장 원초적이고 적절한 행동은 자기 보존의 행동이다. 자기 보존을 위해서는 자연과 일치하는 좋음을 추구하고, 자연을 거역하는 나쁨을 배척할 필요가 있다. 이성이 발달하기 이전의 어린이는 본능적으로 좋음을 추구하지만, 이성이 발달하게 되면 합리적인 기준에 따라 선별과 배척을 하게 되고, 이 판단에 따라 행동하게 되는데, 이러한 행동이 바로 적절한 행동이다. 계속적인 선별에 기초해서 적절한 행동이 누적되고, 나아가 선별이 완전한 이성에 기반을 두고 이루어질 때 비로소 '완전하게 적절한 행동(complete appropriate action)', 다시 말해 '올바른 행동(right action)'이 이루어진다. 이것이 바로 덕을 갖춘 현자의 행동이다.

여기서 ④의 지속적인 적절한 행동과 ⑤의 완전하게 적절한 행동 또는 올바른 행동 사이에 어떤 차이가 있는지가 문제가 된다(Inwood and Donini, 2005: 729). 이 두 행동은 외면상으로는 별로 차이가 없어 보이나 질적으로 차이가 있다고 지적된다. ⑤의 올바른 행동을 하는 현자는 '절대적인 군건함과 완벽한 일관성(absolute firmness and perfect consistency)'을 지니고 행동한다는 점에서 ④의 행동을 하는 사람과 다른 모습을 보인다. 올바른 행동을 하는 사람은 현자(the wise or sage)이나, ④에 이르기까지의 행동을 하는 사람은 아직까지 비현자(non-sage)에 불과할 뿐이다.

스토아학파는 소요학파와 다른 점을 강조하기 위해서 '추구한다(seek)' 혹은 '선택한다(choose)'와 '선별한다(select)'라는 용어[12]와 '선호된다(preferred)'와 '비선호된다(dispreferred)'는 용어를 고안했다. 스토아학파에게 덕은 추구의 대상이며 선택의 대상이다. 덕은 이성에 근거한 추구와 선택의 대상이기도 하지만, 또한 인간의 본성이 무조건 갈구하는 추구와 선택의 대상이기도 하다. 덕을 향한 추구와는 달리, 선별은 적절한 행동을 하기 위한 수단이다. 적절한 행동은 자연에 부합하는 사물들, 즉 소요학파의 표현을 빌리면 외부적 재화들(부, 친구 등)[13]을 얻으려는 수단적인 행위인데, 이를 위해서 덕도 아니고 악덕도 아닌 중간적 사물(indifferent, 혹은 중립적 사물, 중성적 사물)을 합리적으로 선별할 필요가 있다. 선별된 중간적 사물은 선호된 대상이 되며, 선별되지 않고 배척된 중간적 사물은 비선호된 대상이 된다.[14] 선호된 대상은 외부적 재화와 일치한다고 말할 수 있다. 부적절한 행동은 자연에 부합되지 않게 사물을 선별하는 행동이다. 이는 덕을 향한 행동이 아니라 악덕을 향한 행동이다. 적절한 행동이 누적되어 행위자의 성격 안에서 적절한

---

12 한국어로 'choose'와 'select'를 차이 나게 번역하기 힘들어서, 자연스러운 선택과 의식적인 선별이라는 의미를 살려 'choose'는 '선택'으로 'select'는 '선별'로 번역한다.

13 안티오코스를 추종하는 바로(Varro)는 자연적 재화를 정신적 재화, 육체적 재화, 외부적 재화의 세 가지로 나눈다. 바로에 따르면, 정신적 재화에는 자연적인 것과 기질적인 것이 있는데 빠른 학습 능력이나 좋은 기억력은 전자에 속하고, 성향이나 습관은 후자에 속한다. 육체적 재화에는 신체 전체의 건강, 강인함, 아름다움이 포함되며 신체 일부에 해당되는 감각의 건전성과 발의 빠름, 손의 힘, 목소리의 명료성, 혀가 수행하는 언어의 분절성 등의 신체 일부의 우월성이 포함된다. 외부적 재화에는 덕을 유인하는 환경으로서 우정과 공동체에 대한 소속감이 포함된다. 바로는 이 세 가지 재화 이외에 자연적 재화를 증진하는 수단으로서 부, 자원, 영예, 영향력과 같은 기타의 재화가 있음을 지적한다. 『아카데미카』, 19~22를 참조하기 바란다.

14 중간적 사물에는 선호되지도 않고 비선호되지도 않는, 제3의 중간적이고 중립적인 사물이 포함된다.

행동을 향한 안정성과 고정성이 확보된 경우, 이것은 '완전히 적절한 행동'이 되며 '올바른 행위', '덕스러운 행위'가 된다.

적절한 행동은 덕과 악덕의 중간에 존재하는 행위이다. 적절한 행동은 악한 행동보다는 도덕적으로 나은 행위이지만 그것이 아직 완전히 적절한 행동이 아니라는 점에서 덕스러운 행위보다는 못한 행위이다. 적절한 행동은 "우정, 정의, 형평의 원천이며, 쾌락의 향유나 삶의 이득보다도 이 세 덕목을 선호하게끔 하는 원천이다"(『아카데미카』, 23). 스토아학파는 흔히 덕과 악덕, 현자와 우자, 올바른 행위와 실수 등의 대립적인 이분법의 구도에 얽매여 있다고 비판을 받는데, '중간적인 적절한 행동'의 관념은 이러한 비판에서 벗어날 가능성을 열어준다.

2) 구아카데미학파의 주장

안티오코스를 대변하는 피소 역시 인간 본성에 대한 논의로부터 윤리 이론을 시작한다. 피소는 아카데미학파와 소요학파의 인간 본성에 대한 이론을 제시하는데, 그는 스토아학파도 이 이론을 활용하고 있다고 지적한다. 다음 인용문은 인간 본성과 도덕적 발전에 대한 전통 철학의 관점을 잘 나타낸다.

> 모든 생물은 자신을 사랑하며, 태어나자마자 자신을 보존하는 데 힘쓴다. 생물을 일생 동안 보존케 할 목적으로, 자연은 처음부터 생물에게 자신을 보존하고 또한 자연에 부합되는 최상의 상태에서 자신을 유지하도록 하는 욕망을 심어놓았다. 첫 단계에는 이러한 자연의 장치는 모호하고 불확실해서 생물은 자신이 어떤 종에 속하는지에 상관없이 기본적인 보존만

충실히 한다. 생물은 자신이 무엇인지, 자신이 장차 무엇이 될지, 자신의 본성이 무엇인지에 대한 이해가 전혀 없다. 다음 단계에 생물은 조금 발달하며, 어떻게 사물이 자신에게 영향을 미치며 자기와 어떻게 관계되는지 인식하기 시작한다. 생물은 자아의식을 점진적으로 획득하기 시작하며 내가 앞에서 말한 욕망을 왜 소유하게 되는지에 대한 이유를 파악하기 시작한다. 그래서 생물은 자연과 부합한다고 인식되는 사물을 추구하기 시작하며, 반대되는 것을 피하기 시작한다. 모든 생물의 욕망의 대상은 자연에 부합되는 사물에 존재한다. 그러므로 최고선의 개념에 도달하는데, 이것은 가능한 한 최상이며 최적인 자연적인 조건에서 자연에 부합해 사는 것이다(『최고선과 최고악』, V. 24).

이 인용문에서 모든 생물은 말 그대로 식물, 동물, 인간을 포함한다. 하지만 각 생물의 발달 단계가 똑같은 정도로 뚜렷하게 나타나는 것은 아니다. 그리고 궁극적인 최고선은 이성을 가진 존재인 인간에게 고유한 것이므로, 이 인용문은 궁극적으로 최고선을 향한 인간의 발전 단계를 설명하기 위한 것으로 이해되어야 할 것이다. 그러나 앞에서 지적한 바와 같이, 스토아학파가 사용하는 적절한 행동의 개념은 전통 철학에서 별로 활용되지 않는다는 것을 알 수 있다.

스토아학파가 사회적 친숙함의 개념을 통해 타인을 위한 덕목을 도출하듯이, 전통 철학은 인간 본성의 하나인 사회성을 통해 정의라는 덕목을 도출한다. 전통 철학은 사회성의 출발점을 부모가 자식을 본능적으로 사랑하는 것에서 찾는다. 이 사회성의 본능은 더욱 근본적으로 자기애의 일종인 것으로 규정된다. 구아카데미학파는 자기애가 점진적으로 확장해 자식, 가족, 친척, 인척, 친구, 이웃, 동료 시민, 정치적 우군과 연합 세력에 대한 사랑, 나아가 인류에 대한 사랑에까지 이른다고 말한다. 이러한 확장 과정에서 확장의 원천은 자기애이고 확장의 매개 역할을 하는 것이 인간의 사회성이다. 이러한 자기애의 확장 과정에서 각자에게 자기 몫을 할당하는 덕목으로서 정의가 생성되는데, 이 정의 는 지혜, 절제, 용기의 덕목들과 상호 긴밀하게 연결된다고 전통 철학 은 말한다. 정의는 다른 덕목들의 증진에 도움을 주기도 하고, 이 덕목 들의 도움을 필요로 하는 것으로 나타난다(『최고선과 최고악』, V. 66).

우리는 덕의 형성 과정에서 스토아학파와 전통 철학이 다른 것을 확인할 수 있다. 스토아학파에서는 개인적 친밀함과 사회적 친밀함이 라는 두 가지 인간의 본성이 상호 보완적으로 결합해 덕목이 형성되는 데 비해, 전통 철학에서는 자기애라는 하나의 원칙이 확장해 덕목을 생 산하고 있다.

구아카데미학파에서 완전성(perfection)을 향한 발전의 개념은 상당 히 중요한 것으로 나타난다. 그 발전 과정은 영혼과 육체에서 점진적으 로 이루어진다. 인간의 이성이 완성되었을 때 인간은 비로소 최고선에 도달하게 되고 도덕적인 존재가 된다. 만약 인간이 인간의 본성을 이해 하는 능력을 갖추고 태어난다면, 실수 없이 궁극적인 목표를 파악할 수 있을 것이다. 그러나 인간은 사실상 그렇지 못하다. 자연은 인간에게 이성적인 잠재력을 부여했을 뿐이다. 그 잠재력이 시간이 흐르며 점진 적으로 제대로 개발되었을 때만이 인간은 비로소 궁극적인 목표에 도달 할 수 있게 된다. 자연은 또한 인간의 정신 안에 덕을 향해 나아갈 수 있 게끔 하는 덕의 씨앗을 뿌려놓았으며, 덕스러운 행동을 할 수 있는 능력 을 부여했다. 그러나 자연은 단지 이성의 씨앗, 덕의 씨앗만을 뿌려놓았 을 뿐이다(『최고선과 최고악』, V. 59). 그것을 완성하는 것은 인간 자신의 몫이다. 인간이 교육을 통해서나 자신의 노력에 의해서 이성을 완성했을 때, 인간은 현자가 되고 덕을 행사하는 주체가 된다.

6. 최고선과 행복

1) 스토아학파의 주장

스토아학파에게 최고선은 순수한 덕이다. 덕과 그 반대되는 악덕은 정도가 증가되거나 감소되지 않는다. 덕은 덕일 뿐 플러스의 덕이나 마이너스의 덕은 존재하지 않는다. 이러한 덕을 지닌 사람은 현명한 사람이고 현명한 사람은 행복하다는 것이 스토아학파의 최고선 이론이다.

『최고선과 최고악』 3권에서 카토는 영혼의 덕만이 인간을 행복하게 만든다는 스토아학파의 윤리 원칙이, 영혼과 육체의 덕과 외부적 재화의 결합이 인간을 행복하게 만든다는 소요학파의 윤리 원칙과는 질적으로 다르다는 것을 밝히고자 한다. 이러한 작업에 성공해야만, 스토아학파가 전통 철학을 모방하고 상식적인 것을 이상한 용어로 어렵게 설명한다는 오명에서 벗어나, 스토아 윤리학의 고유한 정체성을 확보할 수 있기 때문이다.

소요학파는 좋음을 세 가지로 나누는데, 영혼의 좋음, 육체의 좋음, 그리고 외부적 좋음으로서 물질적 좋음이 그것이다. 영혼의 좋음은 덕이고, 육체의 좋음은 건강이며, 물질적 좋음에는 재화, 자식, 친구 등이 포함된다. 소요학파는 덕을 갖춘 삶은 일단 행복한 삶이지만, 만약 여기에 건강이나 재화가 결여된다면 최상의 행복한 삶이 될 수 없다고 말한다. 이들은 행복에 정도가 있다고 주장한다. 세 가지 좋음이 완전히 갖춰진 최상의 행복한 삶이 있으며, 건강이나 재화가 부족한 덜 행복한 삶이 있다는 것이다.

스토아주의자인 카토는 건강이나 재화가 행복에 기여하는 좋음이라는 소요학파의 논리를 거부한다. 그는 햇빛 앞에 촛불 빛이 무색해지듯이, 덕 앞에 건강이나 재화는 아주 사소한 것에 불과하다고 말한다. 덕과 좋음은 추구와 선택의 대상이지만 건강이나 재화는 덕과는 상관없이 단지 이득에만 관계되는 대상으로 '선별'의 대상에 불과한데, 소요학파는 건강과 재화를 좋음으로 파악해 이것을 덕과 같은 추구의 대상으로 잘못 이해한다는 것이다. 소요학파에 따르면 행복의 정도는 세 가지 좋음의 양에 비례하게 된다. 덕만 갖춘 사람은 '행복하지만(happy)' 나머지 두 가지 좋음을 모두 갖춘 사람은 덕이 최대로 증가함으로 해서 '가장 행복하게(happiest)' 된다. 그러나 카토는 다음과 같은 비유를 들어 덕은 증가하거나 감소하는 것이 아니라고 말한다.

사람이 물에 빠졌을 때 그 사람이 금방 떠오를 수 있는 수면 아래서 숨을 못 쉬는 것은 깊은 물 속에서 숨을 못 쉬는 것과 같다. 눈을 바로 뜨기 직전의 강아지가 아직 보지 못하는 것은 갓 태어난 강아지가 보지 못하는 것과 다름없다. 마찬가지로 덕을 획득하기 위해 어느 정도 진전을 이룬 사람은 전혀 진전을 이루지 못한 사람과 같이 불행하다(『최고선과 최고악』, III. 48).

카토는 덕 안에는 높은 덕이나 낮은 덕처럼 정도의 차이가 나는 덕은 존재하지 않는다고 주장한다. 덕을 덕일 뿐이라는 것이다. 하지만 그는 덕을 향한 진전은 인정한다. 덕을 획득하기 위해 어느 정도 진전을 이룬 사람은 전혀 진전을 이루지 못한 사람과 같이 불행하긴 하지만, 그가 행복에 더욱 가까이 다가간 것은 인정해야 한다는 것이다. 우리가 앞서 논한 적절한 행동은 아직 덕은 아니지만 덕에 가까이 가는 행동이라고 할 수 있다.

키케로가 스토아 윤리학에 대해 비판하는 요점은 그것이 소요학파의 윤리학을 모방하고, 애매한 용어로 차이점을 일부러 부각한다는 점이다. 좋음은 '추구'하고 이득은 '선별'한다는 애매한 용어는 그 대표적인 예이다. 키케로는 소요학파가 외부적 재화를 좋음으로 여겨 좀 더 많이 추구하려는 것이나, 스토아학파가 이득과 동일한 '선호된 중간적 사물'을 더 많이 선별하려는 것이나 실질적으로 다르지 않다고 말한다. 제논은 '선호된 중간적 사물'을 더 많이 소유한 현자가 더욱 행복하다고 말하는데,[15] 이런 제논의 주장은 소요학파의 주장과 다르지 않다는 것이다. 또한 덕만을 강조하는 스토아학파의 주장은 인간이 영혼과 육체로 이루어졌음에도 불구하고, 인간을 영혼만 가진 존재로 잘못 취급한다는 점, 덕에 정도의 차이가 있음을 부인하는 것은 잘못이라는 점, 덕으로의 진전을 인정하는 스토아학파가 악덕으로의 퇴보를 인정하지 않는 것은 잘못이라는 점이 지적된다.

---

15 여기서 제논에 관한 얘기는 스토아학파를 비판하기 위해 키케로가 새롭게 제시하는 것이다. 카토는 이에 관해 언급하지 않는다.

2) 구아카데미학파의 주장

구아카데미학파는 덕은 행복을 위해 필요할 뿐 아니라 충분하다고 주장하는 스토아학파의 주장과, 행복을 위해서는 덕뿐만 아니라 육체적 재화와 외부적 재화가 필요하다는 소요학파의 주장을 결합하려고 시도한다.

> 우리가 육체적 재화로 여기는 것들이 가장 행복한 삶(the happiest life)에 기여하는 것은 사실이다. 그러나 일상의 행복한 삶(a happy life)은 육체적 재화 없이도 존재할 수 있다. 이 육체적 재화가 좋음에 기여하는 바는 미약하고 무의미하기 때문에 이것은 태양의 밝은 빛 아래 별빛이 사라지듯이 덕의 밝은 빛 아래 사라진다(『최고선과 최고악』, V. 71).

구아카데미학파는 행복한 삶과 가장 행복한 삶을 구별해, 전자는 스토아학파가 추구하는 삶이고 후자는 소요학파가 추구하는 삶이라고 규정하면서, 일단 소요학파의 주장에 따라서 육체적 재화와 외부적 재화를 좋음으로 인정하지만 또 한편으로는 스토아학파의 주장에 따라 이들 두 재화가 행복의 증진에 미치는 영향은 상당히 미미하다고 주장한다. 결국 구아카데미학파의 윤리학은 행복에 정도가 있다는 것을 인정한다.

이와 같은 구아카데미학파의 최고선 이론에 키케로는 신아카데미학파의 입장에서 비판을 전개한다. 키케로는 구아카데미학파의 이론에 따라 덕이 행복해지기 위해 충분한 것이라면 현명한 사람이 병이나 가난과 같은 악에 시달리더라도 행복해야 할 텐데, 그렇지 않은 것이 사실이 아니냐고 피소에게 반문한다. 또한 키케로는 덕은 최상의 행복을 보장하기에 충분하지는 않지만 충분히 평범한 행복은 보장할 수 있다는 구아카데미학파의 주장은 비논리적이라고 비판한다. 왜냐하면 충분하다는 것은 거기에 더 이상 무엇인가를 더 추가할 수 없다는 의미인데, 평범한 행복보다 높은 수준의 최상의 행복이 있다는 것은 논리적으로 맞지 않는다는 것이다. 키케로는 오히려 일관되게 덕만이 행복을 보장한다고 주장하는 스토아학파의 윤리학이 논리적이라고 말한다.

이러한 키케로의 지적에 대해 피소는 논리적인 대답을 피하면서, 덕이 있으면 충분히 행복할 수 있다는 것을 수사학적으로 강조한다. 그는 콩밭에 난 한 뿌리의 잡초 때문에 콩밭이 그 이름을 잃지 않는 것처럼, 현명한 사람이 비록 악이라고 할 수 있는 병마나 고통에 시달려도 그의 덕은 이런 악에 비해 굉장히 크기 때문에 그는 행복하다고 주장한다. 다시 말해 덕은 지배적이기 때문에 충분히 행복을 보장한다는 것이다. 키케로는 피소의 주장이 논리적 허점을 지닌다고 재삼 지적하면서 대화를 마친다.

7. 최고선에 대한 판단: "나 홀로 자유롭다"

키케로는 『최고선과 최고악』 4권에서 구아카데미학파의 관점으로 스토아학파의 윤리학을 비판하고, 5권에서는 구아카데미학파의 윤리학을 신아카데미학파의 관점으로 비판한다. 이러한 비판 방법은 '찬성과 반대라는 양쪽 측면에서' 사물을 파악하려는 신아카데미학파의 연구 방법을 반영하는 것이다. 우리는 키케로의 비판적 방법론의 도움을 받아 스토아학파의 윤리학과 구아카데미학파의 윤리학의 장단점을 파악할 수 있게 되었지만, 우리의 행복을 위해서 어떤 최고선을 선택하는 결단을 내려야 할지에 대해서는 키케로의 도움을 받지 못한다. 그는 진리의 가능성을 부정하는 신아카데미 회의주의자이기 때문에 우리에게 명확한 해답을 제시하지 않을 것이다.

그러나 키케로는 회의주의적 틀에만 갇혀 있는 교조적 신아카데미주의자는 아니었다.[16] 그는 살아가면서 자신에게 그럴듯하게(plausible) 여겨지는 모든 것을 얘기하려 했다. 『최고선과 최고악』의 배경 설명에서 언급했듯이 키케로가 20대 젊은 시절에는 신아카데미학파에 관심을 가졌고, 50대에는 아리스토텔레스의 소요학파와 제논의 스토아학파에 관심을 가졌을 것이라고 짐작해볼 수도 있다. 이러한 관심의 변화에 따라 키케로가 얘기했다면, 타인이 볼 때 키케로는 논리적 일관성을 결여한 학자로 평가될 수도 있다. 키케로 스스로가 이러한 평가의 가능성을 『투스쿨룸』 5권 32에서 제기한다. 이 대화편에서 키케로의 상대방으로 등장하는 화자는 키케로의 다음과 같은 언급이 『최고선과 최고악』 4권에서 카토를 비판하는 입장과 모순된다고 지적한다.

> 만약에 덕 이외에 다른 좋음이 있다면 덕만으로는 행복해질 수 없다. 만약 가난, 무명, 미천함, 외로움, 재산의 상실, 심각한 신체적 고통, 건강의 훼손, 위약함, 눈멂, 조국의 쇠망, 추방, 노예로의 전락 등등이 악덕이라

---

16 이것은 키케로가 신아카데미학파에 대해 교조적이지 않았다는 것을 지적할 뿐이다. 그가 일생 동안 변함없이 신아카데미학파 회의주의자였다고 괴를러는 주장한다(Görler, 1995: 112 참조).

고 한다면, 이러한 악덕에 현명한 사람은 관여될 수 있고, 관여될 경우 현명한 사람은 행복할 수 없다. 그러므로 위에 열거된 악덕을 인정하면서 현명한 사람은 행복하다고 주장하는 사람을 나는 받아들일 수 없다. 이러한 사람에는 내 친구 브루투스, 그리고 브루투스와 나를 가르쳤던 안티오코스 학파의 사람들, 고대 철학자인 아리스토텔레스, 스페우시포스, 크세노크라테스, 폴레몬 등이 포함된다(『투스쿨룸』, V. 29~30).

여기서 키케로는 한마디로 전통 철학과 구아카데미를 거부하고 스토아 철학에 강한 선호를 내보인다. 이러한 경향의 연속선상에서 우리는 윤리학과 관계된 키케로 말년의 작품들을 이해할 수 있다.

키케로의 윤리적 입장을 파악한 지금 우리는 과연 어떤 윤리학을 택할지 결단을 내릴 수 있을 것인가? 그렇지 못할 것이다. 키케로는 다양한 철학 학파가 판치던 헬레니즘 시대에 "나 홀로 자유롭다(I alone am free)"고 외친다(『투스쿨룸』, V. 33). 우리 자신의 행복을 위한 최고선을 선택하는 데 우리 각자는 키케로처럼 "나 홀로 자유롭다"는 의식을 지니고 시작할 필요가 있다.

8장

/

행복의 철학과 영혼치료학으로서의 철학

1. 행복한 삶과 철학

키케로의 윤리학에 관한 대표적인 저서는 『최고선과 최고악』과 『투스
쿨룸』이다. 이 두 책은 기원전 45년에 쓰였으며, 『최고선과 최고악』이
먼저, 『투스쿨룸』이 나중에 쓰였다. 여기서 하나의 중요한 문제가 제기
된다. 왜 키케로는 윤리학에 관한 작품을 하나로 묶지 않고 둘로 나누
어서 저술했는가 하는 문제이다. 이에 대한 답은 두 작품의 관계에서
찾아볼 수 있는데, 『최고선과 최고악』은 '키케로 윤리학'의 이론편이고,
『투스쿨룸』은 '키케로 윤리학'의 활용편이기 때문에 작품 체계상 두 책
을 따로 저술했다는 설명이 가능하다. 『최고선과 최고악』은 철학의 기
초가 되는 선과 악에 관한 주제를 다루는 세 철학 학파(에피쿠로스학파,
스토아학파, 구아카데미학파)의 이론적 체계를 각각 비판적으로 검토한다

면, 『투스쿨룸』은 최고선인 행복에 이르는 과정에서 발생하는 '영혼의 병'에 대한 구체적이고 경험적이며 실천적인 치료 방법을 알려준다. 이 점에 관련해서 더글러스(A. E. Douglas)는 두 대화편 사이에는 강조점의 변화가 있을 뿐 관점에서의 '혁명'이 있는 것은 아니라고 주장한다 (Douglas, 1995: 213).

『투스쿨룸』의 가장 핵심적 주제는 '철학은 인간에게 덕을 가르쳐 행복에 이르게 한다'는 것이다. 하지만 인간사에서 덕을 향한 길은 순탄치 않다. 모든 사람에게 예외 없이 다가오는 죽음과 고통, 그리고 영혼의 병인 슬픔, 공포, 환락, 욕망은 인간의 행복을 위협하는 큰 장애물이다. 삶의 과정에서 이러한 뜻밖의 장애물을 만났을 때, 이것을 제때에 극복하지 못한다면 우리는 지금 당장 행복하지 못할 뿐 아니라 장래에도 행복이라는 목적을 달성할 수 없게 된다.

우리 인간에게 자연이 심어놓은 '덕의 씨앗'이 아무런 장해를 받지 않고 꽃필 수 있다면, 누구나 자연적으로 행복해질 수 있을 것이다. 플라톤은 『국가』에서 교육을 통해 덕이 있는 시민, 다시 말해 행복한 시민을 만든다. 그러나 플라톤은 덕에서 일탈된 인간, 다시 말해 영혼의 병을 앓는 인간에 대한 적극적인 처방과 치료책은 별도로 제시하지 않는다. 그는 단지 영혼 삼분설에 입각해서 영혼의 이성적인 부분이 영혼의 욕망적인 부분을 통제할 것을 주장할 뿐이다.[1] 이상국가의 시민과는

---

1   영혼 삼분설에 관해서는 『국가』 4권의 436a~441d를 참조하기 바란다. 『파이드로스』에서 영혼 삼분설은 나쁜 말(욕망)과 좋은 말(기개)이 함께 끄는 마차와 이 마차를 모는 마부(이성)의 비유를 통해 설명된다. 마부는 목적지에 빨리 도달하기 위해서 좋은 말은 물론 나쁜 말의 힘을 이용해야 한다. 마부는 나쁜 말을 없애는 것이 아니라 그 말이 지닌 나쁘지만 강한 힘을 잘 통제할 수 있어야 좀 더 빨리 목적지에 도착할 수 있다. 다시 말해

달리 덕 교육을 제대로 받지 못하는 상황에 처해 있는 현실의 인간은 덕의 씨앗을 피우는 데 많은 장애와 부딪치게 된다. 인간이 덕의 길에서 이탈할 경우, 그때마다 다시 그 길로 돌아가게 만드는 도움의 손길이 없다면 인간은 결코 행복해질 수 없다. 헬레니즘 시대의 철학자들은 철학이 바로 이 도움의 손길 역할을 해야 한다고 강조하며, '진리 추구의 철학'보다 '행복 추구의 철학', 좀 더 구체적으로 '영혼치료학으로서의 철학(Philosophy as a medicine of the soul)'의 중요성을 강조한다.[2] 키케로 역시 헬레니즘 철학의 전통을 좇아서 『투스쿨룸』에서 '영혼치료학으로서의 철학'이 지닌 위상을 새롭게 부각한다. 그는 한편으로는 여러 헬레니즘 철학 학파의 치료법을 소개하고 비판하면서, 다른 한편으로는 절충주의적 입장에서 자신의 독특한 치료법을 제시한다. 그의 치료법의 핵심은 개인이 철학의 도움을 받아 '스스로 영혼의 의사(self-doctor of the soul)'가 되어야 한다는 것이다.[3]

키케로는 개인이 겪는 불행은 너무나 다양한 양상을 띠기 때문에

이성의 임무는 욕망을 제거하는 것이 아니라 욕망을 통제하는 것에 놓여 있다. 플라톤의 감성 이론에 관해서는 Knuuttila(2004: 7~24)를 참조하기 바란다.

2   에피쿠로스는 인간의 행복에 기여하지 못하는 철학은 철학이 아니라고 주장한다. "인간의 고통에 대해서 치료책을 제시하지 못하는 철학자의 말은 공허하다. 육체의 병에 치료책을 제시하지 못하는 의료전문가가 무용한 것과 마찬가지로, 만약 철학이 영혼의 고통을 제거하지 못한다면 철학 역시 무용한 것이다." 이 인용문은 「포르피리가 부인에게 보내는 편지(Porphyry's Letter to Marcella)」에 담겨 있다(Nussbaum, 1994: 13에서 재인용). 에피쿠로스의 주장은 헬레니즘 철학, 특히 윤리학의 기본 명제로 수용되고 있다.

3   환자는 의존적이고 수동적인 환자로 남아 있어서는 안 되며, 궁극적으로 스스로 영혼의 의사, 즉 철학자가 되어야 한다. 이 점에 관한 자세한 설명은 Nussbaum(1994: chapter 9)을 참조하기 바란다.

어떤 하나의 철학적 교리에 따른 표준적 처방을 따를 수 있는 것이 아니라, 개인의 성격이나 개인이 처한 상황에 적합한 '개별적 맞춤형 처방'이 필요하다고 주장한다. 그가 맞춤형 처방을 강조하는 만큼 그는 어떤 특정한 철학적 교리에 근거한 처방에 집착하지 않는다. 그는 "나 홀로만 자유롭다"고 외친다. 그는 영혼의 병을 고칠 수 있다면 학파나 교조에 얽매이지 않고 효과 있는 치료법을 사용해야 한다고 강하게 주장한다. 그가 중요하게 다루는 철학 학파는 소크라테스와 플라톤으로 대변되는 전통 철학, 아리스토텔레스를 추종하는 소요학파, 에피쿠로스학파, 스토아학파, 그리고 안티오코스로 대변되는 구아카데미학파이다. 키케로는 『투스쿨룸』 1권과 2권에서 죽음과 고통의 문제를 극복하기 위해서 전통 철학의 처방을 수용하며, 3권과 4권에서는 영혼이 겪는 네 가지 병(슬픔, 공포, 환락, 욕망)을 치료하기 위해서 스토아 철학의 처방을 수용하고, 5권에서 인간을 행복하게 만드는 철학을 칭송하면서, 행복의 철학을 표방하는 다양한 헬레니즘 철학 학파를 스토아 철학을 기준으로 삼아 비교·분석·평가한다.

이 장에서는 철학을 '행복의 철학', '영혼치료학으로서의 철학'으로 재정립하고자 하는 키케로의 시도를 비판적으로 소개하고 분석하며, 그의 시도가 지닌 정치철학적 함의를 찾아본다. 1절 서론에 이어, 2절에서는 대화편의 배경과 특색을 다루고, 3절에서는 전통 철학이 죽음과 고통의 문제에 어떤 치료책을 내놓는지를 분석하며, 4절에서는 영혼이 겪는 네 가지 병(슬픔, 공포, 환락, 욕망)에 대한 스토아의 치료책이 무엇인지를 분석하고, 5절에서는 덕과 행복의 관계에 대한 스토아 철학의 논리를 분석한다. 6절에서는 '영혼치료학으로서의 철학'이 갖는 정치적 함의가 제시된다.

2. 『투스쿨룸』의 배경과 특색

1) 저술 배경

키케로의 철학 작품은 주로 기원전 45~43년에 쓰였는데, 기원전 45년에 애지중지했던 딸 툴리아의 죽음은 그가 철학 작품을 쓰게 되는 하나의 중요한 계기를 제공했다.[4] 그는 이루 말할 수 없는 슬픔을 달래기 위해서 위안에 관한 처방이 들어 있는 많은 철학서를 읽었으며, 자신을 위로할 목적으로 『위안서』를 저술했다. 키케로가 절친한 친구인 아티쿠스에게 보낸 편지에는 그가 어떻게 독서와 저술 활동을 통해 위안을 얻게 되었는지가 잘 나타나 있다.

> 나 역시 당신이 원하듯이 이러한 슬픔에서 벗어나고 싶습니다. 당신은 내가 모든 노력을 다 했다는 것을 아는 중인입니다. 내가 당신의 집에서 슬픔을 완화시키는 것에 관한 어느 누구의 책도 읽지 않은 것이 없습니다. 그러나 고통은 어떤 위안도 물리칩니다. 나는 지금까지 어느 누구도 해보지 않은 것을 시도했는데, 그것은 저술을 통해 내 자신을 위안하는 것입

---

4   바라즈(Yelena Baraz)는 키케로가 다양한 목적을 가지고 철학 연구를 수행했다고 지적한다. 그녀는, 첫째, 조국과 동료 시민들에게 도움을 주기 위해서, 둘째, 정치에서 벗어나 있을 때 공적 활동을 대신할 지적 활동을 위해서, 셋째, 툴리아의 죽음에서 오는 슬픔을 위로하기 위해서 등의 목적을 제시한다. 그러나 그녀는 키케로가 오직 세 번째 목적에 근거해서 철학 연구를 수행했다는 견해에 반대한다. 툴리아의 죽음이 키케로로 하여금 철학에 정진하게 하는 계기를 마련한 것은 사실이지만, 위안을 얻기 위해서 그가 계속해서 철학 연구를 수행했다고 보기는 힘들다는 것이다(Baraz, 2012: 44~95 참조).

니다. 사서들이 내 책을 필사하게 되면 책을 보내드리겠습니다. 내가 확신하건대, 책 쓰기와 같은 위안은 없습니다("Letters to Atticus", 12.14.3, on 8 March; White, 1995: 223에서 재인용).

키케로는 자신에게 위안의 1단계는 '책 읽기'였고, 2단계는 '책 쓰기'였다고 말하면서, 그 이전에 '어느 누구도 시도해보지 않은' 책 쓰기라는 방법을 통해 궁극적 위안을 얻었다고 밝힌다. 키케로에게 『위안서』는 자기 자신에 대한 위안의 결과물이었다. 키케로가 『위안서』를 통해 딸을 잃은 슬픔에서 완전히 벗어났다고 말할 수는 없어도, 이러한 그의 노력은 계속적으로 '책을 읽고 책을 쓰는 과정'으로 연결되었다. 그는 곧 자신의 철학 체계를 구성하는 철학 작품들을 쓰기 시작했는데, 『호르텐시우스』[5]가 그 입문서라고 할 수 있다. 키케로는 『투스쿨룸』의 마지막 부분에서 이 책을 저술함으로써 툴리아의 죽음에서 오는 슬픔을 거의 극복했다는 것을 암시한다.

내가 이 책을 저술함으로써 다른 사람에게 얼마나 도움을 주었는지를 손쉽게 말할 수는 없다. 그러나 잔인한 슬픔과 모든 방향에서 나를 옭아매고 있는 다양한 걱정거리 속에서 이것 이외의 다른 위안 방법은 찾을 수가 없었다(『투스쿨룸』, V. 121).

---

5 키케로는 이 대화편을 『위안서』보다 먼저 쓰기 시작했다. 바라즈는 이러한 맥락에서 위안을 얻을 목적으로 키케로가 철학 작품을 썼다는 견해를 부정한다(Baraz, 2012: 88 참조).

『투스쿨룸』 이후의 작품에서 키케로는 툴리아의 죽음에서 오는 슬픔을 별로 거론하지 않는데,[6] 그의 슬픔은 이 대화편을 저술함으로써 치유되고 일단락되었다고 볼 수 있다.

2) 『투스쿨룸』의 시간적·공간적 배경과 그 형식적 특이성

『투스쿨룸』의 배경은 특별한 설정이 없다는 면에서 독특하다. 두 화자 M과 A가 대화하는 형식을 취하는데, M이 키케로라는 데 학자들은 동의한다.[7] 이 대화편에서 키케로는 자신이 한가로울 때 투스쿨룸에 있는 자기 집에 친구들을 초대했고 이들이 듣기 원했던 주제들을 하루에 하나씩 5일간 기록했다고 말할 뿐이다. 언제 이러한 대화가 이루어졌는지 키케로는 밝히지 않았다. 투스쿨룸에서 이러한 대화가 실제로 이루어졌다고 볼 수 없으며, 이 대화의 배경은, 키케로의 다른 대화편의 배경이 그러한 것처럼 가상적인 것이라고 할 수 있다.[8] 키케로의 주요 대

6 　키케로는 『투스쿨룸』을 쓰기 전에 저술한 『최고선과 최고악』에서는 툴리아의 죽음에 대해서 언급하지 않는다. 『투스쿨룸』에서도 툴리아의 이름을 직접 거명하지 않으며, 다만 『위안서』를 네 번 언급한다.

7 　화자 M과 A의 표기에 관해서 학자들 간에 논란이 있어왔다. 키케로의 작품에는 말하는 주체를 표시하기 위해서 원래부터 M과 A라는 표시가 있다는 주장과 그렇지 않다는 주장이 대립된다. 대부분의 학자들은 화자 M이 키케로라고 동의하지만 화자 A가 누구인지에 관해서는 다양한 해석을 제시한다. 이 글에서는 M을 키케로와 동일시하며, 그의 대화 상대방은 '화자 A'로 표기하기로 한다.

8 　길든하드는 카이사르의 독재와 공화국의 쇠퇴가 이 대화편의 배경을 이룬다고 주장한다. 그에 따르면, 키케로는 카이사르의 독재에 대항해 공화국을 부흥시킬 수 있는 새로운 '로마 교육(*Paideia Romana*)'을 설계한다는 것이다(Gildenhard, 2007 참조).

화편 『웅변가에 관하여』, 『국가에 관하여』, 『법률에 관하여』, 『최고선과 최고악』 등을 보면, 대화의 배경이 대화 주제와 연관되어 설정되고, 대화에 참석하는 화자들이 명시된다. 그러나 『투스쿨룸』에는 대화의 장소만 명시되어 있을 뿐, 그 장소를 둘러싼 특별한 자연환경이나 시대적 배경이 언급되어 있지 않으며, 대화의 화자들도 그 이름이나 참석 숫자가 명시되어 있지 않다.

키케로는 『투스쿨룸』에서 자신이 사용하는 대화 형식을 다음과 같이 말한다.

> 나는 어느 누구에게나 자신이 듣고 싶은 주제를 제안하도록 부탁했다. …… 그것은 듣기 원하는 사람이 자기 관점을 먼저 말한 후에 내가 그 관점을 논박하는 방식으로 행해졌다. 내가 알다시피, 이것은 타인의 신념에 대항해 논쟁을 하는 소크라테스의 오래된 방식이다. 소크라테스는 이렇게 함으로써, 인간은 진리에 가장 근접한 '그럴듯한 진리(the probable truth)'를 가장 쉽게 발견할 수 있다고 생각했다(『투스쿨룸』, I. 8).

이 같은 대화 형식은 독특하다고 할 수 있는데, 왜냐하면 예를 들어 친구나 동료 간과 같이 서로 동등한 화자 간에 상대방을 설득하기 위해 대화가 논쟁적으로 오가는 것이 아니라, 스승과 제자 간과 같이 대등하지 않은 관계에서 제자격인 화자 A가 하나의 질문을 하면 스승격인 키케로가 질문에 대한 긴 답변을 하는 형식으로 대화가 진행되기 때문이다. 이러한 형식상의 특징에서 이 대화편은 교훈적이고 교육적인 성격을 지닌 것으로 평가된다.

책 제목에 나와 있는 '대화'는 'disputatio'를 번역한 말이다. 키케로는 이 대화편의 대화 양식을 표현하기 위해 라틴어 용어 '*disputatio*', '*senilis*', '*declamatio*', '*sermo*', 그리고 그리스 용어인 '*schola*'를 사용한다. '*disputatio*'는 '체계적인 철학적 토론'을 의미하는데, 다시 말해 그리스적인 대화(dialogue)를 말한다. '*declamatio*'는 법정에서 수사학적으로 말하는 스타일을 의미하며, '*sermo*'는 친구 간의 대화, '*schola*'는 강의나 학교를 의미한다.[9] 키케로가 책의 제목으로 그리스어 용어가 아닌 라틴어 용어 '*disputatio*'를 선택했다는 것은 그가 그리스 철학과는 구별되는 새로운 '로마 철학', 한 걸음 더 나아가서 새로운 '로마 교육'을 주창하는 것으로 해석할 수 있다.

3) 수사학적 철학과 '완전철학'

아리스토텔레스가 지혜와 수사학을 결합하려고 했던 것과 같이, 키케로는 『투스쿨룸』에서 이 둘의 결합을 시도한다. 그가 원하는 '완전철학(perfect philosophy)'은 가장 중요한 철학적 문제를 매혹적인 수사학적 스타일을 사용해 충분히 논의하는 힘을 갖는다. "완성된 형식을 갖춘 철학은 가장 위대한 문제들을 적절하고 충분하게 다루는 힘과, 매혹적인 스타일로 다루는 힘을 향유한다"(『투스쿨룸』, I. 7). 그에게 완전철학은 '철학적 수사학(philosophical rhetoric)'이 아니라 '수사학적 철학(rhetorized philosophy)'의 성격을 갖는다. 즉, 수사학이 아니라 철학에 방점이 찍히는 것이다. 키케로는 화자 A와의 대화에서 용어의 정의, 변증

---

9   이 용어들의 자세한 의미에 관해서는 Gildenhard(2007: 8~17)와 Douglas(1995: 201~204)를 참조하기 바란다.

법, 삼단논법 등을 활용하는 논리적이고 철학적인 방법을 사용할 뿐만 아니라, 자신의 논지에 대한 설득력을 높이기 위해서 그리스나 로마의 시, 역사, 신화에 나오는 많은 일화를 광범위하게 활용하는 '매혹적인 수사학적 스타일'을 구사한다. 그의 수사학적 스타일이 돋보이는 부분 으로, 『투스쿨룸』 2권에서 필록테테스(Philoctetes), 헤라클레스, 프로메 테우스(Prometheus)가 고통을 참지 못해 울부짖고, 발버둥치고, 차라리 죽기를 바랐던 모습을 묘사한 시들을 인용하는 부분이나, 5권에서 시라 쿠사의 독재자 디오니시우스의 일화를 길게 인용하는 부분, 또 5권 끝 에서 음식이나 명성에 대한 욕망, 추방과 신체적 결함에서 오는 고통을 극복하는 것을 보여주는 다양한 일화가 소개된 부분을 손꼽을 수 있다. 이와 같이 수사학은 매혹적인 스타일임에는 틀림없지만, 수사학의 과 도한 사용은 설득력을 증가시키기보다는 오히려 철학적 논지를 약하게 만드는 위험성을 초래할 수도 있다. 그러나 키케로는 자신의 철학적 논 지를 강화할 수 있는 한도 내에서 수사학의 사용을 극대화하는데, 이처 럼 그의 완전철학은 철학의 활용과 수사학의 활용을 동시에 극대화하 는 것을 지향한다.

여기서 '수사학적 철학'의 성격을 드러내기 위해서 『최고선과 최고 악』에 나타난 여러 형태의 대화 양식을 살펴볼 필요가 있다. 1권과 2권 에서 키케로가 주도하는 토르콰투스와의 대화는 '철학적 수사학'이라 할 수 있다. 변증법에 익숙하지 않은 토르콰투스의 요청에 의해[10] 또한 그의 눈높이에 맞추기 위해 키케로는 '긴 연설'을 한다. 3권과 4권에서 스토아주의자 카토와 신아카데미주의자 키케로 간에 진행되는 논쟁은

---

10   에피쿠로스학파는 변증법을 아무런 쓸모가 없는 것으로 보았다.

두 사람이 활용하는 변증법 간의 치열한 논리 대결을 적나라하게 보여준다. 5권에서 이루어지는 안티오코스 추종자인 피소와 키케로 간의 논쟁은 피소의 수사학과 키케로의 변증법 간의 싸움을 보여준다. 유려한 수사학 화법을 사용하는 피소는 설득에 성공해서 키케로를 제외한 나머지 화자 세 명 모두를 구아카데미학파의 입장에 기울게 만든다. 하지만 5권을 통해 키케로가 전달하고자 하는 메시지는 비록 수사학이 변증법에 비해 설득하는 데 외양적으로 우세한 것처럼 보일지라도, 그 논리적인 면에서는 변증법이 수사학에 비해 우월하다는 것이다. 수사학이 지닌 장점인 설득력과 변증법이 지닌 장점인 논리성을 결합시킨 것이 바로 '수사학적 철학'인데, 이것의 최고 형태는 『투스쿨룸』이 지향하는 완전철학으로 나타난다.

3. 죽음과 고통에 대한 전통 철학의 처방

1) 죽음과 영혼의 불멸성

죽음과 고통은 모든 인간이 겪는 불행이다. 키케로는 행복의 철학이 다루어야 하는 보편적인 문제로 먼저 '죽음과 고통이 악인가' 하는 문제를 제기한다. 악(evil)은 덕(virtue)과 대립되는 것으로서 덕이 행복을 보장한다면 그 반대의 것인 악은 인간에게서 행복을 빼앗아가며, 슬픔의 원천이 된다. 만약에 죽음과 고통이 모두 악이라고 규정된다면, 악은 곧 슬픔의 원천이기 때문에 우리 인간은 이 두 가지 불행에 당면해서 당연히 슬픔에서 벗어날 수 없고 행복해질 수 없다. 그러나 죽음과 고통이 악이 아니라고 규정된다면, 인간은 슬픔에서 벗어날 수 있고 따라서 행복해질 수 있다. 키케로가 죽음과 고통의 문제에 대해 처방을 내리기 위해서 의존하는 것은 전통 철학, 특히 플라톤 철학에서 주장하는 영혼에 관한 이론(영혼 불멸설과 영혼 삼분설)이다. 키케로의 죽음에 대한 처방은 주로 '영혼 불멸설'에 의존하고, 고통에 대한 처방은 '영혼 삼분설'에 의존하는 것으로 나타난다.

『투스쿨룸』 1권에서 화자 A가 제기하는 '죽음은 악인가' 하는 문제는 곧 키케로에 의해서 '영혼이 존재하는가' 하는 문제로 확대되며, 이는 또한 영혼의 불멸성에 관한 논의로 연결된다. 키케로는 죽음에 관한 논의를 영혼에 관한 논의로 확장해 영혼에 관한 다양한 이론을 소개하는데, 그 목적은 영혼에 관한 플라톤의 이론을 정당화하는 것이라고 볼 수 있다. 플라톤은 그리스 철학사에서 예외적으로 영혼은 비물질적이고 영원하다고 주장했다(Annas, 1992: 4). 즉, 영혼은 불멸한다는 것이다. 플라톤의 주장에 가까운 주장을 한 사람이 아리스토텔레스인데, 그는 "영혼은 성찰하고, 예견하고, 배우고, 가르치고, 발견하고, 기억하고, 기타 많은 일을 수행한다. 영혼은 사랑하고, 증오하고, 욕망하고, 두려워하고, 고통과 즐거움을 느낀다"(『투스쿨룸』, I. 22)라고 말하면서, 이러한 성질을 지닌 영혼은 물, 불, 흙, 공기에서 생성될 수는 없고, 이름을 붙일 수 없는 제5의 신성한 원소에서 생성되며, 일종의 영원한 운동을 하게 된다고 주장한다. 그에 따르면 영혼은 신성하며 영원한 물질적 원소이다. 제논과 데모크리토스는 영혼을 물질적인 것으로 파악한다. 제논은 영혼은 불로 구성되며, 사람이 죽은 후에 영혼은 어느 정도 생존해 있다가 사라진다고 말한다.[11] 데모크리토스는 영혼은 원자들의 충돌로 만들어진 작고 둥근 물체로 구성된다고 주장한다. 플라톤의 영혼 불멸설과 정반대의 입장에 서 있는 사람이 디카이아르코스(Dikaiarchos)인데, 그에 따르면 영혼은 전적으로 존재하지 않으며 행동이나 감각의 능력을 지닌 것은 오직 육체인 것으로 규정된다.

키케로는 영혼 불멸설을 상식과 합리적 증명에 근거해서 옹호한다. 첫째, 키케로는 영혼의 불멸성은 상식적으로 모든 사람에게 인정을 받아왔다고 주장한다(『투스쿨룸』, I. 37). 사람들은 본능적으로 신의 존재를 믿으며, 이성을 통해 신의 본성을 알고 있다는 것이다. 둘째, 키케로는 문헌을 통해 영혼의 불멸성을 주장한 철학자를 검토한다. 그는 시로스(Syros)의 페레키데스(Pherecydes)가 '영혼이 영원하다'는 주장을 최초로 했고, 그의 제자인 피타고라스(Pythagoras)가 이 주장을 강력하게 지지했으나 이에 대한 '합리적 증명'을 제시하지 못했으며, 피타고라스 학파의 영향을 받은 플라톤에 의해 비로소 영혼의 영원성에 관한 최초의 합리적 증명이 이루어졌음을 밝힌다. 플라톤은 『파이드로스』에서 영혼은 자기 스스로 움직이기(self-moving) 때문에 영원하다는 증명을 제시한다. 영혼이 영원하고 불멸하기 위해서는 그 시작과 끝이 없어야 하는데, 스스로 운동하는 영혼은 이러한 시간상의 한계를 뛰어넘게 된다는 것이다. 키케로는 영혼이 불멸성뿐만 아니라 신성성을 지닌다고 주장한다. 영혼이 기억을 하고, 상기를 통해 배우고, 감춰진 비밀을 탐구하는 힘을 지녔다는 것은 영혼이 지닌 신성한 성질을 보여주며, 이러한 성질은 '활동(activity), 지혜(wisdom), 발견(discovery), 기억(memory)'과 같은 신적인 활동으로 표출된다는 것이다(『투스쿨룸』, I. 65).

---

11 키케로는 만약 영혼이 일정 기간 동안 생존했다면, 이것은 영혼의 불멸성을 인정하는 논리적인 결론으로 귀착되는 것이 옳다고 비판한다.

키케로는 영혼의 불멸성을 반대하는 철학자로서 에피쿠로스학파와 디카이아르코스를 주목한다. 키케로는 이 철학자들의 말에 따라, 영혼이 육체와 더불어 죽는다는 것을 받아들인다고 하더라도 죽음은 악이 아니라 선이 된다고 주장한다. 그의 주장은 다음과 같이 요약될 수 있다. 만약 영혼이 사멸한다면, 우리는 의심할 바 없이 죽음으로 인한 파괴는 너무나 완전해서 감각의 아주 희미한 자취조차 남아 있지 않다는 것을 믿게 된다. 죽음과 더불어 육체의 고통이 끝난다면 죽음은 악이 아니라 선이다(『투스쿨룸』, I. 82~83).

이러한 '다소 철학적인' 논의를 한 이후에, 키케로는 다양한 일화를 예로 들면서 화자 A에게 죽음이 선임을 '수사학적으로' 설득한다. 영혼의 불멸성과 신성성에 대한 키케로의 논의를 '수사학적 철학'이라고 할 수 있다면, 죽음이 선임을 증명하는 부분의 논의는 '철학적 수사학'이라 할 수 있다. 그는 프리아모스(Priamos)와 폼페이우스(Gnaeus Pompeius Magnus)의 예를 들면서 이들이 불행이 오기 전에 죽었더라면 죽음은 이들에게 큰 행복을 부여했을 것이라 말하고, 테라메네스(Theramenes)와 소크라테스의 예를 들면서 이들이 얼마나 침착하게 죽음을 맞이하는가를 보여주는 등 수많은 일화를 수사학적으로 열거한다.

수사학자들은 자신들의 긴 연설을 수사학적 기법에 따라 '끝맺는 말(epilogue)'로 마무리한다. 에필로그는 단순히 논리적 결론을 제시하는 것이 아니라 결론을 화려한 수사로 장식해 청중에게 강하게 호소하는 역할을 수행한다. 키케로는 자신이 주창한 수사학적 철학이 수사학을 적극적으로 활용한다는 것을 보여주기 위해 1권의 끝을 에필로그로 마무리한다.[12] 그는 죽음이 선으로 받아들여지는 많은 일화를 제시한다. 여기에는 아르고스(Argos) 여사제가 자신의 두 아들에게 가장 큰 은

혜를 내려주길 신에게 기원했을 때, 신은 그들에게 죽음을 내렸다는 일화, 미다스(Midas) 왕에게 포로로 잡힌 실레누스(Silenus)가 사람에게 가장 좋은 것은 태어나지 않는 것이며 그다음으로 좋은 것은 되도록 빨리 죽는 것이라고 말했다는 일화 등이 포함된다. 키케로는 우리가 죽음을 앞두고 만약 신의 선고를 전달받았다면, 기쁘고 즐겁게 죽음을 맞이해야 하며, 만약 우리가 신의 선고를 전달받지 못했다면, 죽는 날을 상서로운 날로 여기고, 불멸하는 신의 약속 혹은 모든 사물의 어머니인 자연의 약속에 따르는 것을 악으로 생각하지 말아야 한다고 말하면서 에필로그를 마무리 짓는다.

2) 고통의 치료와 영혼의 삼분설

죽음은 모든 사람에게 일생에 한 번 다가오지만, 고통은 삶의 과정에서 수없이 많이 발생한다. 사람들은 일상생활을 영위하면서 일생에 한 번 다가오는 죽음보다는 다반사로 일어나는 고통에서 더 많은 괴로움을 겪는다. 죽음에서 오는 괴로움을 치료했다고 해서 죽음이 연기되며 삶이 연장되는 것은 아니다. 플라톤이 주장하듯이 영혼의 불멸성을 믿을 때, 죽음을 대하는 우리의 태도가 달라지는 것이다. 플라톤의 영혼 불

12　1권의 논의 구조는 화자 A의 의견에 대해 첫째, 논리적으로 반박을 하는 부분, 둘째, 영혼에 관한 다양한 이론을 소개하면서 소크라테스의 입장을 정당화하는 부분, 셋째, 영혼의 불멸성이 인정되지 않더라도 죽음은 악이 아님을 말하는 부분, 마지막으로 다양한 일화를 동원해 수사학적으로 죽음이 좋음임을 보여주는 에필로그 부분으로 구성된다. 이러한 수사학적 논의 구조는 용어에 대한 정의를 기반으로 해서 명제를 만들고 논쟁을 통해 결론을 추구하는 변증법과는 확실히 다르다고 할 수 있다.

멸설이 죽음에 대한 두려움에서 우리를 구원하는 방법을 제시한다면, 그의 영혼 삼분설은 고통을 극복하는 방법을 제시해준다. 그는 영혼이 서로 다른 일을 수행하는 세 부분(이성, 기개, 욕망)으로 구성되며, 이 세 부분이 각자의 일을 잘 수행함으로써 지혜, 용기, 절제, 정의라는 4주덕이 존재하게 된다고 주장한다. 여기서 영혼이 지닌 4주덕의 하나인 용기는 고통의 괴로움을 극복하는 데 큰 역할을 한다. 스토아학파 역시 플라톤과 마찬가지로 덕을 지니면 고통을 극복할 수 있다고 주장하지만, 이들은 영혼 삼분설을 부정한다. 스토아학파는 영혼을 나뉠 수 없는 전체이며 또한 전적으로 이성적인 것으로 본다. 이들에 따르면 영혼은 이성적이거나 또는 비이성적이거나 둘 중의 하나의 상태에 있으며, 이성적인 영혼은 덕을, 비이성적인 영혼은 악을 지니게 된다. 영혼이 비이성적이 된다는 것은, 영혼 속에 통제되지 않은 감정이 생겼다는 것이다. 통제되지 않은 감정을 지닌 사람은 우둔한 사람(fool)이며, 통제된 감정을 지닌 사람은 현자이다. 현자는 목석처럼 전혀 감정을 지니지 않은 사람이 아니라 통제된 감정인 선감정(*eupatheia*)을 지닌 사람이다.

키케로는 영혼은 이성적인 부분과 비이성적인 부분으로 구성된다는 영혼 이분설을 사용해 고통을 극복할 것을 주장한다. 그는 『투스쿨룸』에서 영혼 이분설을 주로 활용하는데,[13] 이러한 이분설은 스토아학파의 영혼에 대한 관점, 즉 영혼은 이성적인 상태이거나 비이성적인 상태라는 관점과 연결 고리를 가질 수 있다고 생각했기 때문이다.

인간의 삶에 수많은 고통이 존재할 수밖에 없다면, 그 고통을 하나

---

13 『투스쿨룸』에서 이분설을 활용하는 키케로의 입장은 I. 80, II. 47, IV. 10 등에서 확인할 수 있다.

씩 극복하는 과정은 치료의 과정이라고 할 수 있다. 죽음을 맞는 태도는 치료할 수 있지만, 죽음 자체를 치료할 수는 없다. 키케로는 고통을 다루는 2권에 와서야 비로소 영혼의 치료사로서 철학의 위상을 강조한다.

철학은 영혼의 치료사이며, 부질없는 걱정거리를 없애며, 우리를 욕망으로부터 해방하며, 두려움을 쫓아버린다. 그러나 철학의 영향력은 모든 사람에게 같은 것이 아니다. 철학의 효과는 철학에 적합한 성격을 지닌 사람에게 더 크게 나타난다(『투스쿨룸』, II. 11).

영혼의 치료사인 철학은 우선 영혼을 교육하는 것을 목적으로 삼는다.

밭이 아무리 토양이 좋다고 하더라도 경작되지 않으면 생산성이 없는 것처럼, 영혼도 가르침을 받지 않으면 생산성이 없다. 영혼을 함양하는 것이 철학이다. 철학은 악을 뿌리째 뽑아서 씨앗을 품게끔 영혼을 만든다. 그리고 철학은 영혼과 밀접한 관련을 맺고 영혼 안에 그것이 완전히 성장했을 때 가장 잘 익은 과실을 생산해낼 수 있는 소위 철학의 씨앗을 심는다(『투스쿨룸』, II. 13).

철학의 씨앗, 다시 말해 덕의 씨앗을 잘 키우는 것이 철학이 지닌 교육적 역할이라고 한다면, 교육의 과정에서 정상에서 벗어나는 일탈이 일어났을 때, 이 일탈을 고쳐 다시 정상으로 돌아오게 만드는 것은 철학이 지닌 치료적 역할이라고 할 수 있다. 치료도 광의의 교육에 포함되지만, '철학적 교육'은 적극적으로 덕목 형성의 기능을 수행하는 데 비해 '철학적 치료'는 소극적인 재활의 기능을 수행한다는 데서 그 차이점을 찾을 수 있다.

키케로는『투스쿨룸』2권에서 고통에 대해 치료책을 제시하는 에피쿠로스학파, 스토아학파, 소요학파의 주장을 검토한다. 그의 비판은 우선 에피쿠로스학파에 맞춰진다. 에피쿠로스는 고통은 최고악이며 이 고통은 과거의 좋은 일을 회상하거나 앞으로 올 즐거운 일을 생각함으로써 극복될 수 있다고 주장한다. 그는 현자라면 뜨겁게 달궈진 팔라리스의 청동 소(Phalaris' bull) 안에서도 즐거웠던 과거를 회상하면서 자신은 지금 달콤하다고 말해야 한다고 주장한다. 이와 같은 에피쿠로스의 주장에 대해 키케로는 육체적 고통에 근거해서 최고악을 규정하는 에피쿠로스가 이 고통을 정신으로 극복할 수 있다고 말하는 것은 논리적으로 맞지 않는 것이라고 비판한다. 키케로는 에피쿠로스가 말하듯이 고통을 쉽게 참고 극복할 수 있다는 것이 아니라는 것을 보여주기 위해 필록테테스, 헤라클레스, 프로메테우스가 고통을 견디기 힘들어하면서 오히려 죽기를 바랐던 모습을 묘사한 시들을 수사학적인 효과를 높이기 위해서 상당히 길게 인용한다.

키케로는 고통이 존재하는 현실을 무시하고, 고통이 악이 아니며 덕을 통해 극복될 수 있다고 말하는 제논의 주장을 검토한다. 제논은 비천하고 사악한 것 이외에 악은 없으며, 고통은 악이 아니기 때문에 고통 때문에 참담함을 느껴서는 안 된다고 주장한다. 키케로는 제논과의 가상의 대화를 통해 스토아학파의 문제점을 드러내는데, 고통을 무시하는 제논의 관점에 대해 다음과 같은 비판을 한다.

제논 너 자신은 지금 어리석게 말하고 있는데, 왜냐하면 네 말은 내 고통의 원인을 제거해주지 못하고 있기 때문이다. 나는 고통이 악행이 아님을 알고 있다. 그것을 내게 가르치려고 하지 마라. 내가 너에게 듣기 원하는 것은 내가 고통을 받든지 아니면 고통을 받지 않든지 간에 아무 차이가 없다는 말이다(『투스쿨룸』, II. 29).

이러한 비판에 제논은 다음과 같이 항변한다.

오로지 덕에 근거한 행복한 삶을 영위하는데 고통을 받고 안 받고는 아무런 상관이 없다. 그러나 동시에 고통은 회피되어야 한다. …… (왜냐하면) 고통은 불유쾌하고, 자연에 거스르며, 참기 힘들고, 우울하며, 잔인하기 때문이다(『투스쿨룸』, II. 29).

이 항변에서 제논은 고통은 악이 아니지만, "불유쾌하고 자연에 거스르고 참기 힘든 것"으로 회피되어야 할 '중간적 사물'로 규정한다. 키케로는 바로 그렇게 규정된 '중간적 사물'이 궁극적으로 소요학파가 말하는 악과 다름이 없다는 것을 제논이 솔직히 받아들일 것을 요구한다.

만약 제논이 키케로의 요구를 받아들여 고통이 '중간적 사물'임을 포기하고 고통을 악으로 인정한다면, 그의 수정된 입장은 소요학파의 입장과 다름없게 된다고 할 수 있다. 소요학파는 영혼의 좋음과 육체의 좋음과 외부적 재화의 좋음이라는 세 가지 좋음이 있고, 이 세 가지 좋음에 상응하는 악이 있다고 인정하는데, 영혼의 좋음인 덕에 비해 육체나 외부적 재화에서 기인하는 악(고통)은 사소하기 때문에 덕을 지닌 사람은 행복하다는 주장을 펼친다. 용어상의 차이를 제외하면 원칙적으로 덕을 통해 고통을 극복할 수 있다는 스토아학파나 소요학파의 주장에는 차이가 없다고 키케로는 지적한다. 그렇지만 키케로는 유일한 덕만을 내세우는 스토아학파의 논리가 물론 위에서 지적한 문제를 가지지만, 세 가지 좋음과 더불어 세 가지 악을 인정하는 소요학파의 논리보다 더욱 일관되고 체계적이라고 평가하며, 자신은 스토아학파의 논리를 더욱 선호한다고 밝힌다.

이론적인 측면에서 스토아학파의 장점을 고찰한 키케로는, 실천적인 맥락에서 고통을 극복하는 두 가지 방법을 제시한다. 첫째, 훈련을 통해 습관을 형성하는 방법, 둘째, 철학을 통해 덕의 원칙을 배우는 방법이다. 키케로는 첫째 방법을 통해 고통을 이겨내는 인내심을 기른 사람의 예로 스파르타의 청년, 로마 군인, 검투사 등을 든다. 그러나 키케로는 고통을 극복하는 진정한 힘은 철학에서 나온다고 강조한다. 그는 전쟁터에서 용감했던 군인들도 전쟁의 긴장감이 사라지면 일상생활에서는 병의 고통도 견뎌내지 못하는 것을 예로 들면서, 그 이유로 전쟁터에서 군인들의 용기는 야망이나 명성에 대한 동기에 근거할 뿐이지 철학의 원칙이나 가르침에 근거한 것이 아니라는 것을 지적한다(『투스쿨룸』, II. 65). 오직 '철학 원칙'에 따라 용기를 기른 사람만이 전쟁터에서 오는 고통이나 일상적인 삶에서 오는 고통 모두를 잘 견뎌낸다는 것이다. 만약에 고통이 인내심의 정도를 넘을 정도로 강력한 것이고 별다른 신의 계시가 없다면, 죽음은 악이 아니기 때문에 우리는 '자살'이라는 선택을 할 수 있다고 키케로는 주장한다.

4. 영혼의 병의 치료사로서의 철학

1) 슬픔의 치료에 관하여

키케로는『투스쿨룸』3권과 4권에서 사람들이 일상생활에서 흔히 겪는 '영혼의 병(sickness of the soul or mind)'인 슬픔, 고통, 환락, 욕망을 치료하는 방법을 제시한다.[14] 키케로는 스토아학파의 정의에 따라서 이러한 영혼의 병들을 '감정'(*pathos*; 영어로는 흔히 'emotion'으로 번역된다)으로 정의한다. 여기서 감정은 자연에 어긋나고 올바른 이성의 통제에서 벗어난 '영혼(정신)의 움직임(movements of mind)'이다(『투스쿨룸』, IV. 11). 키케로는 스토아학파의 이론에 근거해 영혼의 병에 대한 이론적인 체계를 세우지만, 병에 대한 치료법은 스토아학파의 치료법 외에 필요에 따라 다른 학파의 치료법도 사용하는 종합적이고 절충주의적인 치료법을 도입할 것을 강조한다.

키케로는 영혼의 병이 생기는 근본적인 이유를 자연이 뿌려놓은 덕의 씨앗이 우리의 잘못된 습관과 신념으로 인해 제대로 개화하지 못하는 데서 찾는다.

---

14 키케로는 그리스어 '*psychē*'를 라틴어로 '*animus*'로 번역한다. 영어로는 흔히 'soul', 또는 'mind'로 번역된다. 'soul'은 'mind'에 비해 좀 더 신학적이고 신비적인 의미를 함축하기 때문에, 영혼의 물질성을 인정하는 스토아학파의 입장에서 감정을 분석하는 키케로의 경우, '*animus*'를 'mind'로 번역하는 것이 타당하다고 볼 수 있다. 한국어로 'soul'은 '영혼'으로, 'mind'는 '정신'으로 번역하는 것이 적절하다고 볼 수 있다. 이 글에서는 주로 영혼이란 용어를 사용하지만 필요에 따라 정신이란 용어를 혼용해 사용하기로 한다. 왜냐하면 감정을 영혼의 병이 아니라 정신의 병으로 해석하면 철학적 치료가 아닌 의학적 치료의 대상이 된다는 것을 아주 강하게 함축하기 때문이다.

덕의 씨앗은 우리의 성격 속에 본성적으로 태어나며, 만약 이 씨앗들이 성숙하게 되는 것이 허용된다면, 자연 그 자체는 우리를 완전한 행복으로 이끌게 된다. 그러나 현실이 잘 보여주듯이, 우리가 태어나고 가족의 성원이 되는 순간 우리는 모든 종류의 타락한 영향과 가장 잘못된 신념에 둘러싸이게 되고, 그 결과 우리는 마치 유모의 젖과 함께 오류를 흠뻑 빨아들인 것과 같이 된다(『투스쿨룸』, III. 2~3).

키케로는 이러한 영혼의 병은 육체가 느끼지 못하기 때문에 그 존재를 의심받아왔지만, 영혼의 병은 육체의 병보다 매우 위험하고 또한 아주 다양하게 나타난다는 점을 부각한다. 그에 따르면 철학은 영혼의 병에 대한 치료법을 제시하는데, 우리가 철학을 배우고 우리 스스로가 영혼의 치료사가 될 때, 영혼의 병을 고칠 수 있게 된다.

우리는 영혼이 자신을 치료할 수 있음을 분명하게 받아들여야 한다. 결국은 영혼이 신체를 위한 의학을 발견한 것이다. 신체적인 치료가 대부분 신체의 성질에 의존하게 되어서 치료를 받는 환자가 즉각적으로 호전되기 힘든 바와는 대조적으로, 영혼에 대한 치료는 의심할 바 없이 즉각적 효과를 볼 수 있다. 영혼이 기꺼이 치료받기를 원하고, 현자들의 가르침에 주의를 기울인다면, 영혼은 정말로 치유책을 찾을 수 있다. 영혼을 치료하는 기술이 있다. 이것은 철학이다. 신체를 위한 의학과는 달리, 철학의 도움을 얻기 위해서 남을 쳐다볼 필요가 없다. 대신 우리는 모든 노력을 경주해서 우리 자신이 능력 있는 의사가 되어야 한다(『투스쿨룸』, III. 6).

여기서 철학은 궁극적으로 누스바움이 말하듯이 '철학적 논의

(philosophical argument or rational argument)'를 할 수 있는 능력이라고 할 수 있다. 우리가 이 능력을 이용해 감정을 치유할 수 있는 철학적 의사가 되기 위해서는 추론과 조심스러운 논의에 주의를 기울여야 할 필요가 있는데, 왜냐하면 감정은 신념들로 구성되며 합리적 논의에 반응하기 때문이다(Nussbaum, 1994: 39).

키케로는 인간의 네 가지 기본적 감정 가운데 가장 참기 힘든 감정이 슬픔이라고 규정하면서, 슬픔을 치료할 수 있다면, 나머지 세 가지 감정을 좀 더 쉽게 치료할 수 있다고 말한다. 그는 슬픔에 대한 치료법을 다른 모든 감정치료의 원형으로 삼는다. 그는 감정에 대한 논의를 두 가지 방법을 통해 전개한다. 하나는 스토아학파의 엄격한 논리를 따르는 방법이며, 다른 하나는 논리적으로 덜 엄격하지만 풍부한 내용을 담아낼 수 있는 수사학적 방법이다. 키케로는 이 두 방법을 결합한 완전철학이 인간이 가장 참기 힘든 감정인 슬픔을 치료하는 데 성공적으로 활용될 수 있음을 『투스쿨룸』 3권에서 보여준다.

키케로는 현명한 사람은 슬픔에 빠지지 않는다는 것을 보여주는 스토아학파의 삼단논법이 비록 논리적이긴 하나 설득력이 부족하다고 지적하면서, 수사학적인 방법을 동원해 네 가지 기본 감정에 대해서 좀 더 설득력 있게 설명한다. 키케로는 감정을 '좋고 나쁨에 따라' 또한 '지금 현재 느끼는 감정인지 혹은 미래를 향한 감정인지에 따라' 분류하는데, 그의 분류는 〈표 8-1〉과 같이 정리할 수 있다.[15]

〈표 8-1〉에 잘 나타나듯이, 슬픔은 지금 현재 악에 직면하고 있을 때 생기는 감정이며, 공포는 장래에 악이 다가올 것을 예상할 때 생기

---

15 〈표 8-1〉과 〈표 8-2〉은 Graver(2002: 137; 2007: 54)에서 인용한 것이다.

표 8-1 **네 가지 기본 감정(The genus-emotions)**

	현재 (present)	미래 (in prospect)
좋음 (good)	환락 (delight)	욕망 (desire)
나쁨 (evil)	슬픔 (distress)	공포 (fear)

는 감정이다. 환락은 지금 현재 좋음을 지나치게 누리고 있을 때 생기는 감정이며, 욕망은 장래에 좋음이 오기를 지나치게 바랄 때 생기는 감정이다. 이 네 가지 감정은 모두 이성의 통제를 벗어나 있다는 점에서 영혼의 병이다. 영혼의 움직임이라는 측면에서 보면, 슬픔은 영혼의 수축(contraction), 공포는 영혼의 움츠림(withdrawing), 환락은 영혼의 팽창(elevation), 욕망은 영혼의 내뻗음(reaching)이다.[16] 이러한 영혼의 병을 겪을 때 사람은 행복해질 수 없다. 그렇다면 행복해지기 위해서, 모든 감정을 없애야 하는가가 문제가 된다. 키케로는 감정이 전혀 없는 목석과 같은 사람이 행복하다고 보지 않았으며, 이러한 사람을 스토아주의 현자의 모델로 생각하지 않았다.

키케로는 이성의 통제를 통해 감정을 평정한 상태로 유지할 수 있

---

16 스토바이우스(Stobaeus)는 감정을 영혼의 움직임으로 설명한다(Graver, 2007: 42 참조). 스토아학파는 영혼이 가슴(heart)에 존재한다고 생각했다. 그렇다면 영혼의 움직임은, 한국어로 번역한다면 가슴에 있는 마음의 움직임으로 표현할 수 있다. 감정을 마음의 움직임으로 보면 그 운동성을 느낄 수 있다. 우리는 겁이 날 때 우리의 마음이 잔뜩 긴장해서 움츠러들고 있음을 느낀다. 탐욕에 빠져 있을 때는 우리의 마음이 탐욕의 대상을 향해 끝없이 뻗어가는 것을 느낀다. 우리는 슬픔에 빠져 있을 때나 우울할 때, 우리의 마음이 상당히 쪼그라들어 있음을 경험한다. 우리가 기쁨에 겨워할 때, 우리의 마음은 즐거움으로 충만되어, 상당히 부풀어 올라 있다고 느끼게 된다.

표 8-2 세 가지 선감정(The genus-eupatheiai)

	현재 (present)	미래 (in prospect)
좋음 (good)	기쁨 (joy)	희망 (volition)
나쁨 (evil)	—	조심 (caution)

다고 보았다. 스토아 현자는 이성을 통해 감정을 통제하는데, 그는 현자이기 때문에 무엇보다도 먼저 슬픔은 느끼지 않는다. 현자와 슬픔은 양립 불가능하기 때문이다. 현자에게 가장 큰 슬픔은 부덕이나 도덕적 실패에서 기인하는데, 현자가 슬픔을 느낀다는 것은 바로 그가 현자가 아니라는 것을 반증하는 것이다. 현자는 슬픔을 빼고, 나머지 세 가지 감정에서 좋음을 느낄 수 있는데, 그것은 〈표 8-2〉에서 볼 수 있듯이, 현재에서 좋음을 느끼는 '기쁨(joy)', 미래의 좋음을 바라는 '희망(wish or volition)', 그리고 미래의 악을 막기 위해 준비하는 '조심(caution)'이라는 세 가지 '선감정들(*eupatheiai*)'이다. 스토아학파의 현자는 감정이 전혀 없는 목석 같은 사람이 아니라 평온한 감정을 즐기는 사람이라고 할 수 있다. 그는 환락 대신에 기쁨을, 욕망 대신에 희망을, 두려움 대신에 조심을 지닌 사람이지만, 어떤 경우에도 영혼의 수축을 불러오는 슬픔을 느끼지 않는 사람이다.

스토아학파에게 슬픔은 "심각한 악이 현재 눈앞에 있다는 신념"으로 기술된다. 키케로는 어떤 사태를 당해서 사람이 슬프게 되는 것은 두 가지 신념이 결합한 결과라고 말한다.

그러나 ① 우리의 불행이 지닌 심각성에 대한 신념이, ② 지금 발생한 사태로 인해 당혹해하는 것이 옳고, 또한 적절하며 적합한 일이라는 신념과 결합될 때에 비로소, 그 전에는 없었던, 슬픔이라는 깊고 깊은 감정이 발생한다(『투스쿨룸』, III. 62).

여기서 첫째, 심각성에 대한 신념 혹은 판단은 상황 혹은 발생한 상태에 대한(예를 들면 자식의 죽음, 가난 등) 당사자의 가치 평가를 포함한다. 이 신념은 기술적(descriptive)인데, 예를 들어 '죽음은 악이다'라고 판단하는 것이다. 둘째, 상황에 적절한 반응이 있다는 신념은 당사자가 사는 사회에 널리 퍼져 있는 규범이 있고 당사자가 이 규범을 무의식적으로 수용한다는 것을 나타낸다. 예를 들어 '자식의 죽음은 마땅히 슬퍼해야 한다'는 신념이 있다면 이 신념은 규범적(normative)이다. 이 두 가지의 신념이 결합될 때 비로소 슬픔이라는 정신적 고통이 발생하는데, 스토아학파는 이 두 가지 신념이 모두 '자의적인' 것인 만큼 합리적인 논의를 통해 두 신념 중의 어느 하나라도 배척해서 이성적 판단을 할 수 있으면 정신적 고통을 치유할 수 있다고 주장한다.

슬픔이 발생하는 과정을 그레이버(Margaret Graver)는 다음과 같은 감정의 삼단논법(pathetical syllogism)으로 정리한다(Graver, 2002: 91).

구성요소 ①: 내 자식의 죽음은 나에게 악이다.
구성요소 ②: 나에게 악인 어떤 일인가가 방금 발생했다면,
내가 정신적 고통을 느끼는 것은 당연한 일이다.
발생 여부에 관한 신념: 내 자식이 방금 죽었다.

결론: 이제 내가 정신적 고통을 느끼는 것은 당연하다.

스토아학파에 따르면 슬픔의 감정은 전적으로 자의적인 판단과 신념에서 발생하기 때문에 한 개인이 판단과 신념을 바꾸면 슬픔에서 벗어날 수 있다. 키케로는 슬픔에 대한 처방을 내놓는 에피쿠로스학파와 키레네학파의 주장을 검토한다. 에피쿠로스학파는 슬픔은 사람이 심각한 악이 눈앞에 존재하고 그 악이 자신을 무겁게 누르고 있다는 인상이 있으면 '자연적으로' 생긴다고 주장하며, 슬픔을 포함한 정신적 고통을 치료하는 방법으로 과거에 생겼던 좋은 일이나 미래에 생길 좋은 일을 생각함으로써 현재의 고통을 망각하는 방법을 제시한다. 이러한 에피쿠로스학파의 처방에 대해 키케로는 인간이 기억을 자기 마음대로 조정할 수 없고, 또한 좋은 일뿐만 아니라 나쁜 일도 모두 기억한다는 근거에서 배격한다.

키레네학파는 슬픔은 모든 불행에서 생기는 것이 아니라 미리 예상해서 대비하지 못한 불행에서만 생긴다고 주장하면서, 미래의 불행을 미리 연습하라는 처방을 제시한다. 키케로는 미래의 불행에 대비하라는 이 처방을 유효한 것으로 받아들인다. 이와 연관해 키케로는 과거의 슬픔에 대해서는 시간의 흐름이 유효한 처방이 된다고 본다. 그러나 그는 단순한 시간의 흐름이 슬픔을 치유하는 것이 아니라, 슬픔의 당사자가 시간이 지나는 동안 슬픔의 발생 원인을 고려할 기회를 가짐으로써 슬픔이 치유된다는 것을 강조한다. 이것은 슬픔에 대한 치유는 주관적 판단이나 신념에 의존한다는 스토아학파의 주장과 일치한다.

소요학파는 기본적으로 시간 처방을 수용하긴 하지만, 중용을 중시하는 자신들의 기본 철학에 따라 그 처방을 변용해서 '적절한 시간'이 지나면 슬픔이 사라질 것이라고 말한다. 그런데 여기서 적절한 시간의 길이가 자연적으로 결정되는 것인지 아니면 의견에 따라 결정되는 것인지가 문제가 된다. 만약 그 시간의 길이가 자연적으로 결정된다면, 이 말은 우리의 슬픔은 자연적으로 치유된다는 것이며, 그렇다면 우리가 의식적으로 치료책을 찾을 이유가 하등 없게 된다. 하지만 만약 시간의 길이가 우리의 의견에 따라 결정된다면, 이것은 결국 우리의 신념에 관한 문제가 되며, 이럴 경우 우리의 신념에 따라서 고통이 치유되게 되는 결과가 초래된다. 적절한 시간에 대한 전자의 해석에 따르게 되면 소요학파의 처방은 전혀 처방이 아니게 되며, 후자의 해석에 따르게 되면 치료를 위해 판단이나 신념의 변화를 요구하는 스토아학파의 기본 관점과 다름없게 된다.

시간이 흘러도 슬픔이 완화되지 않는 경우가 있는데, 아르테미시아(Artemisia)의 예에서 볼 수 있듯이, 그녀는 시간의 흐름에 상관없이 항상 자신의 남편이었으나 이미 고인이 된 왕을 '새롭게(fresh)' 기억한다(『투스쿨룸』, III. 75). 새롭다는 것은 사건이 발생한 지 얼마 안 된다는 것을 말하기도 하지만, 시간이 흘렀음에도 불구하고 그 사건에 대한 기억을 새롭게 한다는 것을 말하기도 한다. 아르테미시아는 왕의 죽음은 슬픈 일이고 또한 죽음을 슬퍼해야 한다는 신념을 항상 유지했기 때문에, 오랜 시간이 흘렀음에도 불구하고 왕의 죽음에 대한 기억을 새롭게 지녔으며, 자신이 죽을 때까지 비탄에서 벗어날 수 없었다. 아르테미시아의 경우 새롭게 반복되는 슬픔에서 벗어나는 방법은 죽음에 대한 그녀의 잘못된 신념을 떨쳐내는 것이다. 기억이 새롭다는 것은 단순한 시간의 흐름이 슬픔에 대한 처방이 되지 못한다는 것을 잘 보여준다.

앞에서 살펴보았듯이 키케로는 스토아학파의 치료책을 기본적으로 받아들이면서, 당대에 가장 강력한 경쟁자인 에피쿠로스학파의 치료책을 배격하고, 또한 키레네학파의 치료책을 일부 수용한다. 그의 철학이 절충주의적 성격을 강하게 노정하듯이, 그가 지향하는 치료법 역시 절충주의적 성격을 강하게 노정하는데, 다음 인용문은 그의 치료법이 지닌 절충주의적 성격을 잘 보여준다.

어떤 사람들은 위안을 해주는 사람은 오직 하나의 책임이 있다고 주장한다. 고통을 받는 사람에게 지금 일어나고 있는 일이 전혀 악이 아니라고 가르치는 것이다. 이것은 클레안테스의 관점이다. 소요학파를 포함한 다른 사람들은 그것이 큰 악은 아니라고 가르친다. 다른 일단의 사람들, 예를 들어 에피쿠로스를 비롯한 이들은 악으로부터 관심을 돌려 좋은 일에 관심을 가질 것을 주장하며, 또 다른 사람들〔키레네 학파의 사람들〕은 아무것도 기대하는 바와 어긋나지 않았다는 것을 보여주는 것으로 충분하다고 생각한다. 이 외에도 다양한 관점이 많이 존재한다. 크리시포스 역시 자신의 관점에 입각해서 위안의 핵심은 슬퍼하는 사람이 지닌 신념, 즉 자기가 슬퍼하는 것은 마땅하고 정의로우며 적절한 도리라는 신념을 제거하는 것이라고 주장한다. 끝으로 사람에 따라 효과가 있는 방법이 다 다르기 때문에 위에서 언급된 위안의 방법을 모두 사용하는 사람들이 있다. 예를 들어 나는 나의 『위안서』에서 온갖 종류의 방법을 실질적으로 결합해서 하나의 위안론을 구축하고 있다. 나의 마음은 슬픔으로 부풀어 올랐고, 나는 모든 가능한 방법을 시도해야 했기 때문이다(『투스쿨룸』, III. 76).

키케로는 위안에 관한 이론을 여섯 가지로 분류하는데, 여기에는 스토아학파에 속하는 클레안테스의 이론과 크리시포스의 이론, 소요학파의 이론, 에피쿠로스학파의 이론, 키레네학파의 이론, 그리고 자신이 추구하는 절충주의 이론이 포함된다. 키케로는 스토아학파의 이론 중에서 클레안테스의 이론보다 크리시포스의 이론을 적극적으로 옹호하는데, 그의 두 이론에 대한 입장을 다음과 같이 설명할 수 있다. 클레안테스의 관점은 앞에서 논의된 슬픔이 발생하는 과정을 설명하는 삼단논법에서 구성요소 ①을 믿지 않으면 슬픔을 겪지 않게 된다는 것이다. 즉, 죽음은 악이 아니라고 믿는다면 자식의 죽음을 슬퍼할 필요가 없게 된다. 크리시포스의 관점은 구성요소 ①을 믿더라도 구성요소 ②를 믿지 않는다면 슬픔을 겪지 않게 된다는 것이다. 클레안테스의 치료법은 죽음이 악이라고 믿고 있는 현명하지 않은 사람에게는 적용될 수 없고, 죽음이 악이 아님을 이미 알고 있는 현명한 사람에게만 적용될 수 있다는 문제점을 지니게 된다. 크리시포스의 치료법은 클레안테스의 치료법보다는 유효하다. 이 치료법은 친구 파트로클로스(Patroklos)가 살해된 것을 알고 이루 말할 수 없는 슬픔에 빠진 아킬레우스(Achilleus)를 위로하는 데 효과적이다. 친구를 잃은 아킬레우스에게 죽음은 악이 아니라는 것을 말하면서 슬퍼할 필요가 없다고 위로하는 것은 아무 소용도 없다. 그를 위로하는 방법은 '친구의 죽음을 슬퍼하는 것은 적절하다(appropriate)'라는 신념이 오류라고 지적하는 것이다. 아킬레우스의 경우 크리시포스적 치료법은 임시적이고 전략적이라고 할 수 있다. 아킬레우스가 정신적 안정을 찾았을 때 '죽음은 악이 아니다'라는 신념을 심어주는 것은 더욱 근본적인 처방이라고 할 수 있다.

키케로는 크리시포스의 치료법이 좀 더 보편적이고 효과적으로 사용될 수 있다고 본다. 소크라테스에게 덕이 부족하다고 지적받아 수치심에 빠져 눈물을 흘리고 있는 알키비아데스(Alkibiades)의 경우, 덕의 부족함은 악이 아니니 슬퍼할 필요가 없다는 식의 클레안테스 치료법은 적용될 수 없다. 왜냐하면 덕의 부족은 분명히 악이기 때문이다. 알키비아데스를 위안하기 위해서는 '수치심을 느낄 때 우는 것은 적절하다'는 신념이 잘못되었음을 가르쳐주어야 하는데, 이런 신념 대신 '덕의 부족에서 수치심을 느꼈다면 덕을 채우는 노력을 하는 것이 적절하다'는 신념을 새로 심어준다면 알키비아데스는 슬픔에서 벗어날 수 있을 것이다.[17]

그러나 한편으로 키케로는 크리시포스의 치료법은 당사자가 당장 큰 슬픔에 휩싸여 있을 때는 적용하기가 쉽지 않다고 지적한다. 슬퍼하고 있는 사람에게 슬픔은 적절하지 않다고 설득하는 것은 어려운 일이라는 것이다. 크리시포스는 '감정이 격화되어 있을 때(inflammation)' 특별한 치료를 시도하지 않을 것을 권장했다. 키케로는 크리시포스의 치료법을 적극적으로 옹호했지만, 그의 치료법을 무조건적으로 따르지는 않았다. 키케로는 딸 툴리아를 잃은 슬픔을 이겨내기 위해, '감정이 아직 생생할 때는 치료책을 쓰지 말라'는 크리시포스의 말을 어기면서 합리적 논증이 가진 힘을 사용해 자신의 정신적 고통을 치료하려고 시도했다. 즉, 키케로는 다른 철학자들이 쓴 위로에 관한 서적을 읽고, 또한 자기 자신에게 보내는 글인 『위안서』를 저술하는 등의 행위를 통해서 합리적 성찰을 수행함으로써 슬픔을 극복하려고 했고 어느 정도 성공을 거뒀던 것이다.

---

17 알키비아데스의 경우는 '회개자의 역설(penitent's paradox)'을 잘 보여준다. 이에 관해서는 White(1995: 243~246)를 참조하기 바란다.

2) 공포, 환락, 욕망의 치료에 관하여

키케로는 『투스쿨룸』 4권에서 네 가지 기본 감정 중 슬픔을 제외한 나머지 세 감정, 즉 공포, 환락, 욕망에 대한 처방을 제시한다. 그는 논의에 앞서 스토아학파의 정의에 따라, 네 가지 감정을 더욱 자세하게 분류해 32가지 이상의 세부 감정을 정의한다. 슬픔은 14가지 이상의 세부 감정으로 분류되며, 공포는 8가지, 환락은 3가지 이상, 욕망은 7가지 이상의 세부 감정으로 분류된다(『투스쿨룸』, IV. 16).[18] 키케로는 모든 감정은 '통제의 상실(loss of control)'에서 비롯된다고 본다. 통제의 상실은 올바른 이성에 대한 반항이며 영혼의 충동(impulse)을 지도하거나 제한할 수 없는 상태를 의미한다. 자기 통제(self-control)는 정신의 판단을 고려하고 유지하면서, 충동을 달래고 올바른 이성에 복종시키는데, 자기 통제를 할 줄 아는 사람이 바로 영혼의 치료사인 것이다. 키케로는 영혼의 병을 치료하기 위해서는 무엇보다도 먼저 덕을 함양해야 한다고 강조한다.

> 내 주제는 덕이다. 이 주제는 이전부터 그래왔고 이후에도 자주 그럴 것이다. 왜냐하면 대부분의 윤리적 탐구는 덕을 그 원천과 출발점으로 여기기 때문이다. 그렇다면 덕은 영혼의 일관되고 조화로운 상태이고, 그 소유자를 칭송의 대상으로 만들며, 그 유용성을 고려하지 않더라도 그 자체로서 칭송받을 가치가 있다. 덕으로부터 모든 명예로운 행위가 나온다. 이 명예

---

18 그레이버는 스토바이우스가 세부 감정을 30가지로 나눈다고 지적한다(Graver, 2007: 55~56).

로움은 의지, 연설, 행동, 올바른 추론에서 나타난다. 진실로 가장 정확한 형식에서 덕은 올바른 이성이라고 규정지어 말할 수 있다.

이렇게 정의된 덕에 대립되는 것이 '결함(faultiness)'이다. …… 결함에서 감정이 발생하는데, …… 이 감정은 사납고 동요된 영혼의 움직임이다(『투스쿨룸』, IV. 34).

키케로가 『투스쿨룸』 3권에서는 슬픔의 치료라는 주제로 스토아학파의 관점에서 주로 에피쿠로스학파의 치료법을 공격했다면, 4권에서는 '덕의 함양'이라는 주제를 내세우면서 소요학파의 치료법을 공격한다. 스토아학파의 덕을 지닌 현자는 감정 기복에 시달리지 않으며 행복하다. 이러한 현자는 스토아주의의 이상이라고 할 수 있다. 스토아학파 이외에, 덕을 강조하는 중요한 학파가 소요학파인데, '중용'을 가장 핵심적인 덕목으로 생각하는 소요학파는 영혼의 병을 치료하기 위해 감정을 어느 정도 제한해 '적당한 양의 감정'을 지닐 것을 주장한다. 이것은 감정을 뿌리째 뽑아야 한다는 스토아학파의 치료법과 대비된다. 소요학파는 감정을 중용적으로 사용할 수 있다고 주장한다. 감정이 어떤 한계 안에서는 유용성을 지닌다는 것이다. 소요학파는 군인이 용감하게 싸우기 위해서는 어느 정도의 분노(anger)가 필요하며, 웅변가가 청중을 설득하기 위해서는 짐짓 분노에 찬 것처럼 쇼를 벌이는 것이 필요하다는 예를 들면서 적절한 양의 감정은 덕의 실현을 위해 필수적인 것이라고 강조한다.

그러나 키케로는 적절한 정도의 감정이 유용성을 지녔고, 그 유용성을 잘 활용해야 한다는 소요학파의 주장은 수용될 수 없는 것이라고 반박한다. 키케로는 소요학파의 주장을 반박하기 위해 감정을 완전히 제압했던 인물들의 예를 든다. 싸움을 앞둔 아이아스(Aeas)와 헥토르 (Hector)는 서로 조용히 말했고, 싸움 중에도 분노에 차 있지 않았으며, 로마 장군인 스키피오 아프리카누스, 그리스 영웅 헤라클레스, 아테네 장군 테세우스(Theseus) 모두 분노라는 감정에서 촉발된 용기가 아니라 이성과 덕에 근거한 진정한 용기를 가지고 전쟁에 임했다는 것이다. 키 케로 역시 자신도 그러한 용기를 카틸리나의 난 때 보여줬다고 말한다. 또한 웅변가들 역시 흥분하는 것은 적절하지 못하며, 오히려 그들은 침 착하고 평정한 마음으로 자신의 웅변술을 발휘해야 설득에 성공할 수 있다고 말한다. 결론적으로 키케로는 소요학파의 주장과는 달리 감정 은 송두리째 파헤쳐버려야 한다고 단언한다.

키케로는 소요학파의 이론을 배격한 후, 각 감정에 대한 개별적인 처방이 필요하다고 주장하면서, 슬픔, 공포, 환락, 사랑, 분노의 다섯 가 지 감정에 대한 치료법을 간단하게 제시한다. 그의 처방은 기본적으로 크리시포스의 이론에 근거하며, 3권에서 논의한 슬픔에 대한 처방이 그 모델이 된다(『투스쿨룸』, IV. 59~62). 우선, 키케로는 슬픔과 공포에 대 한 처방을 다음과 같이 내린다.

공포는 슬픔과 밀접하게 관련되어 있다. 슬픔이 현재의 악에 관련된 것이 라면 두려움은 미래의 악에 관련된 것이기 때문이다. 슬픔에 대한 치료법 은 두려움에 대한 치료법으로도 유효하다. 치료사는 공포라는 감정 자체 가 얼마나 불안정하고, 약하고, 가련한 것인지를 지적해야 하며, 두려움 의 대상이 얼마나 하찮은 것인지를 말해줘야 한다. 두려움의 가장 큰 대 상은 죽음과 고통이기 때문에, 이에 대한 논의 역시 두려움을 극복하는 데 큰 도움이 된다(『투스쿨룸』, IV. 64).

이어서 키케로는 환락과 욕망에 대한 처방으로 도덕적 신중함 (moral seriousness)을 제시한다.

사람들이 좋은 것이라고 여기는 사물(관직, 부, 쾌락, 기타 등등)을 소유하는 데에서 지나친 기쁨을 누리는 것을 환락이라고 한다. 환락 속에서 정신이 방만해지는 것은 슬픔 속에서 영혼이 수축하는 것이 결함이듯이 이 또한 결함이다. 욕망이 대상을 향해 뻗치는 데서 도덕적 신중함의 결여를 보여주듯이, 환락은 대상을 소유하는 데서 도덕적 신중함의 결여를 보여준다(『투스쿨룸』, IV. 66).

분노는 욕망의 일종으로 "자신에게 부정의하게 해악을 끼쳤다고 생각되는 사람에게 복수하고자 하는 욕망"으로 정의되는데(『투스쿨룸』, IV. 21) 이에 대한 처방으로, 화난 당사자가 자신을 통제할 수 있을 때까지 주위 사람이 조치해야 한다고 말한다.

화가 난 사람이 다른 사람을 공격하려고 할 경우, 우리는 이 사람이 자신을 수습하기 전까지 다른 사람을 격리해야 한다. …… 또 복수를 하려고 할 경우, 분노가 사라지기 전까지 이들을 달래야 한다(『투스쿨룸』, IV. 78).

키케로는 위의 네 가지 기본 감정 이외에 사랑이란 감정에 처방을 내리는데 이는 특이하다고 할 수 있다. 왜냐하면 그는 사랑을 32가지의 세부 감정에 포함시키지 않기 때문이다. 키케로는 에피쿠로스의 입장을 전면적으로 배격해왔지만, 예외적으로 사랑에 대해서는 부정적 평가를 하는 에피쿠로스의 입장에 동조한다. 키케로는 일단 동성애를 옹호하는 플라톤이나 스토아학파에 대해 부정적인 평가를 내린다. 나아가 욕망에서 기인하는 남녀 간의 사랑은 사소하고, 경멸스럽고, 가치가 없는 것이며, 어디에서나 채울 수 있고 여러 가지 방법으로 채울 수 있는 그런 욕망이며, 그것 없이도 살 수 있는 그런 성격을 지닌 것이라고 기술한 후, 사랑이 지닌 가장 중요한 특색을 그것이 지닌 '광기'로 규정한다. 사랑이 지닌 이 광적인 성격은 인간의 자발적인 의견이나 판단에 기인하는 것이기 때문에, 스토아학파의 처방에 따라 의견이나 판단을 바꾼다면 인간은 광적인 사랑의 횡포에서 벗어날 수 있다고 키케로는 제안한다.

키케로는 죽음, 고통, 슬픔을 포함한 영혼의 병들에 대한 처방을 다룬 1~4권의 주제를 4권의 말미에서 요약하면서 행복의 철학이 지닌 유용성을 다시 한번 강조한다.

> 우리가 철학에서 얻기 원하는 것 가운데 지난 4일 동안 우리가 논의한 것보다 중요하고 유용한 것은 없다는 것을 알아야 한다. 죽음은 가볍게 맞이할 수 있는 것으로, 또한 고통은 견딜 수 있는 것으로 밝혀진 후, 우리는 계속해서 한 인간이 느낄 수 있는 한에서 최악의 것인 슬픔에 대해 위로를 제공하는 방법에 관해 논의했다. …… 그리고 슬픔에 대한 치료 방법이나 영혼의 다른 병에 대한 치료 방법은 똑같다. 그 방법은 모든 병의 원인은 믿음의 문제이며 또한 자발적이라는 것과, 우리가 그 병을 겪게 되는 이유가 그렇게 하는 것이 적절하다고 생각하고 있기 때문이라는 것을 보여주는 것이다. 철학이 제거하겠다고 약속하는 것이 바로 이런 오류인데, 왜냐하면 이런 오류가 소위 모든 악의 근원이기 때문이다. 그러므로 우리 자신을 철학에 내맡겨서 철학이 우리를 치료하도록 하자. 왜냐하

면 이러한 병이 지속되는 한 우리는 행복을 얻을 수 없을 뿐 아니라 건강조차도 얻을 수 없기 때문이다(『투스쿨룸』, IV. 82~84).

키케로는 특히 영혼의 병의 원인은 자발적인 믿음과 사회적인 규범에의 동조라고 재차 지적하면서, 오직 철학만이 영혼의 오류를 제거할 수 있다고 주장하고 있다. 그는 우리가 철학을 배워 우리 스스로가 영혼의 의사가 될 때 정신적 행복은 물론 육체적 건강을 얻을 수 있음을 강조함으로써 철학의 새로운 위상인 '영혼의 치료사로서의 철학'을 새롭게 부각한다.

5. 덕과 행복의 원천으로서의 철학

키케로는『투스쿨룸』1권과 2권에서 주로 플라톤과 아리스토텔레스로 대변되는 전통 철학에 의거해서 죽음과 고통을 극복하는 방법을 제시했고, 3권과 4권에서 주로 스토아학파의 이론에 의거해서 영혼의 병에 대한 치료책을 제시했다. 그러나 그는 스토아학파 추종자가 아니었다. 그는 비록 크리시포스의 치료책에 많이 경도되긴 했지만 어떤 특정한 학파의 치료책에 집착하지 않고 환자가 지닌 개별적인 영혼의 병, 그의 성격, 그가 처해 있는 환경에 따라 필요하면 어떤 학파의 치료책도 복합적으로 사용해도 좋다는 절충주의적 입장을 중시했다. 한마디로 그는 각 개인에게 적합한 '맞춤형 치료책'을 주장했던 것이다. 우리가 여기서 3권과 4권의 논의만 볼 것이 아니라 이 논의를 1권과 2권의 논의와 합쳐서 본다면, 전통 철학과 헬레니즘 철학을 절충하려는 좀 더 거시적인 의미를 지닌 키케로의 절충주의를 확인할 수 있다. 이렇게 절충적이며 포괄적인 철학이 지향하는 것은 다름 아닌 인류의 덕과 행복이다. 1~4권에서 논의된 '영혼의 치료사로서의 철학'은 한층 더 근원적인 '덕과 행복의 원천으로서의 철학'에 포섭된다. 키케로는 5권의 서론 부분에서 덕과 행복의 원천으로서의 철학을 향해 무한한 찬사를 보낸다.

> 오 철학이여, 당신은 삶의 안내자이며 덕의 탐험가, 악의 축출자입니다! 당신이 없었다면 나는 물론 온 인류가 어떻게 되었겠습니까? 당신은 도시를 만들었습니다. 당신은 흩어진 인간의 무리를 불러 모아 사회생활의 유대로 인도했습니다. 우선 그들을 같이 기거하게 했고 다음으로 결혼으로 결합시켰고 그다음으로 공통의 문자와 언어로 결속시켰습니다. 당신은 법의 발견자이며, 도덕과 질서를 가르치는 스승입니다. 나는 당신이 제공하는 안식처로 날아가고, 당신의 도움을 갈구하며, 과거에 당신에게 많이 의존했듯이 이제 당신에게 전적으로 나 자신을 맡깁니다(『투스쿨룸』, V. 5).

여기서 키케로가 말하는 철학은 어떤 특정한 학파를 지칭하는 것이 아니라 전통 철학을 말한다. 그에 따르면, 전통 철학의 가장 큰 특징의 하나는 덕이 행복을 보장한다고 가르친다는 것이다. 그는 다음과 같은 소크라테스의 말을 인용해 자신의 관점을 옹호한다.

> 좋은 사람은 행복하고 사악한 사람은 불행하다는 것이 나의 절대적인 신념이다. …… 행복한 삶을 향유하는 데 기여하는 모든 것이 자기 자신에게만 놓여 있는 사람, 타인의 재산이나 그 반대의 것이 지닌 힘에 흔들리지 않는 사람, 이웃 사람의 성공에 동요되지 않는 사람, 바로 이런 사람이

최상의 삶을 향유할 수 있는 수단을 획득해왔다. 이런 사람은 절제, 용기, 지혜를 갖춘 사람이다(『투스쿨룸』, V. 35~36).

키케로는 덕에 관한 전통 철학의 관점을 받아들이는 학파가 스토아학파, 소요학파, 구아카데미학파인데, 이 세 학파 가운데 오직 덕만이 행복을 보장한다고 주장하는 스토아학파가 다른 학파에 비해 가장 논리적이고 체계적이라고 말한다.

키케로는 덕만이 행복을 보장한다는 스토아학파의 입장에 동조한다. 스토아학파는 고통이 있다는 것을 인정하지만 고통은 악이 아니라 단지 비선호되는 중간적 사물에 불과하기 때문에 덕을 획득하는 데 지장을 초래하지 않는다고 주장한다. 이들은 건강과 부, 병과 가난을 선이나 악으로 부르지 않고, '중간적 사물'이라고 부르며 건강과 부를 '선호되는 중간적 사물'로 병과 가난을 '비선호되는 중간적 사물'로 부른다. 이런 중간적 사물은 최고선의 획득에 영향을 미치지 않는다. 따라서 덕을 지닌 사람은 '항상 행복하게(always happy)' 되며, 덕만이 행복의 원천인 것을 인정할 때 덕을 지닌 사람은 동시에 '최상으로 행복하게(supremely happy)' 된다.[19] 그러나 키케로는 '중간적 사물'이라는 개념을 스토아학파가 애매모호하고 일관되지 않게 사용한다고 비판한다. 그는 제논이 말하듯이 중간적 사물이 행복의 증진에 기여한다면, 이러한 관점은 결국 소요학파의 입장과 다름이 없게 된다고 지적한다.

소요학파는 세 가지 좋음이 존재하며, 이 세 가지 좋음이 모두 갖

---

19 행복에 관한 이 두 가지 구별은 스토아학파, 소요학파, 구아카데미학파의 행복에 관한 관점의 차이를 드러내는 데에 매우 유용하게 사용된다.

취지면 인간은 '최상의 행복'을 누릴 수 있게 된다고 주장한다. 그러나 만일 한 사람이 비록 덕을 갖췄지만 건강이나 재화와 같은 '자연적 재화'를 결여한다면 그 사람은 최상의 행복은 누리지 못하지만 평범한 행복은 누릴 수 있다고 소요학파는 주장한다. 키케로는 소요학파의 행복에 관한 주장이 논리적으로 문제가 있음을 지적한다. 첫째, 행복은 그 자체로 충분하고 완전한 것이기 때문에, 최상의 행복이니 평범한 행복이니 등을 거론하면서 행복의 정도 차를 인정하는 논리는 잘못되었다는 것이다. 둘째, 덕은 인간의 노력으로 획득할 수 있지만, 건강이나 재화는 우연이나 행운에 의존하는 외부적 자연재이고 그래서 인간의 의지나 노력으로 획득할 수 없기 때문에, 덕 외에 좋음을 인정하면 행복은 인간의 의지를 벗어난 영역에 존재하게 되는 결과가 초래된다는 것이다. 소요학파가 주장하는 최상의 행복을 누리기 위해서는 의지가 아닌 행운이 뒷받침해야 한다는 아이러니한 결론이 도출된다. 셋째, 건강과 부가 좋음이라면 그 반대가 되는 병과 가난은 악이라고 할 수 있는데, 덕이 있는 사람이라도 병마와 가난에 시달린다면 그 사람이 항상 행복하고 또한 평범한 행복을 누린다고 보기 어렵다는 것이다. 키케로는 이러한 논리적 모순을 지닌 소요학파의 행복 이론을 외부적 자연재의 존재를 인정하지 않는 스토아학파의 이론보다 열등한 것으로 평가한다.

구아카데미학파에 속하는 안티오코스는 세 가지 좋음에 관한 소요학파의 주장을 수용하면서, 덕은 그 자체만으로 행복한 삶은 보장하지만 최상의 삶은 보장하지 못하며, 콩밭에 잡초가 섞여 있어도 우리가 그 밭을 콩밭이라고 부르듯이, 대체적으로 행복한 상태를 행복이라고 부를 수 있다고 주장한다. 키케로는 안티오코스를 두 가지 면에서 비판한다. 첫째, 행복에 정도의 차이를 인정하는 것은 잘못되었다는 것이며, 둘째, 병이나 가난이라는 악이 덕 있는 사람을 침범했을 때, 덕이 병이나 가난에 비해서 지배적이라고 해서 이 사람을 행복하다고 말할 수 없다는 것이다.

키케로는 스토아학파의 논리 체계와 소요학파의 논리 체계가 모두 일관성을 결여한다고 비판하지만, 행복에 기여하는 요소로 원칙적으로 한 가지 좋음만을 인정하는 스토아학파가 세 가지 좋음을 인정하는 소요학파보다 일관성이 높다는 것을 인정한다. 그러나 키케로는 스토아학파의 논리적 우월성에 대한 자신의 인정이 완전히 긍정적이지 않다는 것을 보여주기 위해서 『투스쿨룸』 5권에서 화자 A로 하여금 "키케로가 『최고선과 최고악』에서는 스토아학파가 사용하는 중간적 사물이라는 '복잡한 조어'를 제거하고 나면 그 주장하는 바가 소요학파와 동일하다고 말하고 나서 지금 여기에서 스토아학파의 논리 체계가 좀 더 일관적이라고 주장하는 것은 모순되는 것이 아니냐?"라고 반문하게 한다. 이에 키케로는 자신은 규칙에 얽매인 교조주의자가 아니며 항상 그럴듯한 진리를 추구하는 자유로운 존재임을 내세워, 이러한 변화는 자신이 논리적 모순을 지닌다는 것을 보여주는 것이 아니라 새로운 관점으로 변화하는 데 항상 열려 있는 자신의 태도를 반영하는 것이라고 강조한다(『투스쿨룸』, V. 32~33).

키케로는 에피쿠로스학파에 대한 비판 또한 잊지 않는다. 에피쿠로스는 현자는 극심한 고통 속에서도 행복하다고 말하는데, 이러한 그의 말은 고통을 유일한 최고의 악으로 인정하는 그의 이론 체계에 비추어볼 때 모순적이라는 것이다. 즉, 에피쿠로스의 쾌락이론을 논리적으로 분석해보면 팔라리스의 황소 속에 들어간 현자는 결코 행복할 수 없다고 드러난다는 것이다.

그러나 키케로는『투스쿨룸』5권의 82부터 고통에 대한 처방을 제시하는 에피쿠로스학파의 주장을 자신의 논의 전개에 전면적으로 활용한다. 여기서 키케로는 전략적으로 에피쿠로스의 처방을 전면으로 내세우는데, 그의 의도는 "만약 덕을 경멸하는 에피쿠로스의 현자가 고통을 극복할 수 있다면, 덕을 중시하는 소요학파의 현자는 좀 더 쉽게 고통을 극복할 수 있음"을 보여주는 것이다. 키케로는 5권 82부터 에피쿠로스학파의 틀 속에서도, 인간이 지닌 욕망(음식, 명성)과 공포(추방, 신체적 결함)가 해소될 수 있다는 것을 보여준다.

에피쿠로스는 욕망을 세 가지로 분류하는데, 그것은 '자연적이며 필요한 욕망'과 '자연적이지만 불필요한 욕망', '자연적이지도 않고 필요하지도 않은 욕망'이다. 에피쿠로스는 음식에 대한 욕망은 자연적이며 필요한 욕망으로 본다. 자연적이며 필요한 욕망은 쉽게 만족된다. 그렇기 때문에 에피쿠로스학파의 현자는 소박한 음식에 만족한다. 키케로는 소크라테스가 저녁을 맛있게 먹기 위해서 운동을 했다는 일화, 페르시아인이 빵과 야채만으로 식사를 했다는 일화 등을 소개하면서, 음식에 대한 욕망은 쉽게 극복될 수 있음을 보여준다. 명성이나 추방에 관해서 키케로는 에피쿠로스학파를 언급하지 않고 처방을 제시한다. 그는 명성을 얻어 우쭐대는 데모스테네스(Demosthenes)와 명성에 개의치 않는 데모크리토스를 예로 들면서, 현자는 데모크리토스처럼 대중의 박수갈채에 연연해하지 않는다고 말한다. 추방에 관해서 키케로는 이것이 불행의 원인이 될 수 없다고 말한다. 추방의 실질적 의미는 외국에서 산다는 것을 뜻하는데, 수많은 유명한 철학자들은 (예를 들면 크세노크라테스, 아르케실라오스, 아리스토텔레스, 제논, 크리시포스, 안티오코스

등) 자신의 고향이 아닌 이국땅인 아테네에서 행복하게 살았다는 것이다. 에피쿠로스는 눈이 멀고 귀가 먹는 등의 신체적인 결함이 행복에 장애가 되지 않는다고 주장했는데, 키케로 역시 디오도투스, 데모크리토스, 호메로스(Homeros)는 모두 장님이었지만 불행하지 않았으며, 귀먹은 사람은 시 낭송을 듣는 대신 책을 읽는 데서 좀 더 큰 쾌락을 느낄 수 있다고 지적한다. 만약 위에서 거론된 모든 고통이 한 사람에게 겹칠 경우, 이 사람은 고통을 참을 수 있다면 참고, 고통이 인내의 범위를 벗어난 경우 '자살'을 택하면 된다고 키케로는 처방을 내린다.[20]

키케로는 『투스쿨룸』의 마지막 부분에서 덕과 행복의 관계에 대한 세 학파(스토아학파, 소요학파, 구아카데미학파)의 윤리학설의 최종 심판자로 카르네아데스를 내세운다. 카르네아데스는 신아카데미학파의 추종자로 스토아학파의 이론, 특히 크리시포스의 이론에 대해 강력한 비판을 전개한 철학자인데, 그는 세 학파가 윤리 이론을 전개하며 각각 사용하는 전문용어는 다르지만, 그 실질적인 내용은 별로 다르지 않다는 판단을 내린다. 스토아학파에 항상 비판적이었던 카르네아데스가 스토아학파를 인정하는 이런 판단을 내리는 것을 보여줌으로써, 키케로는 스토아학파의 윤리학이 지닌 우월성을 정당화하는 것이다.

---

20 앞에서 논의했지만, 키케로는 고통에 대한 처방을 다루는 2권에서 자살을 고통에 대한 하나의 처방으로 제시한다.

6. '영혼 돌봄'의 철학과 정치

『투스쿨룸』에 대한 연구에서 주목할 만한 두 가지 경향이 있다. 그 한 가지는 이 대화편 3권과 4권을 중심으로 논의를 전개해 철학이 지닌 영혼치료학적 성격을 강조하는 연구 경향이다. 그레이버의 연구가 대표적이라고 할 수 있다. 다른 하나는 대화편의 각 권에 기술된 서론을 깊게 분석해, 키케로가 그리스의 전통 철학을 대신해 새로운 로마 철학과 '로마 교육'의 필요성을 주창한 것을 강조하는 연구 경향이다. 길든하드가 이러한 연구 경향을 새롭게 제시한다.[21] 어떤 연구 경향에 강조점을 두는가에 따라 키케로의 저술 의도는 다르게 해석된다. 또한 『투스쿨룸』에 대한 평가도 극과 극을 오가는데, '아주 보기 드문 진품 명작(a genuine rarity)', '경악과 낙담'의 대상, '명작이 아닌 작품' 등 아주 상반적인 평가가 존재한다.[22] 길든하드는 새로운 '로마 교육'의 형식과 내용이 제시되었다는 측면에서 이 대화편을 심원한 독창성을 지닌 작품으로, 또한 키케로의 작품 중에서 정점에 위치하며 분수령이 되는 작품으로 평가한다.

길든하드와 그레이버의 입장을 우리가 앞에서 쓴 용어를 사용해 다시 정리해본다면, 전자는 '철학적 교육'을 중시하는 입장으로, 후자는 '철학적 치료'를 중시하는 입장으로 규정할 수 있다. 영혼의 교육이 영

---

21 바라즈 역시 키케로 연구에서 서론에 대한 분석이 대단히 중요하다는 점을 강조한다 (Baraz, 2012: 5~8 참조).

22 길든하드는 진품 명작으로, 맬컴 쇼필드는 경악과 낙담의 대상으로, 괴클러는 명작이 아닌 작품으로 각각 평가한다. 이 대화편에 대한 다양한 평가에 관해서는 Gildenhard (2007: 1~3)를 참조하기 바란다.

혼의 치료를 포함하는 광의의 개념이라면, 결국 『투스쿨룸』은 교육에 관한 작품으로 자리매김할 수 있다. 우리는 헬레니즘 철학자들에게서 교육에 대한 관심이 보편적이고 핵심적으로 자리 잡고 있다는 것을 발견할 수 있는데, 키케로 역시 이러한 전통을 답습하는 모습을 보여준다. 그러나 키케로를 포함한 헬레니즘 철학자들이 원했던 교육은 플라톤이 『국가』에서 기획했던 정치제도의 혁신과 관련된 거대한 교육 프로젝트 같은 것은 아니었다. 그들은 공적이고 정치적인 차원에서 제도적 변화를 야기할 수 있는 거대 교육 프로젝트보다는, 사적이고 윤리적인 차원에서 개인적 변화를 불러올 수 있는 맞춤형 교육 프로젝트를 추구했다. 그들은 정치를 개인의 욕망이나 신념에 맞춰 공동선을 제공하는 원천으로 변화시키기를 추구했다기보다는, 정치에 직접적으로 의존하지 않고서도 개인이 사적 차원에서 행복해질 수 있도록 개인이 지닌 욕망이나 신념을 새롭게 교육할 것을 추구했다.

키케로가 주장하는 맞춤형 교육이나 치료는 다른 헬레니즘 학파의 처방에 비해서 개인적인 성격을 강하게 노정한다. 현대 정치사회에서 "개인적인 것이 정치적인 것이다(The personal is political)"라는 것이 하나의 원칙으로 자리 잡은 것을 고려한다면, 개인의 행복을 위해서 맞춤형 처방을 제시하는 키케로의 철학적 시도는 상당히 정치적인 것이라고 평가할 수 있다. 누스바움의 정치에 대한 새로운 규정은 키케로의 시도가 미래의 정치학에서 지닐 중요성을 잘 부각한다.

> 정치는 단순히 일상적인 재화와 직위를 분배하는 일만 하는 것이 아니다. 정치는 영혼 전체, 영혼이 지닌 사랑, 공포, 분노, 젠더 관계, 성적 욕망, 소유와 자식들과 가족들에 대한 태도에 관여한다(Nussbaum, 1994: 504).

누스바움의 주장대로 정치가 영혼의 미세한 양상에 관여해야 한다면, 다시 말해 앞으로 정치가 경제적 분배의 문제보다 철학적·심리적 교육과 치료에 비중을 두어야 한다면, 우리는 키케로의 『투스쿨룸』에서부터 그 답을 찾아가야 할 것이다.

에필로그

키케로는 자신의 철학 세계를 『예언에 관하여』 2권의 서론에서 밝힌
다. 여기서 키케로는 헬레니즘 철학과 관련된 주요 작품인 『아카데미
의 회의주의』·『최고선과 최고악』·『투스쿨룸』·『신들의 본성』, 정치
철학에 관련된 작품인 『국가에 관하여』, 수사학에 관련된 3부작인 『웅
변가에 관하여』·『브루투스』·『웅변가』, 그리고 친구 아티쿠스에게 바
친 『노년에 관하여』 등을 간단하게 소개한다. 『법률에 관하여』는 키케
로의 소개에서 빠져 있다. 『예언에 관하여』 이후에 저술된 작품이 『우
정에 관하여』와 『의무에 관하여』인데, 두 작품이 더해져서 키케로의
철학 세계는 완성된다. 키케로의 작품은 초기에는 수사학과 정치철학
에 집중되어 있고, 후기에는 헬레니즘 철학 체계에 집중되어 있다. 또
한 『예언에 관하여』 2권의 서론에 따르면, 키케로가 자신의 철학 세계
를 헬레니즘 철학, 정치철학, 수사학의 세 분야로 나누고 있음을 알 수
있다.

　　이 책에서는 키케로의 철학 세계를 크게 정치철학적 세계(1부)와
헬레니즘 철학 세계(2부와 3부)로 나누고, 또 헬레니즘 철학 세계를 헬
레니즘 철학 체계의 토대인 논리학과 자연학을 다루는 부분(2부)과 그
정점인 윤리학을 다루는 부분(3부)으로 나누어 그의 철학 세계를 해석
하고 분석했다. 첫째, 1부 "정치철학"에서는 정치철학적 세계를 구성하
는 작품에 『국가에 관하여』와 『법률에 관하여』는 물론, 『웅변가에 관

하여』와『의무에 관하여』를 포함해 키케로의 정치철학을 살펴보았다. 끝의 두 작품을 정치철학에 포함시킨 이유는,『웅변가에 관하여』에는 웅변술은 물론, 정치, 법률, 역사, 철학 등에 조예가 깊은 이상적 웅변가는 바로 이상적 정치가라는 주장이 담겨 있고,『의무에 관하여』에서는 시민과 정치엘리트들이 배워야 할 정치교육과 아울러 이들이 준수해야 할 실천윤리학이 주요 주제로 다루어지기 때문이다. 만약『국가에 관하여』와『법률에 관하여』가 완전한 형태로 우리에게 전수되었다면, 우리는 키케로의 정치철학 세계를『웅변가에 관하여』와『의무에 관하여』의 도움을 받지 않고서도 좀 더 완전하게 구축할 수 있었을 것이다. 어쨌거나 이 네 편의 대화편을 유기적으로 연결해 키케로의 정치철학을 조망할 수 있게 한 것은 이 책의 학문적 공헌이라고 할 수 있다.

둘째, 2부 "헬레니즘 철학 체계의 토대: 논리학과 자연학"에서는 헬레니즘 철학 체계의 정점에 위치한 윤리학을 위한 예비 학문인 논리학과 자연학을 각각『아카데미의 회의주의』와『신들의 본성』을 중심으로 파악해보았다.『아카데미의 회의주의』의 분석을 통해 아카데미학파, 소요학파, 스토아학파의 철학 체계를 논리학, 자연학, 윤리학 차원에서 개괄적으로 살펴보았고, 제논으로부터 시작된 스토아학파의 인식론이 무엇인지 살펴본 후 이것이 지닌 문제가 무엇인지를 신아카데미의 회의주의의 관점에서 집중적으로 분석·비판했다. 또한『신들의 본성』의 분석을 통해 에피쿠로스 신학과 스토아 신학의 내용을 소개하고, 두 신학 이론에 대한 신아카데미학파인 코타의 비판을 다루었다. 특히 신의 존재, 신의 본성, 신의 섭리, 인간에 대한 신의 배려에 관한 스토아학파의 신학적 도그마에 대한 코타의 논쟁은 로마시민에게 종교에 대한 근본적 성찰을 불러일으키려는 목적을 지닌다는 것이 지적되었다.

셋째, 3부 "헬레니즘 철학 체계의 정점: 윤리학"에서는 『최고선과 최고악』과 『투스쿨룸』을 중심으로 에피쿠로스학파, 스토아학파, 소요학파의 윤리학을 대상으로 한 키케로의 소개와 비판 및 철학은 영혼치료의 철학, 행복의 철학이 되어야 한다는 그의 주장을 다루었다. 『최고선과 최고악』에 나오는 세 종류의 대화를 다시 둘로 구분해 첫 번째 대화를 중심으로 6장에서 에피쿠로스의 윤리학을 다루었고, 두 번째와 세 번째 대화를 하나로 묶어 7장에서 스토아학파의 윤리학과 소요학파의 윤리학을 함께 다루었다. 키케로는 윤리학이 인간의 행복에 실천적으로 기여해야 한다는 헬레니즘 철학의 전통을 따라, 최고선인 행복에 이르는 과정에서 발생하는 '영혼의 병'에 대한 실천적이고 경험적인 치료 방법을 『투스쿨룸』에서 제시했는데, 철학의 새로운 위상으로서 '행복의 철학'으로서의 위상과 '영혼치료학으로서의 철학'의 위상을 마지막 8장에서 부각했다.

필자는 키케로에게서 정치철학의 세계와 헬레니즘 철학의 세계는 상호보완적이며 서로 결합되어 하나의 철학 세계를 이룬다고 본다. 그는 자신의 철학 세계에서 이상적 정치체제, 이상적 법률, 이상적 웅변가, 이상적 정치가, 이상적 정치교육을 꿈꾼 한편, 논리학, 자연학, 신학, 윤리학 등에서 합리적 이성을 지닌 이상적 시민이 생성되길 바랐다. 그러나 그가 생각했던 이상의 기준은 플라톤과 같이 현실에서 실현 가능성이 낮은 그런 유토피아적 이상이 아니라, 로마공화국에서 실현된 적이 있었거나 실현 가능성이 높았던 그런 실천적 이상이었다. 이런 맥락에서 그는 로마적인 실천적 이상에 접근할 수 있는 중요한 수단으로 교육을 이야기한다.

내가 국가에 제공할 수 있는 봉사로서 청년들을 가르치고 훈련하는 것보다 위대하고 훌륭한 것이 무엇이 있겠는가? 우리의 청년들이 현재의 도덕성 해이로 인해 아주 타락해버렸다는 사실을 특별히 고려한다면 그들을 통제하고 올바른 길로 인도할 최대의 노력이 필요한 것이다(『예언에 관하여』, II. 4~5).

키케로가 정치철학의 세계를 마무리 짓는 『의무에 관하여』에서 정치교육을 논의하고, 신학에 관한 논의가 전개되는 『신들의 본성』에서 로마 청년을 도덕적 타락에서 구하기 위해 종교교육의 필요성을 강조하며, 윤리학에 대한 논의가 마무리되는 『투스쿨룸』에서 개인으로 하여금 자신의 영혼의 병을 치료할 수 있는 영혼의 의사가 되게 하는 철학 교육을 중요시하는 것은 키케로가 자신의 철학에서 교육의 역할을 얼마나 높게 평가하고 있는지를 잘 보여준다.

키케로가 '로마인 플라톤'이라고 평가받는다는 점은 그가 그리스 철학과 로마 철학을 절충한다는 점을 보여준다. 그의 절충주의는 그의 철학 세계가 지닐 수 있는 약점과 강점을 동시에 보여준다. 만일 그가 '정신없는 절충주의(mindless eclecticism)'를 노정한다면 그는 몸젠의 비판을 피할 수 없다. 그러나 만일 그가 로마의 전통을 살리는 입장에서 의도적으로 절충주의를 택한 것이라면, 그의 절충주의적 철학은 그리스 철학과는 독립적인 철학으로 존재할 수 있게 된다. 키케로는 독립적인 철학에 대한 염원을 다음과 같이 표현한다.

더욱이 철학의 연구에서 그리스 저술가들과 독립적으로 존재하게 된다는 것은 로마인의 명성과 영예를 높이는 일이 될 것이며, 만약에 내 현재의 저술 계획이 완성된다면 나는 확실하게 이런 결과를 불러올 수 있다(『예언에 관하여』, II. 5).

키케로의 염원대로 후대 사람이 그의 철학 세계를 독창적이라고 평가해온 것은 아니다. 그에 대한 평가는 부침을 계속해왔다. 닉고스키는 최근 시기를 '키케로에 대한 더 큰 존경의 시대(a period of greater respect for Cicero)'로 말하면서, 키케로의 한 마디 한 마디에 세심하게 주의를 기울이고 그 말의 의미를 신중하게 해석하려는 방법론에 의존해서 키케로의 독창성을 찾아내려는 연구 경향이 심화되고 있다고 강조해 말한다(Nicgorski, 2012: 6~7). 키케로는 다양한 철학 학파가 유행하던 헬레니즘 시대에 "나 홀로 자유롭다"고 외쳤다. 필자는 그의 자유로움 속에 그의 독창성이 존재한다고 생각한다. 키케로에 대한 편견에서 벗어나 우리 각자가 "나 홀로 자유롭다"는 관점에서 키케로를 볼 때, 그의 철학 세계가 좀 더 명백하게 드러날 것이다.

참고문헌

곽준혁. 2007. 「키케로의 공화주의」. ≪정치사상연구≫, 13집 2호, 132~154쪽.

게레로(Hernàndes Guerrerro)·테헤라(Garcia Tejera). 2001. 『수사학의 역사』. 강필운 옮김. 서울: 문학과 지성사.

김용민. 1995. 「플라톤의 정치철학」. 김영국 외. 『레오 스트라우스의 정치철학』. 서울: 서울대학교 출판부.

_____. 2000. 「정치에 있어서 정의와 우정: 플라톤과 크세노폰」. ≪한국정치학회보≫, 34집 3호, 27~47쪽.

_____. 2007. 「키케로의 정치철학: 『국가에 관하여』와 『법률에 관하여』를 중심으로」. ≪한국정치연구≫, 16집 1호, 1~33쪽.

_____. 2008. 「키케로에 있어서 수사학과 정치」. ≪한국정치연구≫, 17집 1호, 217~239쪽.

_____. 2009. 「키케로와 헬레니즘 정치철학: 『아카데미의 회의주의에 관하여』에 나타난 인식론을 중심으로」. ≪한국정치연구≫, 18집 2호, 95~126쪽.

_____. 2010. 「『최고선과 최고악에 관하여』에 나타난 스토아학파의 윤리학과 구아카데미학 파의 윤리학」. ≪한국정치연구≫, 19집 3호, 169~192쪽.

_____. 2011. 「키케로의 에피쿠로스 윤리학 비판: 『최고선과 최고악에 관하여』를 중심으로」. ≪한국정치연구≫, 20집 3호, 239~262쪽.

_____. 2011. 「키케로: 고대정치철학과 근대정치철학의 가교」. 전경옥 엮음. 『서양 고대·중세 정치사상사』. 서울: 책세상.

_____. 2012. 「에피쿠로스신학과 스토아신학에 관한 비판적 검토: 키케로의 『신들의 본성에 관하여』를 중심으로」. ≪한국정치연구≫, 21집 3호, 271~295쪽.

_____. 2013. 「행복의 철학과 영혼치료학으로서의 철학의 위상정립을 위한 키케로의 시도: 『투스쿨룸에서의 대화』를 중심으로」. ≪정치사상연구≫, 19집 2호, 99~130쪽.

_____. 2016. 「키케로에 있어서 이상적 정치가와 정치교육: 『웅변가에 관하여』와 『의무에 관하여』를 중심으로」. ≪정치사상연구≫, 22집 2호, 99~122쪽.

디오게네스 라에르티오스(Diogenes Laertius). 2008. 『그리스철학자열전』. 전양범 옮김. 서울: 동서문화사.

롱, 앤서니(Anthony A. Long). 2000. 『헬레니즘 철학』. 이경직 옮김. 서울: 서광사.

박규철. 2003. 『플라톤이 본 소크라테스의 도덕·정치철학』. 서울: 동과서.

세네카(Seneca). 2010. 『세네카 인생론』. 김천운 옮김. 서울: 동서문화사.

세이빈(George H. Sabine)·솔슨(Thomas L. Thorson). 2005. 『정치사상사』 1. 성유보·차남희 옮김. 파주: 한길사.

양태종. 2003. 『수사학 이야기』. 부산: 동아대학교 출판부.

에버릿, 앤서니(Anthony Everitt). 2003. 『로마의 전설: 키케로』. 김복미 옮김. 서울: 서해문집.

위딩, 게르트(Gert Ueding). 2003. 『고전수사학』. 박성철 옮김. 서울: 동문선.

조남진. 2008. 『헬레니즘 지성사』. 서울: 신서원.

키케로(Cicero). 1989. 『의무론』. 허승일 옮김. 서울: 서광사.

_____. 1999. 『최고선악론』. 김창성 옮김. 서울: 서광사.

_____. 2004. 『화술의 법칙』. 양태종 옮김. 서울: 유로.

_____. 2005. 『노년에 관하여, 우정에 관하여』. 천병희 옮김. 고양: 숲.

_____. 2006. 『화술의 법칙』. 양태종 옮김. 서울: 유로.

_____. 2006. 『수사학: 말하기의 규칙과 세계』. 안재원 편역. 서울: 길.

_____. 2007. 『생각의 수사학: 대중을 상대로 말하는 방법』. 양태종 옮김. 서울: 유로.

_____. 2007. 『국가론』. 김창성 옮김. 파주: 한길사.

_____. 2007. 『법률론』. 성염 옮김. 파주: 한길사.

_____. 2012. 『신들의 본성에 관하여』. 강대진 옮김. 파주: 나남.

_____. 2013. 『연설가에 대하여』. 전영우 옮김. 서울: 민지사.

_____. 2014. 『투스쿨룸 대화』. 김남우 옮김. 서울: 아카넷.

_____. 2015. 『설득의 정치』. 김남우 외 옮김. 서울: 민음사.

허승일 외. 2006. 『인물로 보는 서양고대사』. 서울: 도서출판 길.

호센펠더, 말테(Malte Hossenfelder). 2011. 『헬레니즘 철학사』. 조규홍 옮김. 서울: 한길사.

Algra, Keimpe, Jonathan Barnes, Jaap Mansfeld and Malcolm Schofield(eds.). 2005. *Hellenistic Philosophy*. Cambridge: Cambridge University Press.

Annas, Julia E. 1992. *Hellenistic Philosophy of Mind*. Berkeley and Los Angeles, CA.: University of California Press.

Aristotle. 1984. *Rhetoric in The Complete Works of Aristotle*. edited by Jonathan Barnes. Princeton: Princeton University Press.

Asmis, Elizabeth. 2005. "Epicurean Epistemology." in Keimpe Algra, Jonathan Barnes, Jaap Mansfeld and Malcolm Schofield(eds.). *Hellenistic Philosophy*. Cambridge: Cambridge University Press.

Atkins, E. M. 2000. "Cicero." in Christopher Rowe and Malcolm Schofield(eds.). *Greek and Roman Political Thought*. Cambridge: Cambridge University Press.

Bailey, D. R. Shackleton. 1971. *Cicero*. New York: Charles Scribner's Sons.

Baraz, Yelena. 2012. *A Written Republic: Cicero's Philosophical Politics*. Princeton: Princeton University Press.

Barlow, J. Jackson. 2012. "Cicero on Property and the State." in Walter Nicgorski(ed.). *Cicero's Practical Philosophy*. Notre Dame: University of Notre Dame Press.

Barnes, Jonathan, Susanne Bobzien and Mario Mignucci. 2005. "Logic." in Keimpe Algra, Jonathan Barnes, Jaap Mansfeld and Malcolm Schofield(eds.). *Hellenistic Philosophy*. Cambridge: Cambridge University Press.

Brittain, Charles. 2006. *Cicero On Academic Scepticism*. Indianapolis: Hackett Publishing Company, Inc.

Brunschwig, Jacques. 2005. "Introduction: the beginning of Hellenistic epistemology." in Keimpe Algra, Jonathan Barnes, Jaap Mansfeld and Malcolm Schofield(eds.). *Hellenistic Philosophy*. Cambridge: Cambridge University Press.

Brunschwig, Jacques and David Sedlely, 2009. "Hellenistic Philosophy." in David Sedley(ed.). *Greek and Roman Philosophy*. Cambridge: Cambridge University Press.

Cambiano, Giuseppe. 2005. "Philosophy, science and medicine." in Keimpe Algra, Jonathan Barnes, Jaap Mansfeld and Malcolm Schofield(eds.). *Hellenistic Philosophy*. Cambridge: Cambridge University Press.

Cicero. [55 B.C.]1967. *De Oratore*. translated by E. W. Sutton. Cambridge, MA.: Harvard University Press.

_____. [55 B.C.]2001. *On the Ideal Orator*. translated by James M. May and Jakob Wisse. Oxford: Oxford University Press.

_____. [54~51 B.C.]1970. *De Re Publica and De Legibus*. translated by Clinton W. Keyes. Cambridge, MA.: Harvard University Press.

_____. [46 B.C.]1971. *Brutus*. translated by G. L. Hendrickson. Cambridge, MA.: Harvard University Press.

_____. [46 B.C.]1971. *Orator*. translated by H. M. Hubbell. Cambridge, MA.: Harvard University Press.

_____. [45 B.C.]1972. *Academica*. translated by H. Rackham. Cambridge, MA.:

Harvard University Press.

_____. [45 B.C.]1967. *De Finibus Bonorum Et Malorum*. translated by H. Rackham. Cambridge, MA.: Harvard University Press.

_____. [45 B.C.]2001. *On Moral Ends*. edited by Julia Annas and translated by Raphael Woolf. Cambridge: Cambridge University Press.

_____. [45 B.C.]1971. *Tusculanae Disputationes*. translated by J. E. King. Cambridge, MA.: Harvard University Press.

_____. [45 B.C.]1990. *Tusculan Disputations II & V*. translated by A. E. Douglas. Warminster, England: Aris & Philllips Ltd.

_____. [45 B.C.]1972. *De Natura Deorum*. translated by H. Rackham. Cambridge, MA.: Harvard University Press.

_____. [45 B.C.]2008. *The Nature of the Gods*. translated by P. G. Walsh. Oxford World's Classics. Oxford: Oxford University Press.

_____. [44 B.C.]1971. *De Devinatione*. translated by William Armistead Falconer. Cambridge, MA.: Harvard University Press.

_____. [44 B.C.]1971. *Cato Maior de Semectute*. translated by Wiliam Armistead Falconer. Cambridge, MA.: Harvard University Press.

_____. [44 B.C.]2004. *De Fato*. translated by H. Rackham. Cambridge, MA.: Harvard University Press.

_____. [44 B.C.]1971. *Laelius de Amicitia*. translated by Wiliam Armistead Falconer. Cambridge, MA.: Harvard University Press.

_____. [44 B.C.]2005. *De Officiis*. translated by Walter Miller. Cambridge, MA.: Harvard University Press.

_____. [44 B.C.]2007. *On Duties*. edited by M. T. Griffin and E. M. Atkins. Cambridge: Cambridge University Press.

Diogenes Laertius. 1972. *Lives of Eminent Philosophers*. translated by R. D. Hicks. Cambridge, MA.: Harvard University Press.

Douglals, A. E. 1995. "Form and Content in the Tusculan Disputations." in J. G. F. Powell(ed.). *Cicero the Philosopher: Twelve Papers*. Oxford: Clarendon Press.

Dyck, Andrew R. 1996. *A Commentary on Cicero, De Officiis*. Ann Arbor: The University of Michigan Press.

Erler, Michael and Malcolm Schofield. 2005. "Epicurean ethics." in Keimpe Algra, Jonathan Barnes, Jaap Mansfeld and Malcolm Schofield(eds.). *Hellenistic*

Philosophy. Cambridge: Cambridge University Press.

Everitt, Anthony. 2001. *Cicero: A Turbulent Life*. London: John Murray Publishers.

Fantham, Elaine. 2004. *The Roman World of Cicero's De Oratore*. Oxford: Oxford University Press.

Frede, Michael. 2005a. "Stoic epistemology." in Keimpe Algra, Jonathan Barnes, Jaap Mansfeld and Malcolm Schofield(eds.). *Hellenistic Philosophy*. Cambridge: Cambridge University Press.

_____. 2005b. "Epilogue." in Keimpe Algra, Jonathan Barnes, Jaap Mansfeld and Malcolm Schofield(eds.). *Hellenistic Philosophy*. Cambridge: Cambridge University Press.

Furley, David. 2005. "Cosmology." in Keimpe Algra, Jonathan Barnes, Jaap Mansfeld and Malcolm Schofield(eds.). *Hellenistic Philosophy*. Hellenistic hilosophy. Cambridge: Cambridge University Press.

Gildenhard, Ingo. 2007. *Paideia Romana*. Cambridge: Cambridge University Press.

Görler, Woldemar. 1995. "Silencing the Troublemaker: De Legibus I. 39 and the Continuity of Cicero's Scepticism." in J. G. F. Powell(ed.). *Cicero the Philosopher: Twelve Papers*. Oxford: Clarendon Press.

Graver, Margaret R. 2002. *Cicero on The Emotions*. Chicago: The University of Chicago Press.

_____. 2007. *Stoicism and Emotion*. Chicago and London: The University of Chicago Press.

Holton, James E. 1987. "Marcus Tullius Cicero." in Leo Strauss and Joseph Cropsey(eds.). *History of Political Philosophy*. Chicago: The University of Chicago Press.

Inwood, Brad and Pierluigi Donini. 2005. "Stoic Ethics." in Keimpe Algra, Jonathan Barnes, Jaap Mansfeld and Malcolm Schofield(eds.). *Hellenistic Philosophy*. Cambridge: Cambridge University Press.

Knuuttila, Simo. 2004. *Emotions in Ancient and Medieval Philosophy*. Oxford: Oxford University Press.

Lacey, W. K. 1978. *Cicero and the End of the Roman Republic*. London: Hodder and Stoughton.

Laks, André and Malcolm Schofield(eds.). 1995. *Justice and Generosity: Studies in Hellenistic Social and Political Philosophy*. Cambridge: Cambridge University Press.

Long, A. A. 1986. *Hellenistic Philosophy: Stoics, Epicureans, Sceptics.* Berkeley and Los Angeles: University of California Press.

_____. 1995a. "Cicero's Plato and Aristotle." in J. G. F. Powell(ed.). *Cicero the Philosopher: Twelve Papers.* Oxford: Clarendon Press.

_____. 1995b. "Cicero's Politics in *De Officiis.*" in André Laks and Malcolm Schofield(eds.). *Justice and Generosity.* Cambridge: Cambridge University Press.

_____. 2006. *From Epicurus to Epictetus.* Oxford: Clarendon Press.

_____. 2009. "Roman Philosophy." in David Sedley(ed.). *Greek and Roman Philosophy.* Cambridge: Cambridge University Press.

Lucretius. 2001. *On the Nature of Things.* translated by Martin Ferguson Smith. Indianapolis: Hackett Publishing Company, Inc.

Mansfeld, Jaap. 2005a. "Sources." in Keimpe Algra, Jonathan Barnes, Jaap Mansfeld and Malcolm Schofield(eds.). *Hellenistic Philosophy.* Cambridge: Cambridge University Press.

_____. 2005b. "Theology." in Keimpe Algra, Jonathan Barnes, Jaap Mansfeld and Malcolm Schofield(eds.). *Hellenistic Philosophy.* Cambridge: Cambridge University Press.

May, James M. and Jakob Wisse(trans.) 2001. *Cicero: On the Ideal Orator.* Oxford: Oxford University Press.

Most, Glenn W. 2009. "Philosophy and religion." in David Sedley(eds.). *Greek and Roman Philosophy.* Cambridge: Cambridge University Press.

Nicgorski, Walter(ed.). 2012. *Cicero's Practical Philosophy.* Notre Dame: University of Notre Dame Press.

Nussbaum, Martha C. 1994. *The Therapy of Desire: Theory and Practice in Hellenistic Ethics.* Princeton: Princeton University Press.

Plato. 1968. *Republic.* translated by Allan Bloom. New York: Basic Books. Inc.

_____. 1980. *Laws.* translated by Thomas L. Pangle. Chicago: The University of Chicago Press.

_____. 1982. *Phaedrus.* translated by Harold N. Fowler. Cambridge, MA.: Harvard University Press.

_____. 1983. *Gorgias.* translated by W. R. M. Lamb. Cambridge, MA.: Harvard University Press.

Powell, J. G. F.(ed.). 1995. *Cicero the Philosopher: Twelve Papers.* Oxford:

Clarendon Press.

Radford, Robert T. 2002. *Cicero: A Study in the Origins of Republican Philosophy.* New York: Rodopi.

Rawson, Elizabeth. 1975. *Cicero: A Portrait.* London: Allen Lane.

Rousseau, Jean-Jacques. 1978. *On The Social Contract with Geneva Manuscript and Political Economy.* Roger D. Masters(ed.). New York: St. Martin's Press.

_____. 1979. *Emile or On Education.* translated by Allan Bloom. New York: Basic Books, Inc.

Rowe, Christopher and Malcolm Schofield(eds.). 2000. *Greek and Roman Political Thought.* Cambridge: Cambridge University Press.

Schenkeveld, Dirk M and Jonathan Barnes. 2005. "Language." in Keimpe Algra, Jonathan Barnes, Jaap Mansfeld and Malcolm Schofield(eds.). *Hellenistic Philosophy.* Cambridge: Cambridge University Press.

Schofield, Malcolm. 1995. "Cicero's Definition of Res Publica." in J. G. F. Powell(ed.). *Cicero the Philosopher: Twelve Papers.* Oxford: Clarendon Press.

Sedley, David(eds.). 2009. *Greek and Roman Philosophy.* Cambridge: Cambridge University Press.

Sorabji, Richard. 2000. *Emotion and Peace of Mind.* Oxford: Oxford University Press.

Stockton, David. 1971. *Cicero: A Political Biography.* Oxford: Oxford University Press.

Stokes, Michael C. 1995. "Cicero on Epicurean Pleasures." in Powell, J. G. F. Powell(ed.). *Cicero the Philosopher: Twelve Papers.* Oxford: Clarendon Press.

Strauss, Leo. 1975. *The Argument and the Action of Plato's Laws.* Chicago: The University of Chicago Press.

White, Stephen A. 1995. "Cicero and the Therapist." in J. G. F. Powell(ed.). *Cicero the Philosopher: Twelve Papers.* Oxford: Clarendon Press.

Wiedemann, Thomas. 1994. *Cicero and the End of the Roman Republic.* London: Bristol Classical Press.

Williams, Rose. 2004. *Cicero the Patriot.* Wauconda, Ill.: Bolchazy-Carducci Publishers.

Wright, M. R. 1995. "Cicero on Self-Love and Love of Humanity in *De Finibus* 3."

in J. G. F. Powell(ed.). *Cicero the Philosopher: Twelve Papers.* Oxford: Clarendon Press.

Wood, Neal. 1988. *Cicero's Social and Political Thought.* Berkeley, CA: University of California Press.

찾아보기

김용민

한국외국어대학교 정치외교학과 교수이다. 서울대학교 정치학과에서 학사, 석사 학위를
받고, 미국 시카고 대학교 정치학과에서 석사, 박사 학위를 받았다. "플라톤은 내 머리에,
루소는 내 가슴에, 키케로는 내 혀 위에"라는 모토를 지니고 정치철학을 연구하고 있다.
한국정치사상학회 회장을 역임했다. 주저로 『루소의 정치철학』(2004)이 있고, 『루소,
정치를 논하다』(공저, 2017), 『서양 근대 정치사상사』(공저, 2007) 등 많은 편저와 논문
이 있다.

한울아카데미 2053

정의와 행복을 위한
키케로의 철학

ⓒ 김용민, 2018

지은이 **김용민**
펴낸이 **김종수**
펴낸곳 **한울엠플러스(주)**
편집책임 **최규선**
편집 **김다정**

초판 1쇄 인쇄 **2018년 2월 20일**
초판 1쇄 발행 **2018년 3월 5일**

주소 **10881 경기도 파주시 광인사길 153 한울시소빌딩 3층**
전화 **031-955-0655**
팩스 **031-955-0656**
홈페이지 **www.hanulmplus.kr**
등록번호 **제406-2015-000143호**

Printed in Korea.
ISBN 978-89-460-7053-0 93160

* 책값은 겉표지에 표시되어 있습니다.